Manual de Processo Civil e Prática Forense

Anselmo Prieto Alvarez
Nelson Finotti Silva

Manual de Processo Civil e Prática Forense

VOL. II

Processo de execução e cumprimento de título executivo judicial

Data de fechamento da edição: 16 de março de 2009.

ELSEVIER

CAMPUS JURÍDICO

Editoração Eletrônica
SBNIGRI Artes e Textos Ltda.

Copidesque
Renato Mello Medeiros

Revisão Gráfica
Marcelo Dias Almada

Projeto Gráfico
Elsevier Editora Ltda.
A Qualidade da Informação
Rua Sete de Setembro, 111 — 16º andar
20050-006 — Rio de Janeiro — RJ — Brasil
Telefone: (21) 3970-9300 Fax (21) 2507-1991
E-mail: info@elsevier.com.br
Escritório São Paulo
Rua Quintana, 753 – 8º andar
04569-011 – Brooklin – São Paulo – SP
Telefone: (11) 5105-8555

ISBN: 978-85-352-3316-2

Central de Relacionamento
Tel.: 0800 026 53 40
Rua Sete de Setembro, 111, 16º andar – Centro – Rio de Janeiro
CEP.: 20.050-006
E-mail: info@elsevier.com.br
Site: www.elsevier.com.br

CIP-Brasil. Catalogação-na-fonte.
Sindicato Nacional dos Editores de Livros, RJ

P949m
v. 2

Prieto Alvarez, Anselmo
Manual de processo civil e prática civil, vol. II: processo de execução e cumprimento de título executivo judicial / Anselmo Prieto Alvarez, Nelson Finotti Silva. – Rio de Janeiro: Elsevier, 2009.

Inclui bibliografia
ISBN 978-85-352-3316-2
1. Processo civil – Brasil – Prática forense. I. Silva, Nelson Finotti. II. Título.

09-0573. CDU: 347(81)

Ao meu irmão Manolo, por todo amor, carinho e confiança plena e irrestrita a mim dedicados;
Aos meus queridos sobrinhos Guilherme, Manolinho, Marcela, Victoria, Paola e ao meu afilhado Pedro;
A Cidinha, amiga daquelas que carregamos como patrimônio intangível da nossa vida e símbolo de dedicação plena à grande família que é a Faculdade de Direito da PUC/SP;
Aos amigos da PGE/SP, em especial aos da Procuradoria Regional de Campinas pelo respeito, cordialidade e paciência que me acolheram.

Anselmo

Não poderia deixar de dedicar este livro à Eliane, minha esposa e companheira sempre presente e ao meu filho Rafael, a quem peço desculpas pela minha ausência. Espero que este trabalho possa de alguma forma contribuir para o estudo do processo civil.

Nelson

Os Autores

Anselmo Prieto Alvarez

- Procurador do Estado
- Professor de Processo Civil da graduação da Faculdade de Direito da PUC/SP e de seus cursos de especialização
- Mestre e Doutorando em Processo Civil pela PUC/SP

Nelson Finotti Silva

- Procurador do Estado
- Professor de Processo Civil da Fafica
- Mestre e Doutor em Processo Civil pela PUC/SP

Apresentação

É com muita satisfação que apresentamos a comunidade jurídica o vol. II, do Manual de Processo Civil e Prática Forense, volume este, agora, dedicado à execução, tema do Processo Civil que sofreu profundas modificações estruturais com as recentes reformas do CPC.

A obra segue obstinada a cumprir o seu grande desafio, qual seja: auxiliar os acadêmicos do Direito e os advogados a realizarem o estudo do Processo Civil, aliando teoria e prática, apresentando assim subsídios para a confecção das peças processuais do dia-a-dia da postulação ativa e passiva em juízo.

Pretendemos, dessa maneira, preparar o profissional do Direito ao exercício da advocacia e o aluno ao entendimento do Processo Civil, não somente nos bancos acadêmicos, mas em especial para a árdua tarefa de enfrentar com êxito, o exame de ordem.

Com esse intuito, aliamos teoria, prática forense e jurisprudência, de modo que o estudo do Processo Civil não fique restrito à análise isolada de conceitos, mas que viabilize a confecção das peças relacionadas à defesa das partes envolvidas no litígio, de modo que o ato processual a ser praticado chegue sempre ao melhor produto possível voltado ao jurisdicionado, cujos interesses são defendidos pelo atual (advogado) ou pelo futuro profissional do Direito (aluno).

A execução é tema dos mais polêmicos do Processo Civil Brasileiro na atualidade, perante a doutrina, assim para oferecer ao leitor uma visão didática sobre o objeto do nosso estudo, dividimos esse volume II em cinco títulos, assim nominados, respectivamente, teoria geral da execução; processo de execução de título executivo extrajudicial; cumprimento de título executivo judicial; defesas na execução e procedimentos especiais de execução.

Tentamos tratar os temas aqui abordados de forma clara e simples, sempre mostrando a tendência jurisprudencial mais atualizada sobre eles, num esforço de amenizar o dissenso doutrinário, que presentemente, aparece como regra, quando o tema de estudo é a execução.

Dessa maneira, o acadêmico e o advogado terão uma visão ampla sobre o Processo Civil e a sua prática, especialmente pela oportunidade de ter contato com enfoques que dificilmente são apresentados em sala de aula ou nos manuais convencionais, que se limitam a apresentar somente a teoria ou o modelo de peça processual, sem, contudo, explicar passo a passo como aquele resultado foi atingido, conjugando ambos (teoria e prática).

São exatamente estes percalços que pensamos evitar com a apresentação à comunidade jurídica deste volume II.

Ressaltamos, por fim, que todos os modelos apresentados nesta obra são decorrentes da atuação dos autores deste livro no exercício de suas funções como profissionais do Direito, com a exceção das sentenças e acórdãos, cuja autoria é creditada no corpo do texto aos respectivos Magistrados que os proferiram.

Outrossim, agradecemos imensamente a comunidade jurídica pela boa aceitação do volume I deste Manual, esperando que o volume II possa auxiliar os operadores do direito de igual forma.

Por fim, convidamos a todos em navegar no site desta obra: www.manualdeprocessocivil.com.br, enviando-nos eventuais críticas, sugestões e também elogios, se for o caso, para que possamos levar adiante o aprimoramento dos nosso estudos voltados ao Direito Processual Civil.

Abraço a todos!!!

Os Autores

Prefácio

Fui mais uma vez honrado com a grata tarefa de apresentar o volume II do "*Manual de Processo Civil*", da **Editora Campus-Elsevier**, da lavra dos **Profs. Anselmo Prieto Alvarez e Nelson Finotti Silva**.

Os Autores, trabalhando conceitos doutrinários com os aspectos práticos do cotidiano forense, nos brindam com uma obra que se revela instrumento preciso e útil ao militante do Direito, municiando-o com esclarecimentos indispensáveis para o enfrentamento das questões antigas e atuais, com destaque às mudanças ocorridas no procedimento executivo.

Abordam a teoria geral da execução, com destaque aos princípios norteadores desse tipo de provimento jurisdicional.

Como o leitor poderá perceber, analisam e fornecem base segura para operacionalizar a efetivação das obrigações de pagar quantia, fazer e de entrega de coisa, seja quando se trate de "processo de execução de título executivo extrajudicial", seja quando se refira ao "cumprimento de sentença"; nessa linha, tomam o cuidado de delinear cada etapa e incidente que possa advir nos respectivos procedimentos.

Tecem interessantes considerações a respeito do contraditório na execução, pelos embargos e suas modalidades, pela impugnação no cumprimento de sentença e por meio da denominada exceção de pré-executividade

Trazem, ainda, luzes sobre os procedimentos especiais de execução, como a que envolve a Fazenda Pública – quer como credora, quer como devedora –, bem como a relativa à prestação de alimentos.

Portanto, sem risco de errar no prognóstico, tenho certeza do pleno êxito de mais essa obra, aliás, como constatado pela ampla receptividade do 1º volume ("Teoria Geral, Processo de Conhecimento e Recursos").

Renovo, assim, o meu sincero agradecimento pela distinção do convite feito pelos Autores, registrando de público a satisfação e tranquilidade de apresentar a obra.

Sérgio Shimura
Membro do Ministério Público de São Paulo
Livre-Docente da PUC/SP
Professor dos Cursos de Graduação e Pós-graduação da PUC/SP

Sumário

TÍTULO I
Teoria Geral da Execução

TÍTULO II
Processo de Execução de Título Executivo Extrajudicial

TÍTULO IV
DEFESAS NA EXECUÇÃO

TÍTULO V
PROCEDIMENTOS ESPECIAIS DE EXECUÇÃO

TÍTULO I

Teoria Geral da Execução

Capítulo 1

Noções Gerais

1. Introdução

Viver em sociedade impõe a necessidade de se estabelecerem regras que regulem os interesses sobre pessoas e/ou coisas. Uma vez que há uma constante relação entre pessoas e coisas, é nessa relação de interesses que ocorrem, por vezes, situações de conflitos, sendo certo que somente parcela destes merece atenção por parte do Estado como protagonista da solução dos conflitos.

Os conflitos que merecem atenção do Estado acabam por gerar a lide, assim "qualificada como pretensão de um interesse por uma pessoa, que sofre resistência por parte de outra"[1].

É indiscutível que a existência de conflitos na sociedade impõe a necessidade de resolvê-los. E os meios são: a autotutela, a autocomposição e a heterocomposição.

Falar em autotutela é o mesmo que falar em **justiça com as próprias mãos**, o que se afigura totalmente inadequado, pois produzirá resultados que não se amoldam com a idéia de **justiça**. Isto se justifica em razão do resultado decorrer daquele que tiver mais força, sem falar que num Estado de Direito este meio de solução do conflito se mostra totalmente inaceitável, principalmente quando o Estado não só é de Direito como também Democrático, ainda que existam situações muito especiais, previstas em lei, que acabam por admitir este modelo, como, por exemplo, a legítima defesa, a greve e o penhor legal.

Por seu turno, a autocomposição, ou convergência da vontade dos interessados, é a mais positiva forma de solução dos conflitos, tanto que no sistema processual há vários estímulos desta modalidade como meio de resolução dos conflitos.

Através da heterocomposição, a solução do conflito é obtida por interferência de um terceiro, diverso dos litigantes, sem qualquer interesse concreto e capaz de solucionar e, "na condição de representante da sociedade política, ao Estado compete instituir órgãos para promover tal resolução, dotados do predicado fundamental da eqüidistância, e cujo papel consiste em legitimar o processo"[2].

Os mecanismos de solução através da heterocomposição são o processo e a arbitragem.

---

[1] Prieto Alvarez, Anselmo; Silva, Nelson Finotti. *Manual de processo civil e prática forense*: teoria geral, processo de conhecimento e recursos. Rio de Janeiro: Elsevier/Campus Jurídico, 2008, vol. 1. p. 8.

[2] Assis, Araken. *Manual da execução*. 11. ed. São Paulo: Revista dos Tribunais, 2007, p. 71.

Para a solução do litígio o Estado pode agir através de uma função cognitiva e outra executiva. A primeira, função cognitiva, haverá no processo de conhecimento em que, mediante sentença judicial, o conflito será solucionado, declarando o direito e transformando-se o fato em direito.

Na função executiva o Estado soluciona o conflito decorrente da não satisfação do direito, transformando o direito em fato, através do processo de execução, o qual mediante meios executivos ou atos de execução, implicará no cumprimento forçado da obrigação que voluntariamente não foi cumprida pelo devedor.

Enquanto no processo de conhecimento a importância do ato judicial está no conteúdo decisório, no processo de execução a importância do ato executivo está na dimensão que o mesmo toma na responsabilidade patrimonial do devedor e, se não cumprida a obrigação, é o patrimônio que responderá de maneira forçada. Nas palavras de Araken de Assis:

> (...) tem o ato executivo de peculiar, distinguindo-o, destarte, dos demais atos do processo e dos que do juiz promanam, a virtualidade de provocar alterações no mundo natural. Objetiva a execução, através dos atos deste jaez, adequar o mundo físico ao projeto sentencial, empregando a força do Estado (artigo 579 do CPC). Essas modificações fáticas requerem, por sua vez, a invasão da esfera jurídica do executado, e não só do seu círculo patrimonial, porque, no direito pátrio, os meios de coerção se ostentam admissíveis. A medida do ato executivo é seu conteúdo coercitivo[3].

Para melhor compreensão é necessária uma rápida análise na classificação das ações, segundo a força do efeito por elas produzido: declaratória, condenatória, constitutiva, executiva e mandamental.

Na ação declaratória o que se objetiva é afastar a incerteza, de modo que aquele que pleiteia tão somente uma declaração, se procedente o pedido, estará o autor plenamente satisfeito, porque a tutela declaratória é auto-suficiente.

A eficácia constitutiva implica mudança na relação jurídica porque a sentença cria, modifica ou extingue. Aqui também, procedente o pedido, o autor se satisfaz plenamente.

Nas ações condenatórias a sentença de procedência impõe ao réu uma obrigação que, não cumprida voluntariamente, autoriza o credor a executar o devedor de modo que a satisfação do demandante, não havendo cumprimento voluntário, a sua satisfação é parcial, porquanto necessitará de outra atuação jurisdicional para obter a plena satisfação.

As ações denominadas executivas *latu sensu* implicam a imediata incursão na esfera jurídica do réu, sem a necessidade de ingressar com o processo de execução; a sentença de procedência é executada no próprio processo de conhecimento sem necessidade de inovar a ação.

---

[3] Assis, Araken. *Manual da execução*, cit., p. 89.

Por fim, nas ações de eficácia mandamental a tutela é garantida mediante medidas coercitivas contra a pessoa do réu e atos executivos são praticados dentro da própria ação de conhecimento.

Depreende-se desta rápida análise que somente a ação condenatória é que possibilitará a ação executiva.

As formas de sanção que o Estado tem para garantir seu poder de império são a coação e a sub-rogação, sendo exemplo da primeira a multa e a prisão, e da segunda, a própria execução forçada, a intromissão, agressão direta no patrimônio do devedor para satisfazer o direito do credor.

A tutela jurisdicional executiva realizada pelo cumprimento de sentença ou pelo processo de execução tem por finalidade proporcionar ao credor, titular de direito a um bem, a integral satisfação, através de atos de execução direta (sub-rogação), ou indireta (coação), não se tratando de uma tutela jurisdicional que figura apenas como resultado, mas sim como meio para a sua consecução.

CAPÍTULO 2

Princípios do Processo de Execução

1. Introdução

A execução forçada está regulada pelos mesmos princípios fundamentais e informativos do processo de conhecimento, mas existem alguns princípios que são próprios do processo de execução.

Assim, a doutrina normalmente aponta como sendo da execução forçada os seguintes princípios informativos: o da *nulla executio sine titulo*; o da tipicidade e da atipicidade das medidas executivas; o da autonomia e do sincretismo entre cognição e execução; o da patrimonialidade; o da utilidade; o da menor onerosidade ao executado; o de que a execução deve ser específica; o do ônus da execução; o do respeito à dignidade da pessoa humana; o da disponibilidade da execução; o da lealdade processual; o da responsabilidade.

1.1. Princípio da *Nulla Executio Sine Titulo*

Também conhecido como princípio do título executivo, em que pese a revogação do art. 583 do CPC, por força da Lei Federal nº 11.382/2006, o CPC continua a prever a necessidade de que a execução deverá ter por base um título executivo, tenha ele origem judicial (art. 475-N do CPC) ou extrajudicial (art. 585 do CPC); sem título não há execução.

A revogação do art. 583, do CPC, decorreu da necessidade de uma nova realidade em admitir que outras decisões judiciais, que não as sentenças ou acórdãos, que são utilizadas para assegurar direitos, possam ser tratadas como título executivo para fins de possibilitar e legitimar a tutela jurisdicional executiva, no caso as decisões interlocutórias quando proferidas como mecanismo de tutela antecipatória (arts. 273, 461 e 461-A do CPC).

1.2. Princípio da Tipicidade e da Atipicidade

Decorre do princípio da tipicidade das medidas executivas que a esfera jurídica do executado só poderá ser afetada por forma executiva prevista taxativamente na lei, de sorte a garantir, ao executado, certo grau de previsibilidade acerca dos modos de atuação executiva possíveis, diferente do que ocorre quando se está diante do princípio da atipicidade das medidas executivas, pois há ausência de modelo legalmente predefinido a ser observado[4], exigindo do juiz a observância da proporcionalidade ou razoabilidade no uso dessas medidas.

O sistema processual civil brasileiro prevê os dois princípios; no caso das execuções por quantia certa, prepondera o princípio da tipicidade; no caso das tutelas específicas (arts. 461 e 461-A do CPC), tem-se o princípio da atipicidade.

1.3. Princípio da Autonomia e do Sincretismo Entre Conhecimento e Execução

Antes do advento da Lei Federal nº 11.232/2005, que promoveu reforma substancial no processo de execução de título executivo judicial, falava-se no princípio da autonomia do processo de execução, porque a atividade jurisdicional desenvolvida para realizá-lo exigia um processo próprio, diverso do processo de conhecimento, o chamado processo de execução.

Procedente o pedido no processo de conhecimento de uma ação condenatória, o credor teria de promover uma outra ação em outro processo, o processo de execução, daí a existência do princípio da autonomia.

Agora, com a Lei Federal nº 11.232/2005 a execução da sentença se faz no próprio processo de conhecimento, de sorte que passaram a conviver no mesmo processo as atividades cognitivas e executivas, daí o princípio do sincretismo.

1.4. Princípio da Patrimonialidade

Decorre da atividade jurisdicional executiva a sua incidência direta e exclusiva sobre o patrimônio do executado e não sobre a sua pessoa, por isso que se diz que toda execução é real – isto quer dizer que a execução incide direta e exclusivamente no patrimônio do devedor, princípio este conhecido pelo nome de responsabilidade patrimonial (art. 5º, LXVII, da CF e art. 591 do CPC), também princípio da patrimonialidade.

O Código de Processo Civil é expresso quanto a este princípio em seu art. 646, que dispõe que o objeto da execução por quantia certa é a expropriação dos bens do devedor a fim de satisfazer o direito do credor.

1.5. Princípio da Utilidade e da Menor Onerosidade ao Executado

A execução deve ser útil ao credor e não se transformar em meio de punição ou sacrifício do devedor. Não é possível falar em execução sem que exista qualquer vantagem para o credor, decorrendo que deste princípio a execução tende apenas à satisfação do direito do credor – decorre deste princípio a limitação do processo exe-

---

[4] Medina, José Miguel Garcia. *Processo Civil Moderno – Execução*. São Paulo: Revista dos Tribunais, 2008, vol. 3, p. 48.

cutivo, de modo que a invasão do patrimônio seja suficiente para satisfazer o credor (arts. 659 e 692, parágrafo único, do CPC).

1.6. Princípio de que a Execução Deve Ser Específica

A execução deve permitir ao credor receber aquilo que receberia se a obrigação fosse cumprida voluntariamente, possibilitando a substituição por dinheiro quando ocorrer impossibilidade da execução específica.

Em regra, por força do princípio em comento o que prevalece é a inviabilidade, seja do credor ou do devedor, de impor prestação diversa daquela constante no título executivo.

A possibilidade da substituição da prestação originária por dinheiro (perdas e danos) está prevista nos arts. 627 e 633 do CPC, quando se tratar de título executivo extrajudicial; se for título executivo judicial, a previsão legal está nos arts. 461 e 461-A e parágrafos.

1.7. Princípio do Ônus da Execução

Como a execução forçada é dirigida contra um devedor em mora, é obrigação deste, por força da mora, suportar as conseqüências pelo atraso no cumprimento da obrigação, razão pela qual todas as despesas processuais, custas e honorários devem ser suportados pelo devedor.

Assim, pode-se afirmar que a execução corre a expensas do devedor; mesmo na execução de título extrajudicial não embargada o juiz imporá ao devedor não só a obrigação das custas como também fixará, em favor do exequente, a obrigação de pagar os honorários do seu advogado.

1.8. Princípio do Respeito à Dignidade da Pessoa Humana

A execução não pode levar o executado a uma situação incompatível com a dignidade humana, os meios de sub-rogação não podem causar, por exemplo, a ruína, o desabrigo do devedor e de sua família, tanto que a lei impõe limites à penhora (art. 649 do CPC e Lei Federal nº 8.009/1990).

1.9. Princípio da Disponibilidade

O credor tem a liberdade de dispor de todo ou parte da execução. Pode, independentemente da concordância do devedor, desistir do processo de execução porque este tem por finalidade a satisfação plena do credor, não possuindo o devedor interesse semelhante ao do réu na ação de conhecimento (art. 569 do CPC).

Isto não quer dizer que o princípio da disponibilidade da execução afaste o princípio do impulso oficial.

A desistência não se confunde com a renúncia; aquela se refere apenas ao processo e, naturalmente, não impede a renovação do processo de execução forçada sobre o mesmo título. A renúncia diz respeito ao próprio direito substancial, o credor abre mão do seu direito de credor e não do instrumento para satisfazer o seu crédito.

Em que pese o art. 569 do CPC falar em desistência de toda a execução, nada impede que o executado desista de parte da execução, a disponibilidade parcial da execução com redução do pedido.

Se a lei prevê que o credor possa unilateralmente, a qualquer momento, desistir de toda execução, não há nada que o impeça de alterar o pedido, para excluir alguma obrigação constante no título que não queira mais ver prosseguir na execução. É o elementar princípio jurídico "quem pode o mais pode o menos".

1.10. Princípio da Lealdade

Nos termos do art. 599, II, do Código de Processo Civil, o juiz deverá, a qualquer momento, advertir o devedor de que seu procedimento constitui ato atentatório à dignidade da Justiça, e no art. 600 encontram-se quais os atos praticados pelo devedor que são repudiados pelo sistema processual civil por serem considerados atentatórios à dignidade da Justiça. São eles: a) fraudar a execução; b) opor-se maliciosamente à execução, empregando ardis e meios artificiosos; c) resistir injustificadamente às ordens judiciais; d) intimado, deixar de indicar ao juízo, em 5 (cinco) dias, quais são os valores e onde se encontram os bens sujeitos à penhora.

O descumprimento dos deveres constantes nos incisos do art. 600 do CPC permitirá ao juiz que imponha ao executado, sem prejuízo de outras sanções de natureza processual, o pagamento de uma multa no valor não superior a 20% (vinte por cento) do valor atualizado do débito em execução, prevista no art. 601, multa essa que reverterá ao próprio exeqüente, exigível na própria execução.

Entretanto, nos termos do parágrafo único do art. 601 do CPC, o juiz poderá relevar a pena imposta – multa – se o devedor se "*comprometer a não mais praticar qualquer dos atos definidos no artigo antecedente e der fiador idôneo, que responda ao credor pela dívida principal, juros, despesas e honorários advocatícios*".

O art. 739-B tem incidência sobre o princípio da lealdade, pois dispõe a forma como deve ser cobrada a multa ou indenização decorrente da litigância de má-fé (arts. 17 e 18, ambos do CPC) no processo de execução. Dispõe que "*será promovida no próprio processo de execução, em autos apensos, operando-se por compensação ou por execução*".

Por certo, o fato de o art. 739-B fazer expressa remissão aos arts. 17 e 18 não afasta sua aplicação nas hipóteses do art. 600 e dos valores do art. 601, ambos do CPC.

1.11. Princípio da Responsabilidade

Decorre do princípio da responsabilidade a obrigação daquele que promove execução infundada ou indevida pagar pelos danos que causar ao executado (arts. 475-O e 574, ambos do CPC).

Trata-se de responsabilidade objetiva do exeqüente, ou seja, sua responsabilidade decorre independentemente da prova de ter agido com culpa, pois basta a existência dos danos (material e/ou moral) sofridos pelo executado em decorrência dos atos de execução que, a pedido do exeqüente foram praticados com vistas à satisfação de seu direito, para caracterizar a responsabilização do exeqüente. São necessários a existência do dano e o nexo causal, sem qualquer necessidade de demonstração de culpa.

A busca da indenização não necessariamente enseja uma nova ação, novo processo, com procedimento adequado. Segundo Cassio Scarpinella Bueno,

> é suficiente para tutelar adequadamente os direitos contrapostos de quem sofra a "execução injusta" e os daquele que promoveu que os danos sejam alegados e provados em amplo contraditório mediante "liquidação por artigos" e que, como tal, dispensa uma "nova" ação, um "novo" processo e "novos" autos, suficiente a eleição do procedimento que deverá ser adotado em consonância com o disposto no art. 475-F[5].

[5] *Curso sistematizado de direito processual civil: tutela jurisdicional executiva.* São Paulo: Revista dos Tribunais, 2008, vol. 3, p. 30.

Capítulo 3

Processo de Execução e Execução Sincrética

O Código de Processo Civil é composto de cinco Livros. O Livro I trata do processo de conhecimento, o Livro II do processo de execução, o Livro III do processo cautelar, o Livro IV dos procedimentos especiais e o último, Livro V, das disposições finais e transitórias.

Assim, o sistema processual brasileiro trata da dualidade de processos para a tutela do direito material, o processo de conhecimento e o processo de execução.

Em relação ao processo de execução, até pouco tempo o jurisdicionado que tivesse reconhecido o seu direito no processo de conhecimento obtendo em seu favor uma sentença condenatória teria de promover outra ação, portanto, outro processo para buscar a satisfação que voluntariamente não foi cumprida pelo devedor, assim, o jurisdicionado tinha de passar por dois processos até conseguir efetivamente o seu direito.

O caminho para finalizar a dualidade de processos de conhecimento e execução teve início com a Lei Federal nº 8.952/1994, que tratou das obrigações de fazer e não fazer, e com a Lei Federal nº 10.444/2002, tratando das obrigações de dar coisa certa e incerta, todas denominadas "tutela específica", que na oportunidade o legislador expressamente determinou que a execução da sentença fosse feita em continuação ao processo de conhecimento, sem a necessidade do processo de execução, mas praticando-se atos de execução para a efetiva satisfação do jurisdicionado.

O caminho se completou com a edição da Lei Federal nº 11.232/2005 que, finalmente, aboliu a ação de execução para as sentenças relativas às obrigações de quantia certa, criando-se a fase no processo de conhecimento denominada "cumprimento de sentença", objeto de estudo no Título III, denominado "Cumprimento de Título Executivo Judicial", para onde remetemos o leitor.

Na seqüência, para melhor adequação do sistema processual civil brasileiro, foi editada a Lei Federal nº 11.382/2006 que teve por objeto aprimorar a execução do título executivo extrajudicial, restando, hoje, o processo de execução para a execução de título executivo extrajudicial, completamente autônomo diante da atividade cognitiva da jurisdição, analisada no Título II deste livro, denominado "Processo de Execução de Título Executivo Extrajudicial".

Em relação ao procedimento, baseado no direito material, o sistema processual brasileiro ao tratar da execução optou pela existência de espécies de execução, ou seja, levando-se em consideração o tipo de obrigação cujo cumprimento se pretende exigir.

Assim, segundo a natureza da obrigação fala-se em execução de dar coisa certa e incerta, execução de obrigação de fazer e não fazer, execução por quantia certa contra devedor solvente e execução por quantia certa contra devedor insolvente.

Pela classificação acima, no caso da obrigação de dar o procedimento varia conforme o objeto da obrigação, porque o procedimento da execução para a entrega de coisa é adequado quando o bem a ser entregue não seja dinheiro, porque, se for, o procedimento será o da execução por quantia certa contra devedor solvente ou insolvente.

Capítulo 4

Meios dos Atos de Execução (Sub-rogação e Coerção)

A tutela executiva está estruturada em um instrumento de resultado e para tanto é dotada de meios tendentes à sua consecução, que são atos de execução direta e indireta, aqueles denominados também de sub-rogação e estes, de coação; portanto, os atos processuais executivos são realizados mediante as técnicas processuais de sub-rogação ou coercitivos.

A execução por quantia certa se realiza, ordinariamente, através da expropriação. Deste modo, depois de realizada a penhora, ou seja, havendo a separação dos bens que irão responder pela obrigação do devedor, os mesmos por determinação legal terão transferência forçada para o próprio exeqüente através da adjudicação, mediante alienação por iniciativa particular ou em hasta pública (art. 647 do CPC).

Por outro lado, a natureza do dever de pagar quantia certa também poderá impor o uso de medidas coercitivas, tal como ocorre na execução de alimentos na qual o devedor é citado para, em 3 (três) dias, pagar, comprovar que pagou ou justificar a impossibilidade do pagamento, sob pena de prisão (art. 733 do CPC).

Já nas obrigações da entrega de coisa, realiza-se a mesma pelo desapossamento, que se concretiza com a identificação, localização, retirada do bem da posse do executado ou de terceiro e a respectiva entrega ao exeqüente, o que pode ocorrer através da busca e apreensão, quando se tratar de bem móvel, ou imissão na posse, tratando-se de bem imóvel (arts. 461-A, § 2º, e 625, ambos do CPC).

Nas obrigações de fazer e não fazer, tendo em vista a preferência pela tutela específica, esta se tornará possível com a participação pessoal do executado, o que autoriza o uso de medidas coercitivas conforme o exemplo da multa diária.

Existem situações em que o resultado a ser alcançado com a atuação do executado poderá não ser qualitativamente pleno ante a ausência do cumprimento voluntário. Assim, poderá ser que o uso de medidas coercitivas não seja desejável, sendo mais efetivo e adequado a execução direta, por meio de atos praticados pelo juiz ou por seus auxiliares, como, por exemplo, a possibilidade de o juiz decretar intervenção na empresa para permitir a execução específica, ou, mesmo, o fechamento de uma empresa que não tenha colocado filtro contra a poluição expelida por suas máquinas.

Com isso pode-se afirmar que os meios de coerção na tutela executiva devem ser utilizados não se levando em consideração a natureza da obrigação e a execução utilizada, mas a efetividade da tutela a proporcionar a tutela substancial pretendida. Como afirma José Garcia Medina[6],

> embora seja correto afirmar que, conforme o caso, o direito brasileiro dá primazia à utilização de um ou outro mecanismo executivo, não há correlação necessária entre a natureza da obrigação e a medida executiva a ser manejada. Deve a solução jurídica, em qualquer caso, ser construída de modo a se vislumbrar as espécies de medidas executivas não como um fim em si mesmas, mas apenas como meios que devem ser conjugados a fim de se proporcionar a tutela substancial do direito.

Em síntese, pode-se dizer que as medidas executivas são:

a) execução direta (ou por sub-rogação)
   - por expropriação
   - por desapossamento
   - por transformação

b) execução indireta (ou por coerção)
   - coerção patrimonial (multa)
   - coerção pessoal (prisão)

Assim, os atos processuais executivos são, pois, realizados mediante técnicas de sub-rogação ou coercitivas, porque não se pode perder de vista que o ato executivo tem por finalidade a satisfação do credor, razão pela qual os atos executivos devem ser realizados para criar modificações no mundo dos fatos, propiciando a efetiva realização do direito material constante no título executivo judicial ou extrajudicial definitivo ou provisório.

Portanto, como os atos de execução têm por finalidade realizar a obrigação constante no título, ou seja, um comando, com vistas a modificar o mundo dos fatos, os atos executivos têm função coercitiva, que poderá operar diretamente na pessoa do devedor ou no seu patrimônio, compelindo-o por pressão psicológica (coerção) a cumprir a obrigação (prisão, multa etc.), ou então realizando, independentemente da vontade do devedor, o que ele deveria realizar (sub-rogação).

A multa ou *astreinte* como meio de coerção para o cumprimento da obrigação não tem natureza indenizatória, tanto que o § 2º do art. 461 do CPC é expresso em dizer que a "*indenização por perdas e danos dar-se-á sem prejuízo da multa*", reafirmando o que está previsto no art. 84 do Código de Defesa do Consumidor (Lei Federal nº 8.078/1990), restando certo, todavia, que a multa será devida, independentemente de também poder ser devido o valor da indenização ou mesmo ser exigido o cumprimento da obrigação específica.

---

[6] Medina, José Miguel Garcia. *Execução*, cit., vol. 3, p. 42.

O fato de a multa, em algumas situações, não surtir o efeito desejado e transformar-se em sanção pecuniária devida pelo inadimplente não significa que possa servir para indenizar o dano.

Como advertem Marinoni e Arenhart, em situações diferenciadas, a tutela jurisdicional pode depender da multa, sem que se pretenda pedido de ressarcimento equivalente. Segundo estes autores,

> é o caso, por exemplo, da tutela inibitória, destinada a evitar a violação do direito. Esta tutela, para ser efetivada, em regra depende da imposição de multa para que o demandado seja realmente constrangido a não violar, mas não almeja, nem de longe, qualquer indenização em pecúnia[7].

O destinatário da multa será sempre o exeqüente e não o Estado e poderá ser imposta tanto nas obrigações de fazer, não fazer e dar coisa, seja título executivo judicial ou extrajudicial.

O valor da multa não está previsto na lei, mas deve incidir de maneira a convencer o executado ou devedor a cumprir a obrigação. Não estando limitado ao valor do dano ou obrigação, é aceito de maneira pacífica que o valor da multa pode ultrapassar o da prestação, justamente porque tem a finalidade de convencer ao cumprimento da prestação e não dar ao credor o seu equivalente, de sorte que a multa deve ser fixada em montante suficiente para fazer com que o devedor cumpra a decisão ou a obrigação.

A multa poderá ser fixada a pedido da parte ou de ofício pelo juiz, pode ser ela diária ou em valor fixo ou mesmo ter outra periodicidade, como semanal, quinzenal, mensal, enfim, será ela fixada de modo que seja efetiva, cumpra sua função coercitiva e poderá ser modificada a qualquer momento, caso se mostre insuficiente ou excessiva (art. 461, § 6º, do CPC).

Levando-se em consideração sua natureza jurídica e seu caráter provisório, não se tem muita dificuldade em admitir sua alteração depois do trânsito em julgado, pois tem ela apenas a finalidade de garantir a efetividade da tutela jurisdicional, e não um direito de crédito em favor do autor.

Tem eficácia a multa desde o momento em que fixada por decisão interlocutória ou sentença, ou seja, a multa produz seus efeitos desde o momento em que a decisão a fixou, ou se estiver prevista em contrato, desde o seu inadimplemento.

Pode ocorrer de a multa ser cobrada antes ou não do trânsito em julgado, quando for ela fixada para dar efetividade à tutela antecipatória ou à sentença, portanto, título executivo judicial que foi executado provisoriamente. Não há qualquer questionamento quando se tratar de título executivo extrajudicial.

Parece mais lógico admitir que a cobrança da multa só possa ser feita depois de confirmada a sentença de forma definitiva, pois seria ilógico imaginar que o processo

---

[7] Marinoni, Luiz Guilherme; Arenhart, Sérgio Cruz. *Curso de processo civil*: teoria geral da execução, liquidação de sentença, execução da decisão provisória, execução contra a Fazenda Pública, execução de alimentos e título extrajudicial. São Paulo: Revista dos Tribunais. vol. 3. 2007. p. 74.

venha a beneficiar o autor que não tem razão, uma vez que a decisão que antecipou a tutela não foi confirmada pela sentença ou o tribunal reformou a sentença que concedeu a multa ou tenha confirmado a tutela antecipatória.

A multa tem caráter coercitivo, tem a função de incutir no devedor da obrigação o temor de que não cumpri-la lhe sairá muito caro. A multa cumpre um papel de ameaça.

Não há a menor dúvida quanto ao uso da multa como medida coercitiva nas execuções de fazer, não fazer e dar coisa, mesmo porque o próprio sistema reclama essa forma de coerção como ato de execução.

Quanto às execuções por quantia certa a lei prevê como atos de execução a sub-rogação, mas nada fala das medidas de coerção, especialmente o uso da multa.

Autores que rejeitam a multa como meio de coerção na execução por quantia certa o fazem diante de uma posição legalista, ou seja, como não há previsão legal, não é possível o uso dos atos executivos de coerção.

Para Marcelo Lima Guerra, a tese legalista não se sustenta à luz da teoria dos direitos fundamentais e de uma interpretação conforme a Constituição do sistema processual:

> negar a possibilidade de se utilizar uma medida judicial, que se revele capaz de fomentar um direito fundamental qualquer, pela simples falta de expressa previsão infraconstitucional, é negar a justiciabilidade desse direito fundamental, o que é o mesmo que negar a própria Supremacia da Constituição. Daí por que, concretizando-se os direitos fundamentais independentemente de lei, o direito fundamental à tutela executiva confere ao juiz o poder-dever de adotar os meios executivos mais adequados à pronta e integral proteção do credor, ainda que não previstos expressamente em norma legal, ou mesmo adotar medidas que tornem mais efetivo e adequado o meio legalmente previsto, respeitados os limites que a isso venham impor os direitos fundamentais do próprio devedor, o que só o caso concreto revelará inteiramente[8].

Portanto, as medidas coercitivas sempre devem ser utilizadas quando assim o exigir a prestação efetiva da tutela executiva, não se justificando, inclusive sob a ótica constitucional, um tratamento diferenciado ao credor das obrigações de fazer, não fazer e dar, em relação ao credor da quantia certa, sob pena de violar o princípio da isonomia.

Assim, impõe-se o reconhecimento da possibilidade do uso de multa diária na execução por quantia certa, seja de título executivo judicial ou extrajudicial.

---

[8] Guerra, Marcelo Lima. *Direitos fundamentais e a proteção do credor na execução civil*. São Paulo: Revista dos Tribunais, 2003, p. 151.

Capítulo 5

Condições da Ação Executiva

A teoria das condições da ação tem plena aplicação na ação executiva como requisito prévio à propositura da demanda e sem o qual inexiste o direito ao provimento jurisdicional. Aqui, é claro, não há uma sentença de mérito, mas a impossibilidade da tutela jurisdicional executiva, e seus atos para a satisfação do credor, ante a ausência de qualquer das condições da ação, será considerado carecedor da ação.

Na ação executiva as condições da ação são as mesmas da ação de conhecimento, possibilidade jurídica do pedido, interesse processual e legitimidade *ad causam*.

A tutela jurisdicional executiva é condicionada pela abstrata possibilidade de o exeqüente obter em via judicial o acesso ao bem, lembrando que por possibilidade jurídica do pedido entende-se a previsão legal abstratamente prevista por lei, ou não vedada pelo sistema.

Exemplo muito utilizado pela doutrina para demonstrar a ausência de possibilidade jurídica do pedido é a execução em face da Fazenda Pública com pedido de expropriação forçada dos bens. Como ressalta Sérgio Shimura, "a impossibilidade jurídica do pedido por vezes concerne ao próprio pedido, por vezes à causa de pedir (ex.: dívida de jogo) ou mesmo a determinadas pessoas (execução com pedido de penhora contra a Fazenda Pública)"[9].

A legitimidade *ad causam,* na ação executiva, rege-se pelas mesmas regras do processo de conhecimento, assim, para figurar no pólo ativo ou passivo da ação executiva, é necessário em princípio que o sujeito exeqüente e executado figurem no título executivo judicial ou extrajudicial.

O credor é parte legítima porque se apresenta como titular do crédito que alega ter, e o devedor, porque titular da obrigação a cumprir.

Entretanto, existem hipóteses em que a legitimidade ativa ou passiva deve ser encontrada fora do título executivo, ou seja, o título executivo virtualmente identifica um credor e um devedor, mas pode ser que nenhum deles seja mais o sujeito de direito, porque pode ter ocorrido a sucessao pela morte ou por ato entre vivos. É a denominada legitimidade derivada ou superveniente.

É possível a legitimação extraordinária na ação executiva. Para que isto ocorra, basta que o substituto processual tenha proposto ação de conhecimento de cunho

---

[9] Shimura, Sérgio. *Título executivo*. 2. ed. São Paulo: Método, 2005, p. 94.

condenatório e, vencedor, inicie o cumprimento de sentença, ou mesmo o Ministério Público, nas tutelas coletivas.

O interesse processual impõe a necessidade do uso do processo para obter a tutela jurisdicional pretendida, mediante o procedimento legal adequado; o binômio necessidade/adequação no caso da ação executiva é a exigibilidade do título somado a necessidade concreta da execução, ou seja, o interesse processual, estará demonstrado pela necessidade da execução com adequação do procedimento segundo a natureza da obrigação constante no título executivo.

O inadimplemento não está entre os requisitos da ação executiva. Ela se situa no plano do mérito, mais propriamente na causa de pedir, e o inadimplemento decorre do comportamento do devedor, ao passo que a exigibilidade constitui elemento que deriva do próprio título executivo.

Assim, a falta do título executivo implica a carência da ação pela falta de interesse processual; já o inadimplemento se situa na causa de pedir, tanto que o adimplemento é causa de extinção da obrigação (art. 794, I, do CPC).

Capítulo 6

Competência

O juízo competente da ação executiva, ou seja, aquele a quem compete a atribuição da prática dos atos executivos, depende do título executivo. Assim, se for título executivo judicial, portanto, cumprimento de sentença, a regra é a prevista no art. 475-P do CPC; se for título executivo extrajudicial a regra a ser observada é a do art. 576, também do CPC.

Em se tratando de cumprimento de sentença, dispõe o art. 475-P, do CPC, que a competência será do tribunal nas causas de sua competência originária, do juízo de primeiro grau onde se processou a causa que tenha sido remetida aos tribunais por força de recurso e ao juízo cível competente; quando se tratar de sentença penal condenatória, de sentença arbitral e de sentença estrangeira, ressaltando que na hipótese de sentença estrangeira, depois de homologada pelo Superior Tribunal de Justiça, a competência será da Justiça Federal (art. 109, X, da CF), neste caso pouco importando a qualidade das partes envolvidas na demanda.

Quanto ao título executivo extrajudicial, as regras de competência são as dispostas no art. 576 do CPC, prevalecendo ordinariamente o foro do domicílio do devedor, observando-se, contudo, que há regras especiais que devem ser observadas como, por exemplo, o foro de eleição ou o lugar do pagamento – arts. 111 e 100, *d*, do CPC.

O controle de competência pode ser objeto de exame no processo de execução. O meio processual será a exceção de incompetência quando se tratar de incompetência relativa, pouco importando se for título executivo judicial ou extrajudicial, devendo ser apresentada em peça autônoma no prazo para a impugnação se título executivo judicial e no prazo dos embargos se título executivo extrajudicial.

Em se tratando de incompetência absoluta, o momento oportuno será em preliminar na impugnação, quando for título executivo judicial, ou nos embargos à execução quando se tratar de título executivo extrajudicial.

CAPÍTULO 7

Título Executivo

Pensar em execução pressupõe a existência de um título executivo judicial ou extrajudicial. O título executivo é pressuposto necessário e suficiente para autorizar a prática de atos executivos; necessário porque, sem título executivo, não há execução, aplicação do princípio *nulla executio sine titulo*, e suficiente porque basta a apresentação do título para o início dos atos executivos, independentemente de qualquer juízo de valor expresso acerca do direito nele expresso.

O título executivo, como conceitua o professor Sérgio Shimura, é o "documento ou o ato documentado, tipificados em lei, que contêm uma obrigação líquida e certa e que viabilizam o uso da ação executiva"[10].

Depreende-se do conceito que o título executivo tem a natureza jurídica de documento, não é ato nem fato nem ato-documento, mas tão somente documento.

Tem-se por documento porque o título retrata, suficientemente para fins de tutela jurisdicional executiva, uma obrigação certa, líquida e exigível, assim, portanto, o magistrado, diante do documento – título executivo –, forma uma convicção não de reconhecimento do direito, mas para a sua realização concreta, "não se dá para atestar a existência de um direito mas, diferentemente, a partir da constatação de sua existência, suficientemente documentada no título executivo, determinar a prática dos atos que têm como finalidade precípua a concretização da tutela jurisdicional executiva, vale insistir, da satisfação do exeqüente"[11].

Não se pode confundir obrigação com o título. Os requisitos da certeza, liquidez e exigibilidade dizem respeito ao objeto do direito, ou seja, a obrigação, e não ao título em si considerado, tanto que o art. 580 do CPC diz que a execução pode ser proposta quando a obrigação certa, líquida e exigível, consubstanciada em um título, não for satisfeita pelo devedor.

Vê-se assim que a lei processual separa bem o título da causa da obrigação; o título tem a função de documentar um direito, uma obrigação que deve ser certa, líquida e exigível.

O inadimplemento compreende a causa de pedir, isto é, é a situação de fato de que se originou o direito alegado pelo exeqüente, precisa ser alegado na petição inicial da ação executiva, ao passo que o pedido é o cumprimento da obrigação es-

---

[10] Shimura, Sérgio. *Título executivo*, cit., p. 139.

[11] Bueno, Cassio Scarpinella. *Curso sistematizado de direito processual civil: tutela jurisdicional executiva.* cit., vol. 3, p. 73.

tampada no título executivo, porque o devedor é inadimplente (causa de pedir) e não simplesmente porque é detentor do título executivo.

Decorre do afirmado que o título compreende as condições da ação e o inadimplemento o próprio mérito da ação executiva que não é elemento do título.

A eficácia do título executivo resulta do poder de invasão ao patrimônio do devedor, ou seja, o documento representativo do direito é dotado do poder de excussão do patrimônio do executado, que a ele se sujeita mediante a responsabilidade patrimonial.

Ainda, diz-se que o título executivo é dotado também de eficácia abstrata, porque "a autorização para atuar a norma concreta mesmo contra a vontade do executado (atuar o poder estatal sobre a sujeição do executado) não está atrelada à existência do direito material supostamente contido no referido documento"[12].

Portanto, a posse do título executivo é requisito suficiente para a propositura da ação executiva.

O título executivo judicial ou extrajudicial deve se referir a uma espécie de obrigação, fazer, não fazer, dar coisa certa ou incerta e pagar quantia certa, e a obrigação nele retratada, como já afirmado, deve ser certa, líquida e exigível.

A obrigação certa é aquela definida, aquela que existe suficientemente para fins de execução, com definição precisa dos elementos subjetivos, quem são o credor e o devedor, e objetivos, o que se deve, quanto se deve e quando se deve.

Será líquida a obrigação quando quantificada, quando contém a determinação da importância da prestação (o *quantum), depreender* seu valor ou objeto de forma expressa.

Por fim, diz-se que uma obrigação é exigível porque, passível de cumprimento, não sujeita a nenhuma condição ou termo.

O Código de Processo Civil aponta dois tipos de títulos executivos – o judicial e o extrajudicial –, ressaltando que os nomes já servem para explicar um critério distintivo adotado pelo legislador; o judicial nasce da atividade jurisdicional em ação condenatória mediante uma sentença, observado o rigor do princípio do devido processo legal, o extrajudicial decorre da lei, longe da garantia do devido processo legal.

Quanto ao conteúdo para a distinção entre os títulos executivos judiciais e extrajudiciais, o CPC o estabelece nos arts. 475-L e 745, pois tais artigos limitam o âmbito de cognição na eventual impugnação a ser interposta pelo executado.

Outro ponto de diferença entre os títulos executivos judiciais e extrajudiciais está na necessidade ou não de se instaurar um processo de execução mediante petição inicial. Assim, nos termos do art. 475-I, do CPC, quando se tratar de título executivo judicial, a execução será feita de forma imediata, sem a necessidade de instauração de um processo de execução autônomo (sincretismo do processo).

---

[12] Abelha, Marcelo. *Manual de execução civil*. 2. ed. Rio de Janeiro: Forense Universitária, 2007, p. 115.

Se o título for extrajudicial, como não houve processo jurisdicional anterior, deverá ser instaurado um processo de execução autônomo mediante o exercício da ação executiva, através de uma petição inicial.

A competência do juízo também é ponto de diferenciação entre a execução fundada em título executivo judicial e extrajudicial. O art. 575 do CPC prevê como competente para a execução do título judicial aquele mesmo de onde emanou o provimento judicial executivo; trata-se de competência funcional em razão da conexão dos processos, e tendo por objeto título executivo extrajudicial a regra da competência é relativa e os critérios para sua determinação são os previstos nos arts. 91 e s. do CPC, portanto, tendo como regra o domicílio do devedor (art. 94 do CPC).

Nos arts. 475-N e 585, ambos do CPC, o legislador enunciou quais são os títulos executivos judiciais e extrajudiciais, respectivamente.

Diz o art. 475-N do CPC:

> *São títulos executivos judiciais:*
> *I – a sentença proferida no processo civil que reconheça a existência de obrigação de fazer, não fazer, entregar coisa ou pagar quantia;*
> *II – a sentença penal condenatória transitada em julgado;*
> *III – a sentença homologatória de conciliação ou de transação, ainda que inclua matéria não posta em juízo;*
> *IV – a sentença arbitral;*
> *V – o acordo extrajudicial, de qualquer natureza, homologado judicialmente;*
> *VI – a sentença estrangeira, homologada pelo Superior Tribunal de Justiça;*
> *VII – o formal e a certidão de partilha, exclusivamente em relação ao inventariante, aos herdeiros e aos sucessores a título singular ou universal.*

Por seu turno, o art. 585 do CPC dispõe:

> *"São títulos executivos extrajudiciais:*
> *I – a letra de câmbio, a nota promissória, a duplicata, a debênture e o cheque;*
> *II – a escritura pública ou outro documento público assinado pelo devedor; o documento particular assinado pelo devedor e por duas testemunhas; o instrumento de transação referendado pelo Ministério Público, pela Defensoria Pública ou pelos advogados dos transatores;*
> *III – os contratos garantidos por hipoteca, penhor, anticrese e caução, bem como os de seguro de vida;*
> *IV – o crédito decorrente de foro e laudêmio;*
> *V – o crédito, documentalmente comprovado, decorrente de aluguel de imóvel, bem como de encargos acessórios, tais como taxas e despesas de condomínio;*
> *VI – o crédito de serventuário de justiça, de perito, de intérprete, ou de tradutor, quando as custas, emolumentos ou honorários forem aprovados por decisão judicial;*
> *VII – a certidão de dívida ativa da Fazenda Pública da União, dos Estados, do Distrito Federal, dos Territórios e dos Municípios, correspondente aos créditos inscritos na forma da lei;*
> *VIII – todos os demais títulos a que, por disposição expressa, a lei atribuir força executiva.*

Em relação aos títulos executivos extrajudiciais, assim denominados porque criados fora do processo jurisdicional, vige o princípio da tipicidade ou reserva legal, ou seja, são títulos executivos extrajudiciais somente aqueles a que lei assim atribuir a força executiva. A tipicidade implica dizer que não há título executivo extrajudicial sem prévia lei que assim o defina, para dar *"segurança jurídica ao instituto, que, dotado de eficácia abstrata, permite a invasão do patrimônio do executado para a prática de atos de desapossamento, expropriação e transformação"*[13], sem falar nas medidas de coerção como a multa.

Depreende-se do inciso VIII, do art. 585, do CPC que o rol constante no artigo é exemplificativo; podemos ter outros títulos executivos extrajudiciais desde que a lei assim o defina, e também citar como títulos executivos fora do CPC o contrato de honorários de advogado (art. 24 da Lei Federal nº 8.906/1994); os créditos da previdência social (art. 39, § 1º, da Lei Federal nº 8.212/1991); os contratos de alienação fiduciária (art. 5º do Decreto-Lei nº 911/1969); as decisões dos Tribunais de Contas (art. 71, § 3º, da CF); as decisões do CADE (arts. 60 e 53, § 4º, da Lei Federal nº 8.884/1994); os compromissos de ajustamento de conduta (art. 5º, § 6º, da Lei Federal nº 7.347/1985), entre outros.

O § 2º do art. 585 do CPC trata do título executivo extrajudicial estrangeiro, que, para sua força executiva, independe de prévia homologação pelo Superior Tribunal de Justiça, o que não significa que basta a simples apresentação do título executivo, pois a lei processual exige que o título satisfaça os requisitos exigidos pela lei do lugar de sua formação e que indique o Brasil como lugar do cumprimento da obrigação, exigências estas que deverão ser feitas desde logo pelo juiz nacional, devendo o título executivo estar no original e devidamente traduzido por tradutor juramentado e que a obrigação retratada seja certa, líquida e exigível, sob pena de afrontar o sistema processual civil brasileiro.

[13] Abelha, Marcelo. *Manual de execução civil*, cit., p. 134.

Capítulo 8

Responsabilidade Patrimonial

O art. 591 do CPC regula a responsabilidade patrimonial do devedor ao dispor que "*o devedor responde, para o cumprimento de suas obrigações, com todos os seus bens presentes e futuros, salvo as restrições estabelecidas em lei*".

Pode-se conceituar a responsabilidade patrimonial segundo a lição de Cândido Rangel Dinamarco, como,

> a suscetibilidade de um bem ou de todo um patrimônio a suportar os efeitos da sanção executiva: sabido que a execução por sub-rogação é uma sanção, ou conjunto de medidas destinadas a atuar sobre bens integrantes de um patrimônio (penhora, busca e apreensão, etc.), responsabilidade é um estado de potencial sujeição a ela, ou seja, é sujeitabilidade à sanção. A imposição de medidas imperativas sobre o bem, que são as sanções inerentes à execução forçada, depende de esse bem ser responsável, isto é, depende de ele ser parte de um patrimônio apto a fornecer meios à execução; não se apreendem, não se penhoram, não se expropriam bens que não o sejam[14].

Assim, para a concretização da execução forçada, nos termos do art. 591, do CPC, a regra é que o patrimônio do devedor é a garantia de seus credores e, nos ensinamentos do Prof. Cândido Rangel Dinamarco, existem duas sub-regras, a primeira, de que todo o patrimônio do devedor responde por suas obrigações, só em casos excepcionais, previstos em lei, é que o bem não é afetado pela execução.

A segunda sub-regra é que só o patrimônio do devedor responde pelas obrigações, salvo hipóteses excepcionais em que algum bem de terceiro responde.

A responsabilidade patrimonial opera no campo processual e não material, porque a responsabilidade corresponde a uma relação entre o Estado e o responsável, podendo aquele invadir o patrimônio deste, para o fim de sujeitar o patrimônio à concretização da jurisdição executiva, e não uma simples ou pura relação entre credor e devedor.

Entende-se por bens presentes e futuros (art. 591 do CPC) para fins de responsabilidade patrimonial aqueles que compreendem o patrimônio do executado ao tempo da propositura da ação executiva (bens presentes) e aqueles que vier a adquirir no curso do processo (bens futuros), incidindo também sobre os bens passados, assim

---

[14] Dinamarco, Cândido Rangel. *Instituições de direito processual civil*. São Paulo: Malheiros, 2004, vol. 4, p. 321.

entendidos aqueles alienados quando da instauração da ação executiva, sobre os quais incida uma garantia real ou, mesmo alienados, possam retornar ao patrimônio do devedor e possam ser sujeitos à constrição judicial para caracterizar fraude contra credores ou fraude de execução.

O art. 648 do CPC, levando em consideração critérios humanitários ou particularidades de certas situações de direito material, afasta a responsabilidade patrimonial por dívidas, ou seja, exclui tais bens. O próprio CPC prevê bens absolutamente impenhoráveis (art. 649) e bens relativamente impenhoráveis (art. 650).

Falar em impenhorabilidade absoluta de bens, prevista no art. 649 do CPC, rol não taxativo, é ter os bens que não se sujeitam de forma alguma à execução, porque impenhoráveis. Mesmo que não existam outros bens do devedor a serem penhorados, os bens constantes na relação de impenhoráveis estão a salvo da responsabilidade patrimonial e não poderão ser penhorados, levando à suspensão do processo de execução pela falta de bens suscetíveis de penhora (art. 791, III, do CPC).

Nos termos do art. 649 do CPC:

> *São absolutamente impenhoráveis:*
> *I – os bens inalienáveis e os declarados, por ato voluntário, não sujeitos à execução;*
> *II – os móveis, pertencentes e utilidades domésticas que guarnecem a residência do executado, salvo os de elevado valor ou que ultrapassem as necessidades comuns correspondentes a um médio padrão de vida;*
> *III – os vestuários, bem como os pertences de uso pessoal do executado, salvo se de elevado valor;*
> *IV – os vencimentos, subsídios, soldos, salários, remunerações, proventos de aposentadoria, pensões, pecúlios e montepios; as quantias recebidas por liberalidade de terceiro e destinadas ao sustento do devedor e sua família, os ganhos de trabalhador autônomo e os honorários de profissional liberal, observado o disposto no § 3º deste artigo;*
> *V – os livros, as máquinas, as ferramentas, os utensílios, os instrumentos ou outros bens móveis necessários ou úteis ao exercício de qualquer profissão;*
> *VI – o seguro de vida;*
> *VII – os materiais necessários para obras em andamento, salvo se essas forem penhoradas;*
> *VIII – a pequena propriedade rural, assim definida em lei, desde que trabalhada pela família;*
> *IX – os recursos públicos recebidos por instituições privadas para aplicação compulsória em educação, saúde ou assistência social;*
> *X – até o limite de 40 (quarenta) salários mínimos, a quantia depositada em caderneta de poupança.*

Nos termos dos §§ 1º e 2º, do art. 649, do CPC, a impenhorabilidade não é oponível à execução do crédito concedido para a aquisição do próprio bem ou para pagamento de pensão alimentícia.

A Lei Federal nº 8.009/1990 trata de impenhorabilidade do denominado bem da família, indicando que o imóvel urbano ou rural, quando único e que serve de residência da família, é impenhorável, salvo para a cobrança de determinadas dívidas, instituídas no art. 3º da referida lei[15].

Por seu turno, o art. 650 do CPC prevê a hipótese dos bens relativamente impenhoráveis, ou seja, são alguns bens que não poderão ser penhorados se existirem outros penhoráveis, a penhora só será possível na ausência destes últimos, só assim tais bens passam a ser atingidos pelo ato de constrição judicial:

> *Art. 650. Podem ser penhorados, à falta de outros bens, os frutos e rendimentos dos bens inalienáveis, salvo se destinados à satisfação de pensão alimentícia.*

O art. 592 do CPC prevê algumas hipóteses em que a responsabilidade patrimonial pelas dívidas do devedor se estenda a bens de terceiro, que, por algum motivo, guardam relação com o débito executado.

Diz o art. 592 do CPC:

> *Ficam sujeitos à execução os bens:*
> *I – do sucessor a título singular, tratando-se de execução fundada em direito real ou obrigação reipersecutória;*
> *II – do sócio, nos termos da lei;*
> *III – do devedor, quando em poder de terceiros;*
> *IV – do cônjuge, nos casos em que os seus bens próprios, reservados ou de sua meação respondem pela dívida;*
> *V – alienados ou gravados com ônus real em fraude de execução".*

A primeira hipótese decorre do direito de seqüela, ou seja, aquele que adquire o bem poderá perdê-lo, pois a lei autoriza que o credor persiga o bem, mesmo que esteja nas mãos de terceiro – adquirente do bem.

A segunda hipótese é a responsabilidade patrimonial do sócio, em outras palavras, a pessoa jurídica não se desvincula totalmente dos sócios, os bens dos sócios podem ser atingidos na execução movida contra a pessoa jurídica, ainda que a preferência pela penhora seja sobre os bens da empresa (art. 596 do CPC).

No inciso III, do art. 592, a lei processual prevê a responsabilidade do próprio devedor, mas seus bens estão em poder do terceiro; assim, os bens sobre os quais recairá o ato de constrição judicial não são do terceiro, mas do próprio devedor, o que a lei esclarece é apenas que os bens do devedor que estejam na posse de terceiros,

---

[15] "Art. 3º. A impenhorabilidade é oponível em qualquer processo de execução civil fiscal, previdenciária, trabalhista ou de outra natureza, salvo se movido: I – em razão dos créditos de trabalhadores da própria residência e das respectivas contribuições previdenciárias; II – pelo titular do crédito decorrente do financiamento destinado à construção ou à aquisição do imóvel, no limite dos créditos e acréscimos constituídos em função do respectivo contrato; III – pelo credor de pensão alimentícia; IV – para cobrança de impostos, predial ou territorial, taxas e contribuições devidas em função o imóvel familiar; V – para execução de hipoteca sobre o imóvel oferecido como garantia real pelo casal ou pela entidade familiar; VI – por ter sido adquirido com produto de crime ou para execução de sentença penal condenatória a ressarcimento, indenização ou perdimento de bens; VII – por obrigação decorrente de fiança concedida em contrato de locação."

sujeitam-se à execução, não se tratando, pois, de extensão da responsabilidade patrimonial.

A quarta hipótese trata dos bens do cônjuge do executado, ou seja, na execução movida contra um dos cônjuges, o bem a ser penhorado será comum do casal ou seu próprio ou mesmo o bem reservado.

Haverá extensão da responsabilidade do cônjuge sempre que os bens do executado, ainda que contraídos em nome de um só cônjuge, na verdade aproveitaram aos dois ou à própria família, não se tratando, portanto, de dívida exclusiva do cônjuge executado.

Por fim, o inciso V, do art. 592, que trata da fraude de execução que não se confunde com a fraude contra credores.

Enquanto a fraude contra credores é instituto do direito material, representa defeito do negócio jurídico, consistindo na alienação ou oneração patrimonial de quem está em condição de insolvência, criada por fato anterior ou pelo próprio negócio jurídico, em prejuízo dos credores, violando, assim, interesses privados dos credores (arts. 158 e 159, ambos do CC), devendo o credor propor ação anulatória no prazo de 4 (quatro) anos. Na fraude de execução o vício é muito mais grave, pois não atinge só os credores mas a própria atividade jurisdicional, portanto, atinge diretamente a autoridade do Estado, sendo que seu reconhecimento depende da existência de uma ação contemporânea ao ato de alienação do patrimônio.

Diz o art. 593 do CPC:

> *Considera-se em fraude execução a alienação ou oneração de bens:*
> *I – quando sobre eles pender ação fundada em direito real;*
> *II – quando, ao tempo da alienação ou oneração, corria contra o devedor demanda capaz de reduzi-lo à insolvência;*
> *III – nos demais casos expressos em lei.*

Por se tratar de situação mais grave a lei dispensa a prova do elemento subjetivo, qual seja, a vontade de fraudar (*consilium fraudis*). Bastará a ocorrência do fato estabelecido na lei para estar configurada a fraude execução.

A primeira situação prevista na lei é uma decorrência natural do direito de seqüela, ínsito ao direito real. Nesta hipótese a fraude de execução independe da caracterização do estado de insolvência do devedor, pois nos termos da lei, a oneração ou alienação diz respeito a bem certo e determinado, sobre o qual pende ação fundada em direito real.

No inciso II, do art. 593, a fraude de execução ocorrerá sempre que pendente demanda capaz de reduzir o devedor ao estado de insolvência; o devedor aliena ou onera seu patrimônio ciente da demanda capaz de reduzi-lo à insolvência. Não é necessário que tal ação seja necessariamente execução. A lei diz demanda sem apontar qual o tipo, basta que exista uma ação (cautelar, de conhecimento ou mesmo ação penal) que, diante do seu conteúdo, possa dar origem, futuramente, à redução do demandado ao estado de insolvência.

Para caracterizar a fraude não basta a simples distribuição da ação, é fundamental que o devedor tenha conhecimento da sua existência e tal ocorre quando ele é validamente citado.

Exige-se também que o adquirente ou terceiro beneficiário tenha conhecimento da existência da demanda, porque a proteção da boa-fé (do adquirente ou alienante) impõe que o credor dê ciência da existência da ação, tanto que a Lei Federal nº 11.232/2006 inseriu o art. 615-A, que diz:

> *o exeqüente poderá, no ato da distribuição, obter certidão comprobatória do ajuizamento da execução, com identificação das partes e valor da causa, para fins de averbação no registro de imóveis, registro de veículos ou registro de outros bens sujeitos à penhora ou arresto.*

Ainda que o art. 615-A diga respeito apenas à execução de título executivo extrajudicial, certamente sua aplicação não está restrita só a esta execução; deve atingir, também, a execução de título judicial ou o cumprimento de sentença, podendo o exeqüente requerer certidão comprovando o requerimento da execução, especificando as partes envolvidas e a quantia pleiteada (art. 475-R do CPC).

Na fraude de execução haverá ineficácia relativa ao ato de alienação ou oneração, de modo que, caracterizada a fraude de execução, o ato praticado, embora válido e eficaz entre as partes que o celebraram, não tem qualquer efeito em relação à ação executiva pendente, podendo o bem ser penhorado. É como se para a execução o ato da alienação ou oneração não tivesse ocorrido.

O reconhecimento da fraude de execução independe de ação própria; como ocorre na fraude contra credores, poderá o juiz no curso da execução, mediante decisão interlocutória, reconhecer a fraude de execução determinando que o bem alienado ou onerado seja penhorado diante da fraude de execução.

Capítulo 9

Suspensão do Processo de Execução

Tal como ocorre no processo de conhecimento, o processo de execução ou mesmo o cumprimento de sentença podem ser paralisados em razão de alguns incidentes (arts. 791 e 792, ambos do CPC), rol exemplificativo, suspensão que pode ser obrigatória ou facultativa, aplicando-se no que couber, quase que integralmente, as regras referentes ao tema da suspensão do processo de conhecimento constantes no art. 265 do CPC, tanto ao cumprimento de sentença como ao processo de execução.

Deve-se ter em mente que na hipótese da suspensão por acordo entre as partes não se deve observar o prazo de 6 (seis) meses previsto no art. 265, § 3º, do CPC, pois o art. 792, do mesmo diploma processual, não prevê o prazo, permitindo que as partes possam acordá-lo livremente.

Por outro lado, no art. 791, I e III, do CPC, tem-se hipóteses de suspensão próprias da execução.

O inciso do art. 791 trata da suspensão da execução quando oferecidos embargos à execução e a eles foi atribuído efeito suspensivo (art. 739-A, § 1º, do CPC). No cumprimento de sentença que tem por objeto execução de títulos executivos judiciais, não há a figura dos embargos à execução, que foi substituída pela impugnação (art. 475-L do CPC), que também não tem efeito suspensivo, mas poderá ser concedido pelo juiz a requerimento da parte (art. 475-M do CPC).

No inciso III, do art. 791, do CPC há previsão da suspensão da execução pela ausência de bens a serem penhorados, porque, se na execução por quantia certa esta se realiza sobre o patrimônio do devedor ou de, eventualmente, um terceiro, não havendo bens que possam ser penhorados, inviabiliza-se o prosseguimento da execução, razão pela qual a mesma deve ficar suspensa até que sejam localizados bens penhoráveis ou o devedor venha a adquirir patrimônio suscetível de penhora.

Deve-se ter presente que nesta hipótese a suspensão não se pode dar por tempo indeterminado. Na falta de bens, a suspensão da execução não poderá ultrapassar prazo da prescrição da dívida, importa a incidência da prescrição intercorrente; exemplificando, se determinado direito prescreve em um ano, não poderá a execução ficar paralisada por período maior que este, sob pena de ser alcançada a exigibilidade pela prescrição intercorrente, que poderá ser reconhecida de ofício pelo juiz, aplicando-se, no mais, as mesmas regras da prescrição normal.

Para que não ocorra a prescrição intercorrente deverá o exeqüente promover o impulso processual antes de escoado o prazo, ainda que não resulte na localização de qualquer bem penhorável, ou seja, a prescrição intercorrente se interrompe se o exeqüente requerer o prosseguimento do feito, indicando providências a serem tomadas para a localização de bens a serem penhorados, mesmo que negativo o resultado, mas a paralisação do processo não ocorre por culpa do exeqüente, o que é suficiente para evitar a prescrição intercorrente.

Em todas as situações em que o processo de execução estiver suspenso não se podem praticar atos processuais, podendo o juiz, entretanto, ordenar providências cautelares urgentes (art. 793 do CPC).

Capítulo 10

Extinção do Processo de Execução

O processo de execução, como qualquer outro processo no sistema processual civil brasileiro, tem como resultado uma sentença, embora hoje exista espaço para se discutir sobre o conceito de sentença constante no § 2º, do art. 162, do CPC. Ou seja, se é conceito de conteúdo; portanto, as sentenças não mais extinguem o processo, mas o fato é que é entendimento majoritário que a sentença põe fim ao processo e é nessa linha que seguiremos.

Os arts. 794 e 795, ambos do CPC, fazem remissões às sentenças que põem fim ao processo de execução.

O art. 794, diz que se extingue a execução quando o devedor satisfaz a obrigação (I), quando o devedor obtém, por transação ou qualquer outro meio, a remissão total da dívida (II), ou quando o credor renunciar ao crédito (III).

Certamente o rol é exemplificativo, podendo-se obter a extinção da execução por qualquer outra razão, como, por exemplo, o acolhimento total dos embargos à execução ou impugnação ou mesmo a exceção de pré-executividade, mas só surtirá efeitos depois de declarada por sentença (art. 795 do CPC).

O processo de execução não tem como objetivo julgar a pretensão do credor, apenas realizá-la materialmente, assim, não havendo mérito a ser decidido, mas direito a ser concretizado, a sentença da execução é apenas extintiva, tendo, pois, por finalidade reconhecer o exaurimento da função executiva, extingüindo-se formalmente o processo.

Não se está a dizer que no processo de execução não exista mérito; o exeqüente na sua petição inicial realiza um pedido, qual seja, que se realize concretamente o seu direito retratado no título executivo, não busca um julgamento de mérito com reconhecimento de que há um direito violado ou ameaçado de ser violado, ele pede, isto sim, é a realização de atos jurisdicionais voltados à satisfação de um direito já suficientemente reconhecido pelo Poder Judiciário no cumprimento de sentença, título executivo judicial, ou, pela própria lei, título executivo extrajudicial.

Nesse sentido, afirma Marcelo Abelha que:

> isso não implica dizer que o processo ou módulo de execução não possua um mérito e nem exista uma justificativa fática e jurídica para a sua instauração.

> Claro que existe, mas a eventual discussão desses aspectos não é reservada a esse processo, mas àquele que é preparado para o debate, a discussão, o contraditório acerca da "existência" do direito a ser declarado (da razão a quem tem razão), que é o processo marcado pela função cognitiva. Assim, essa discussão ou debate sobre o mérito do processo executivo ou módulo executivo ou é feita em processo ou módulo cognitivo prévio ao de execução, ou então por intermédio da eventual ação de embargos ou impugnação do executado, que, versando sobre o direito exequendo, fará coisa julgada material[16].

Assim, o fim da execução é caracterizado por uma sentença que nada julga em relação ao conflito de interesses, apenas certifica a satisfação do crédito, pondo fim à relação jurídica processual, razão pela qual não há falar em coisa julgada material, mas tão somente formal, que é intrínseca à demanda.

[16] Abelha, Marcelo. *Manual de execução civil*. cit., p. 208.

TÍTULO II

Processo de Execução de Título Executivo Extrajudicial

Capítulo 1

Noções Gerais

O Código de Processo Civil é alvo de várias reformas e a Lei Federal nº 11.382, de 6 de dezembro de 2006, tem importância fundamental porque alterou significativamente o processo de execução quando fundado em título executivo extrajudicial.

A execução pode ter início não só com os títulos executivos judiciais, mas também pelos documentos assim enumerados em lei, que o legislador reconhece como título executivo, possibilitando aos seus titulares, credores, o acesso à via executiva sem a necessidade do processo de conhecimento.

Os títulos executivos, em regra, indicam a existência do direito de crédito, ou seja, nas palavras de Marinoni e Arenhart,

> o legislador, para instituir um título extrajudicial, deve fundar-se no que o documento representa em termos de credibilidade da existência do direito. Os títulos executivos extrajudiciais nada mais são do que atos ou documentos que invocam certa probabilidade da existência do direito, ou melhor, atos e documentos que podem representar, ainda que de forma não absoluta, boa dose de verossimilhança acerca da existência dos fatos constitutivos do direito[1].

Depreende-se da afirmação *supra* que os títulos executivos extrajudiciais são apenas aqueles instituídos pelo legislador, em outras palavras, são títulos executivos extrajudiciais somente aqueles previstos em lei.

O art. 585 do CPC apresenta um rol de títulos executivos extrajudiciais, mas não se trata de uma relação exaustiva; basta, entretanto, que a lei diga que determinado ato ou documento é título executivo extrajudicial, aliás é o que diz o inciso VIII do artigo mencionado[2].

Em breve análise, o inciso I do art. 585 do CPC aponta como título executivo extrajudicial os títulos de crédito, letra de câmbio, nota promissória, debêntures, duplicatas e cheques; o inciso II aponta o instrumento público ou particular de confissão de dívida; no inciso III, encontramos os contratos de caução e seguro de vida; o inciso IV trata do foro e laudêmio; no inciso V temos a previsão atribuindo força executiva ao crédito decorrente de aluguel de imóvel e encargos; as custas,

[1] Marinoni, Luiz Guilherme; Arenhart, Sérgio Cruz. *Curso de processo civil: teoria geral da execução, liquidação de sentença, execução da decisão provisória, execução contra a Fazenda Pública, execução de alimentos e execução de título extrajudicial*. São Paulo: Revista dos Tribunais, 2007, vol. 3, p. 419.

[2] Art. 585. São títulos executivos extrajudiciais: (...) VIII – todos os demais títulos a que, por disposição expressa, a lei atribuir força executiva."

emolumentos e honorários de auxiliares do juízo previstos no inciso VI são créditos que também podem ser cobrados através da demanda executória; o inciso VII prevê como título executivo extrajudicial a Certidão da Dívida Ativa da Fazenda Pública, a denominada CDA, que é objeto de execução específica por força da Lei Federal nº 6.830/1980, que trata da Execução Fiscal; por fim, o inciso VIII, já comentado, trata de títulos previstos em leis extravagantes, como, por exemplo, a cédula hipotecária (art. 29 do Decreto-Lei nº 70/1966), honorários de advogado (art. 24, *caput*, da Lei Federal nº 8.906/1994), letra imobiliária (Lei Federal nº 4.380/1964), entre outros.

Se o título executivo extrajudicial for estrangeiro, o mesmo poderá ser executado no Brasil, desde que presentes os requisitos constantes no § 2º do art. 585 do CPC, quais sejam: devem estar presentes os requisitos exigidos pela lei do país de origem e a indicação do Brasil como lugar de cumprimento da obrigação, ainda que as partes aqui não residam. É importante ressaltar que o título executivo extrajudicial estrangeiro não se vincula ao juízo de delibação.

Como já afirmado, o título executivo extrajudicial, para servir ao processo de execução, deve ser certo, líquido e exigível, ou melhor, a obrigação constante no título deve ser certa, líquida e exigível, porque tais requisitos, embora associados ao título executivo, na verdade são atributos da obrigação a ser executada, ou seja, o que é certo, líquido e exigível é a obrigação e não o título, aliás, outra não é a nova redação dada pela Lei Federal nº 11.382/2006 ao art. 586 do CPC, *verbis*:

> *Art. 586. A execução para cobrança de crédito fundar-se-á sempre em título* ***de obrigação certa, líquida e exigível*** *(g.n.)*

A obrigação é certa porque não reside nenhuma dúvida em que o título deve apresentar-se de forma que pela simples leitura se possa determinar o objeto da obrigação, a forma e os sujeitos.

A exigibilidade é a própria possibilidade de impor ao devedor que cumpra a prestação obrigacional constante no título, ante o inadimplemento da mesma, através da prestação jurisdicional, mediante a execução forçada por se tratar de processo de execução.

Por fim, em relação à liquidez deve o título executivo extrajudicial apontar o valor da prestação devida, o título deve de maneira clara e precisa apontar a importância devida.

Nos termos do art. 612 do CPC, a execução forçada de título executivo extrajudicial se realiza no interesse do credor – princípio do resultado ou da satisfação –, mas não de forma absoluta existem limitações de ordem legal, como, por exemplo, a limitação dos bens a serem penhorados – art. 649 do CPC – ou da menor onerosidade em favor do devedor – art. 620 do CPC.

O Livro II do Código de Processo Civil é denominado "Do Processo de Execução" tendo como Título I – "Da Execução Geral", com início no art. 566 e término no art. 611. Em seguida, temos o Título II, denominado "Das Diversas Espécies de Execução", iniciando com as "Disposições Gerais" entre os arts. 612 e 620, e na sequência as execuções em espécie.

À semelhança do que ocorre com o processo de conhecimento, em que temos procedimentos comum (ordinário e sumário) e especial, no processo de execução não é diferente. Os procedimentos executivos são diferenciados de acordo com o objeto e o conteúdo da obrigação constante no título executivo extrajudicial, trata-se do princípio da adequação.

Assim, os procedimentos das execuções de título executivo extrajudicial estão ordenados no Código de Processo Civil em três espécies: a) execução para a entrega de coisa (certa e incerta – arts. 621 a 631); b) execução das obrigações de fazer e não fazer (arts. 632 a 645) e c) execução por quantia certa – contra devedor solvente (arts. 646 a 731) e contra devedor declarado insolvente (arts. 748 a 790).

O que caracteriza a demanda executiva de título executivo extrajudicial é a insatisfação do credor pelo não-cumprimento voluntário por parte do devedor da obrigação; trata-se, pois, de uma lide de pretensão insatisfeita, a resistência reside na ausência do adimplemento pelo devedor, daí por que a pretensão do credor é satisfazer o seu direito (crédito) por meio dos atos executivos coercitivos próprios da execução forçada.

O processo de execução é autônomo e se inicia por provocação da parte exequente (credor), tendo como sujeito passivo o executado (devedor) e se desenvolve por impulso oficial.

A execução, para ter início, além da provocação do credor pressupõe a existência de um título executivo extrajudicial (art. 614, I, do CPC) e o inadimplemento da obrigação nele retratada (art. 580 do CPC).

Terá início o processo de execução através de uma petição inicial, no qual o exequente deve deduzir uma pretensão de satisfação do direito (crédito) constante no título executivo extrajudicial, observando-se os requisitos do art. 282 do CPC (requisitos da petição inicial).

A formação da relação jurídica processual também é gradual porque inicialmente tem-se o Estado-juiz e exequente e, com a citação válida do executado (devedor), a relação estará completa: Estado-juiz – exequente – executado.

Na execuçao a causa de pedir é a satisfaçao de uma obrigaçao espelhada no título executivo extrajudicial descumprido, e o pedido "se traduz na pretensão de que seja levada a efeito a providência jurisdicional adequada para a satisfação *in concreto* de seu direito, com a atuação coercitiva do Estado"[3].

Deve o exequente instruir a petição inicial com o título executivo extrajudicial (art. 614, I, do CPC), bem como com o demonstrativo do débito atualizado, quando se tratar de execução por quantia certa e, se for o caso, com a demonstração de que

[3] Dinamarco, Márcia Conceição Alves; Ferrari, Fábio Monatanini. *Direito processual civil: execução*. Rio de Janeiro: Elsevier, 2008, p. 75.

a dívida é exigível (art. 614, II e III, do CPC), podendo, já na própria petição inicial, indicar os bens a serem penhorados (art. 652, § 2º, do CPC).

Distribuída a petição inicial, poderá o exequente, querendo, nos termos do art. 615-A do CPC, obter certidão da distribuição da execução, para fins de averbação junto aos registros de bens, com a finalidade específica de afastar qualquer alegação de boa-fé daquele que vier a adquirir o bem constrito, presumindo fraude à execução (art. 615-A, § 3º, do CPC).

1. Execução Provisória de Título Executivo Extrajudicial

A Lei Federal nº 11.382/2006 deu nova redação ao art. 587 do CPC[4], impondo uma profunda modificação no regime da execução provisória, porque, inicialmente, só se falava em execução provisória quando se tratava de título executivo judicial. A execução do título extrajudicial era sempre definitiva, o máximo que se obtinha era a suspensão temporária da execução durante o processamento dos embargos do devedor.

O Superior Tribunal de Justiça chegou a editar uma Súmula, a de nº 317, que tinha em seu enunciado justamente a idéia de que a execução de título executivo extrajudicial não comportava a modalidade provisória, pois se a execução começa definitiva não pode se transformar em provisória, *verbis*:

> Súmula 317 – É definitiva a execução de título extrajudicial, ainda que pendente apelação contra sentença que julgue improcedentes os embargos.

Entretanto, com a Lei Federal nº 11.382/2006 a execução provisória, que antes só era admitida na execução de título executivo judicial, passou a ser admissível na execução de título executivo extrajudicial, quando após a apelação interposta contra sentença que julgar improcedentes os embargos do devedor e tiverem sido recebidos com efeito suspensivo.

É bom ressaltar que na nova execução os embargos têm como regra não suspenderem mais a execução do título executivo extrajudicial, a eficácia suspensiva será excepcional e dependerá de decisão judicial em cada caso (art. 739-A, § 1º, do CPC).

Portanto, se os embargos se processam sem suspender a execução, a sua improcedência ou a eventual apelação sem efeito suspensivo nenhuma interferência trará ao andamento da execução, que continuará seu curso normalmente em caráter definitivo. Entretanto, se os embargos tiveram a eficácia de suspender a execução, se julgados improcedentes, eventual apelação importará no prosseguimento da execução, mas provisória, esta a exegese do art. 587 do CPC.

---

[4] "Art. 587. É definitiva a execução fundada em título extrajudicial; é provisória enquanto pendente apelação da sentença de improcedência dos embargos do executado, quando recebidos com efeito suspensivo (art. 739)." É certo que o legislador se equivocou ao fazer referência ao art. 739, deve-se ler art. 739-A, § 1º.

2. Legitimação Ativa e Passiva

A execução deverá ser proposta em princípio pelo exequente, assim identificado no título executivo extrajudicial. É a denominada legitimação originária (art. 566, I, do CPC), mas será possível a quem não esteja discriminado no título executivo extrajudicial e tenha legitimidade ativa. Trata-se da legitimação derivada ou superveniente; o espólio, os herdeiros ou sucessores do credor, o cessionário ou o sub-rogado (art. 567 do CPC), em outras palavras, nas hipóteses de sucessão *causa mortis* ou *inter vivos*.

Não podemos esquecer que o Ministério Público, nos casos prescritos em lei, também tem legitimidade ativa (art. 566, II, do CPC) quando atuar, por exemplo, como órgão agente (art. 81 do CPC).

No pólo passivo, a princípio, deverá figurar o executado assim reconhecido no título executivo extrajudicial, o devedor originário (art. 568, I, do CPC), mas na legitimidade passiva também se admite a legitimação derivada ou superveniente, são os sucessores, o espólio, os herdeiros ou sucessores ou mesmo um novo devedor ou apenas responsável (não obrigado pela dívida), o fiador judicial e o responsável tributário (art. 569, II a V, do CPC).

3. Competência

A competência no processo de execução de título executivo extrajudicial está prevista no art. 576 do CPC, portanto, segundo as regras comuns do processo de conhecimento, prevalecendo, pois, o foro do domicílio do devedor, observando-se, contudo, as regras especiais constantes nos arts. 111 e 100, IV, *d*, do CPC, onde se tem a prevalência do foro de eleição ou o lugar de pagamento, desde que tais regras constem do título executivo objeto da execução.

4. Responsabilidade Patrimonial

O art. 591 do CPC determina a responsabilidade patrimonial ao devedor que responderá, "*para o cumprimento de suas obrigações, com todos os seus bens presentes e futuros, salvo as restrições estabelecidas em lei*". Trata-se da responsabilidade patrimonial do devedor; pode-se dizer que tanto os bens existentes ao tempo da constituição da obrigação como os que o devedor adquiriu posteriormente ficam vinculados à responsabilidade pela execução, em outras palavras, a situação patrimonial do devedor não está presa ao tempo da constituição da obrigação, mas da sua execução.

Para melhor elucidar a idéia do legislador, valemo-nos da lição de Humberto Theodoro Júnior, que assevera:

> não se pode entender literalmente a fórmula legal do art. 591, quando cogita da responsabilidade executiva dos bens futuros. Jamais se poderá pensar em penhorar bens que ainda não foram adquiridos pelo devedor. Tampouco se há de pensar que os bens presentes ao tempo da constrição da obrigação permaneçam

> indissoluvelmente vinculados à garantia de sua realização. Salvo a excepcionalidade da alienação em fraude contra credores, os bens dispostos pelo devedor deixam de constituir garantia para os credores[5].

E arremata o professor:

> Dando maior precisão à linguagem da lei, deve-se compreender a responsabilidade patrimonial como a sujeição à execução de todos os bens que se encontrem no patrimônio do devedor no momento em que se pratica a ação executiva, sem se preocupar com a época em que foram adquiridos[6].

Assim, o crédito é um dever para o devedor e uma responsabilidade para o seu patrimônio, de sorte que o objeto da execução são os bens e direitos do devedor, por isso se diz que toda execução é real e não pessoal.

Entretanto, a responsabilidade patrimonial a princípio não pode recair em bens de terceiros, salvo nas hipóteses do art. 592 do CPC, que enumera as hipóteses em que pode ocorrer a responsabilidade patrimonial de terceiro ou responsabilidade executiva secundária.

A primeira hipótese é da responsabilidade secundária do sucessor a título singular. Tratando-se de execução fundada em direito real ou obrigação reipersecutória[7], a incidência se dá nas execuções para a entrega de coisa.

O inciso II trata da hipótese de excussão dos bens do sócio, quando os mesmos forem co-responsáveis pelas obrigações da sociedade, como, por exemplo, nas sociedades em nome coletivo (art. 1.039 do CC)[8], decorrendo, assim, a solidariedade da natureza da sociedade, mas também pode ocorrer a responsabilidade pela prática de atos anormais do sócio ou administrador.

A terceira situação se dá quando o bem do devedor estiver em poder de terceiros, ou seja, a posse ou detenção de outrem em relação aos bens do devedor não será problema para a execução; por exemplo, imóvel do devedor que esteja alugado poderá responder pela obrigação do locador executado, observando, é claro, a regra do art. 576, *caput*, do Código Civil[9].

Não ficam livres os bens próprios, reservados ou da meação do cônjuge por obrigação do outro cônjuge, se a obrigação decorre de benefício da família (art. 1.644 do CC)[10].

---

[5] Theodoro Júnior, Humberto. *Curso de direito processual civil: processo de execução e cumprimento da sentença, processo cautelar e tutela de urgência*. 41. ed. Rio de Janeiro: Forense, 2007, vol. II, p. 199.

[6] Ibid., p. 199.

[7] Reipersecutórias são ações em que o "autor demanda coisa que lhe pertence ou lhe é devida e não se encontra em seu patrimônio ou está em poder de terceiro", *in* Diniz, Maria Helena. *Dicionário jurídico*. São Paulo: Saraiva, 1998, p. 73 e 75.

[8] "Art. 1.039. Somente pessoas físicas podem tomar parte na sociedade em nome coletivo, respondendo todos os sócios, solidária e ilimitadamente, pelas obrigações sociais."

[9] "Art. 576. Se a coisa for alienada durante a locação, o adquirente não ficará obrigado a respeitar o contrato, se nele não for consignada a cláusula da sua vigência no caso de alienação, e não constar de registro."

[10] "Art. 1.644. As dívidas contraídas para os fins do artigo antecedente obrigam solidariamente ambos os cônjuges."

Por fim, ficam sujeitos à execução os bens alienados ou gravados com ônus real em fraude de execução.

4.1. Fraude de Execução

Em primeiro lugar é importante não confundir fraude contra credores com fraude de execução; aquela tem como tutela os interesses privados (arts. 158 e 159 do CC)[11], ao passo que na fraude de execução o ato praticado pelo devedor agride a própria atividade jurisdicional, o Estado, prevista no art. 593 do CPC.

O Código de Processo Civil considera em fraude de execução, a alienação ou oneração de bens :

> *I – quando sobre eles pender ação fundada em direito real;*
> *II – quando, ao tempo da alienação ou oneração, corria contra o devedor demanda capaz de reduzi-lo à insolvência;*
> *III – nos demais casos expressos em lei.*

Na primeira hipótese temos a tutela do direito de sequela que integra os direitos reais.

A segunda situação de fraude de execução, talvez a mais comum e de maior relevância, é a da alienação ou oneração praticada pelo devedor contra o qual corre ação capaz de reduzi-lo à insolvência.

Para configurar a fraude deverá o credor demonstrar a ocorrência do *eventus damni*, ou seja, a insolvência do devedor decorrente da alienação ou oneração, que decorre da ausência de outros bens, na insolvência se caracteriza pela existência de um passivo maior que o ativo.

Para caracterizar a fraude de execução a insolvência deve decorrer do ato de alienação e não da existência da demanda. E mais, a simples alienação por si só não implica fraude de execução, é imprescindível a ocorrência da insolvência.

Hoje, em termos de fraude de execução, duas regras são importantes: o art. 615-A, § 3º, e o art. 659, § 4º, ambos do CPC.

Em ambas as hipóteses temos a presunção de fraude de execução, a primeira relativa, a segunda, absoluta.

Reconhecida a fraude de execução nos próprios autos do processo da ação executiva, a alienação é considerada ineficaz, portanto, o bem ou bens poderão ser penhorados prosseguindo-se à execução.

O terceiro ou beneficiário da alienação que queira afastar a fraude de execução deverá se valer dos embargos de terceiro por não ser parte no processo de execução.

---

[11] "Art. 158. Os negócios de transmissão gratuita de bens ou remissão de dívida, se os praticar o devedor já insolvente, ou por eles reduzidos à insolvência, ainda quando o ignore, poderão ser anulados pelos credores quirografários, como lesivos dos seus direitos."
"Art. 159. Serão igualmente anuláveis os contratos onerosos do devedor insolvente, quando a insolvência for notória, ou houver motivo para ser conhecida do outro contratante."

Em relação ao terceiro adquirente a fraude de execução que é reconhecida, independentemente de ação própria porque o reconhecimento se dá no curso do processo de execução incidentalmente, poderá não sofrer diminuição em seu patrimônio se restar devidamente demonstrado que agiu de boa-fé; neste caso não se reconhece a fraude de execução e, por via de consequência, não se declara a ineficácia do negócio jurídico, não restando ao credor outra hipótese senão buscar outro bem a ser penhorado.

5. Das Disposições Gerais

O Capítulo I do Título II do Livro II trata das Disposições Gerais das Diversas Espécies de Execução (arts. 612 a 620 do CPC).

Os procedimentos executivos são diferenciados de acordo com o objeto e o conteúdo da obrigação constante no título executivo extrajudicial; trata-se do princípio da adequação e estão assim dispostos no Código de Processo Civil: execução para a entrega de coisa (arts. 621 a 631); execução das obrigações de fazer e de não fazer (arts. 632 a 645) e execução por quantia certa contra devedor solvente ou insolvente (arts. 646 a 734 e arts. 748 a 790).

Entre os arts. 612 e 620, do CPC, tratou o legislador de fixar regras genéricas a serem aplicadas indistintamente a todos os procedimentos executivos.

Inicialmente, o legislador trata da penhora que é um ato executivo próprio da execução por quantia certa, que tem por finalidade destacar um ou mais bens do devedor que responderá pela obrigação. Com a penhora se dá início ao procedimento expropriatório, em que o Estado, mediante a prestação jurisdicional, obterá recursos suficientes para pagar o credor por meio da transferência da propriedade do bem ou dos bens penhorados.

O art. 612 do CPC determina que pela penhora haverá direito de preferência entre os exequentes que também efetuaram a penhora sobre o mesmo bem ou bens, ou seja, admite-se mais de uma penhora sobre o mesmo bem. Dessa forma, quando isto ocorrer, terá preferência o primeiro que realizou a primeira penhora, o exequente (credor) da segunda penhora só exercitará o seu direito sobre o saldo remanescente e assim por diante tantas quantas forem as penhoras, observando-se sempre a ordem da penhora; em outras palavras, não ocorrerá rateio entre os credores, mas, tão somente, preferência (art. 711 do CPC).

Não seria demais lembrar que a preferência da penhora só existe entre os credores quirografários enquanto o devedor for solvente e não afeta ou prejudica os credores com garantia real.

A execução terá início por provocação do credor através de petição inicial, acompanhada necessariamente do título executivo extrajudicial (art. 614, I, do CPC), bem como do demonstrativo do débito devidamente atualizado, até a data da propositura da ação; quando se tratar de execução por quantia certa (art. 614, II, do CPC), não há, portanto, execução *ex officio* no processo civil.

Na hipótese de se tratar de execução de título executivo extrajudicial sob condição ou termo, deverá o credor, além de exibir o título executivo, também comprovar a ocorrência da condição ou do termo (art. 614, III, do CPC), pois a obrigação deve ser certa, líquida e exigível (art. 580 do CPC).

Deverá ainda na inicial ficar comprovada, quando for o caso, a legitimação derivada ou superveniente, porque no título executivo extrajudicial o nome que figurará como credor será diferente daquele que estiver executando ou sendo executado, daí por que deve ser devidamente comprovada a ocorrência da sucessão, seja ela a que título for.

Nos termos do art. 615, I, do CPC, deverá o exequente indicar na petição inicial qual espécie de execução pretende quando por mais de um modo pode ser a mesma efetuada, ou seja, se contiver obrigação alternativa, deverá na inicial o exequente optar pela prestação que melhor lhe convém. Se a escolha couber ao executado, será ele citado para exercer a opção e realizar a prestação no prazo de 10 (dez) dias (art. 571 do CPC); se o executado não efetivar a escolha no prazo, a opção será do exequente (art. 571, § 1º, do CPC).

Depreende-se do inciso II, do art. 615, do CPC que a penhora poderá recair sobre bem ou bens gravados por penhor, hipoteca, anticrese ou usufruto, ou seja, bem ou bens com garantia real, hipótese em que o exequente deverá promover a intimação do titular da garantia real para resguardar seus privilégios durante a execução e permitir plena eficácia à alienação judicial do bem penhorado, porque, sem a ciência daquele, que detém a garantia real, a alienação em relação a ele será ineficaz (art. 619 do CPC).

Naturalmente poderá o exequente, no curso do processo de execução se valer de medidas acautelatórias urgentes, como, por exemplo, o arresto. O inciso III do art. 615 do CPC trata na verdade do poder geral de cautela do juiz previsto nos arts. 798 e 799 do citado diploma.

Nos termos do art. 476, do Código Civil[12], o contratante não pode, antes de cumprir sua obrigação, exigir o implemento da do outro, sob pena de se ter argüido a exceção de contrato não cumprido (*exceptio non adimpleti contractus*); portanto, para evitar a alegação da exceção mencionada, o exequente deverá provar que adimpliu a contraprestação a que estava obrigado (art. 615, IV, do CPC).

Distribuída a petição inicial, poderá o exequente – trata-se de uma faculdade – obter, sem necessidade do mandado judicial, certidão comprobatória do ajuizamento da execução, para averbação junto ao registro de imóveis, de veículos ou de outros bens sujeitos a penhora ou arresto (art. 615-A do CPC).

A finalidade é delimitar o bem ou bens sobre os quais irão responder pela obrigação tendo em vista que sobre eles recairá a penhora, conservando, assim, o

[12] "Art. 476. Nos contratos bilaterais, nenhum dos contratantes, antes de cumprida a sua obrigação, pode exigir o implemento da do outro."

direito de constrição, frustrando a dilapidação do patrimônio pelo devedor, afastando, inclusive, a possibilidade de o terceiro adquirente alegar boa-fé, porque desconhecia a existência da ação, tanto que o § 3º do art. 615-A, do CPC, fixa hipótese de presunção de fraude à execução.

A averbação tem o condão de dar força oponível *erga omnes* à execução ajuizada no tocante ao patrimônio objeto da averbação, que, se alienado for, poderá ser objeto de penhora e o adquirente não poderá alegar boa-fé para impedir o ato de constrição.

É importante ressaltar que a averbação não poderá ser manifestamente indevida, sob pena de o exequente ter de indenizar o executado (art. 615-A, § 4º, do CPC).

A averbação será manifestamente indevida quando a própria execução for manifestamente indevida; se realizada em vários bens, ultrapassando de forma abusiva o valor do crédito ou, ainda, tenha o exequente conhecimento de vários bens, escolha um que tenha valor excessivo, em detrimento de outro de valor inferior, mas que tenha liquidez para fins de expropriação, ou ainda, feita a penhora, deixar de realizar o cancelamento da averbação dos bens que não foram penhorados[13].

É importante frisar que não se pode falar em averbação manifestamente indevida exclusivamente levando-se em consideração tão somente o valor do crédito e os bens que tiveram averbação realizada, mas um conjunto de fatores objetivos, ou, nas palavras de Humberto Theodoro Júnior, é o "ato que de maneira alguma encontraria justificativa no caso concreto e que fora praticado por puro intuito de prejudicar o devedor, ou por mero capricho"[14].

Assim, na precisa lição de José Miguel Garcia Medina:

> o abuso é verificável objetivamente, isto é, desde que seja possível avaliar, externamente, o ato realizado, a fim de se discernir se tal conduta é ou não reprovável, por destoar-se da boa-fé objetiva, dos bons costumes e do fim social econômico do direito[15].

E arremata: "A adoção do referido critério pela legislação brasileira, antes de tudo, é uma medida de segurança jurídica, já que evita que ocorra uma imprecisa e vaga valoração de intenções ou interesses que podem haver movido aquele que exerceu o direito"[16].

Feitas as averbações deverá o exequente comunicá-las ao juízo no prazo de 10 dias, conforme determina o art. 615-A, § 1º, do CPC e, uma vez formalizada a penhora sobre bens suficientes para garantir o valor da dívida objeto da execução, o juiz determinará o cancelamento das averbações relativas aos bens que não tenham sido penhorados (§ 2º) e, para simplificar a aplicação da possibilidade de o exequente

---

[13] Medina, José Miguel Garcia. *Execução*, cit., vol. 3, p. 99.

[14] Theodoro Júnior, Humberto. *A reforma da execução do título extrajudicial: Lei n. 11.382, de 06 de dezembro de 2006*. Rio de Janeiro: Forense, 2007, p. 34.

[15] Medina, *op. cit.*, p. 100, nota 13.

[16] Ibid., p. 100.

averbar a existência da demanda, os tribunais poderão expedir instruções sobre o cumprimento do art. 615-A, § 5º, do referido diploma.

O legislador, por questão de economia processual, impede que o juiz rejeite liminarmente a petição inicial, seja por defeito de forma ou pela ausência de documentos fundamentais, determinando-se que o magistrado permita ao exequente, no prazo de 10 (dez) dias, corrija a falha, sob pena de indeferimento da petição inicial (art. 616 do CPC).

Determina o art. 617, do CPC, que um dos efeitos da propositura da execução é a interrupção da prescrição, mas não basta a simples distribuição, é necessário o deferimento da petição inicial e que a citação se realize observando-se o disposto no art. 219, do CPC, ou seja, que a citação se realize no prazo de 10 (dez) dias.

O exequente tem a obrigação de observar o prazo de 10 (dez) dias para a citação, cumprindo as exigências processuais que lhe cabem, como, por exemplo, fornecer o endereço, depositando o valor da diligência etc., mas o cumprimento efetivo da ordem judicial para citação é ato que já não lhe cabe e, portanto, não pode ser responsabilizado por eventual atraso.

A inobservância do prazo supramencionado não por culpa do exequente não pode naturalmente implicar a ocorrência da prescrição; aliás, esta questão está sumulada pelo Superior Tribunal de Justiça, *verbis* 106:

> Súmula 106 – Proposta a ação no prazo fixado para o seu exercício, a demora na citação, por motivos inerentes ao mecanismo da Justiça, não justifica o acolhimento da argüição de prescrição ou decadência.

O art. 618 do CPC, ao cuidar da nulidade da execução, está apontando alguns vícios próprios ou mais relevantes do processo de execução; porque são vícios ou nulidades que ocorrem pela inobservância dos requisitos específicos do processo de execução, não se está naturalmente a afastar o regime comum das nulidades previstas no processo de conhecimento nos arts. 243 a 250 do CPC.

A primeira situação específica de nulidade do processo de execução está na ausência da certeza, liquidez ou exigibilidade da obrigação, conceitos que já foram apresentados anteriormente (art. 618, I, do CPC).

Outra nulidade está relacionada à ausência da citação ou citação irregular. Temos que não haveria necessidade de previsão de tal hipótese, porque sendo a citação ato indispensável para a completa regularização da relação jurídica processual, à sua falta não se pode ter realizada a prestação jurisdicional, seja ela de conhecimento ou de execução (art. 214 do CPC).

Por fim, a terceira situação que gera nulidade no processo de execução é a instauração do mesmo antes de verificação da condição ou ocorrência do termo, porque, sem a comprovação de que a condição se realizou ou que o termo já foi atingido, não há ainda obrigação exigível (art. 618, III, do CPC).

A nulidade do processo de execução, quando não reconhecida de ofício, poderá ser alegada a qualquer momento mediante requerimento da parte que aponta a existência do vício. Trata-se de uma manifestação sem maiores formalidades, não havendo necessidade do uso dos embargos à execução, podendo, inclusive, valer-se da denominada exceção de pré-executividade.

A regra prevista no art. 620, do CPC, decorre do princípio do menor sacrifício possível ou menor onerosidade para o devedor, ou seja, voltado à proteção do executado em que se pretende que a execução não leve à ruína financeira e/ou patrimonial do executado, "não é justo e nem legítimo submeter o executado (seu patrimônio) a uma situação de maior onerosidade do que a que seria indispensável para a satisfação do direito do exequente"[17].

6. Suspensão e Extinção do Processo de Execução

O art. 791 do CPC arrola algumas hipóteses em que o processo de execução se suspende. Seja qual for o seu objeto e procedimento, longe do artigo ser taxativo, trata apenas de algumas situações, são hipóteses de suspensão legal, porque o art. 792 do CPC também prevê situação de suspensão, mas decorrente da vontade das partes.

São hipóteses legais de suspensão do processo de execução:

a) no todo ou em parte, quando recebidos com efeito suspensivo os embargos à execução (art. 739-A);
b) nas hipóteses previstas no art. 265, I a III;
c) quando o devedor não possuir bens penhoráveis.

Outras situações legais que permitem a suspensão do processo de execução e não estão no rol do art. 791 do CPC são o motivo de força maior e o recesso forense.

A suspensão não extingue a execução, mas durante o tempo de suspensão é defeso às partes praticar quaisquer atos processuais (art. 793, do CPC).

Na hipótese de suspensão da execução pela ausência de patrimônio do devedor (art. 791, III, do CPC), temos que a suspensão não pode durar por prazo indeterminado, podendo o juiz extinguir a execução, reconhecendo a prescrição intercorrente, quando for a hipótese, principalmente pela redação dada ao § 5º, do art. 219, que prevê a possibilidade do reconhecimento de ofício da prescrição.

Como todo processo, o processo de execução também se extingue por uma sentença, que é o ato final do procedimento.

No processo de execução não é próprio estabelecer a distinção entre extinção com ou sem resolução do mérito, próprio do processo de conhecimento (arts. 267 e 269, do CPC, respectivamente), porque o mérito no processo de execução não é objeto de julgamento, ou seja, a pretensão é do exequente.

---

[17] Abelha, Marcelo. *Manual de execução civil*, cit., p. 57.

A sentença que extingue o processo de execução é meramente declaratória e produz efeitos somente processuais perante a execução[18]. Como já afirmado, não há provimento de mérito, apenas o reconhecimento de que a relação processual terminou e não há mais nada a fazer no processo. Nas palavras de Humberto Theodoro Júnior, "o provimento executivo é o ato de satisfação do direito do credor"[19].

Qualquer que seja o motivo, a extinção da execução só produz efeitos quando declarada por sentença (art. 795 do CPC).

Assim, a sentença que extingue o processo de execução não importa na coisa julgada material, a respeito do direito do credor, sobre o qual não há qualquer declaração de existência ou não.

Quanto à coisa julgada formal esta é própria de qualquer relação jurídica processual, é intrínseca à demanda, pois, proferida a sentença e não sendo impugnada no prazo, ou esgotando-se os recursos cabíveis, nada mais será possível fazer naquela relação processual.

O art. 794 do CPC apresenta um rol exemplificativo das situações em que o processo de execução será extinto. São elas:

a) o devedor satisfaz a obrigação;
b) o devedor obtém, por transação ou por qualquer outro meio, a remissão total da dívida;
c) o credor renuncia ao crédito.

Outras hipóteses de extinção do processo de execução seriam a desistência do processo pelo exequente, procedência dos embargos do devedor, indeferimento da petição inicial, dentre outras hipóteses.

Por fim, o recurso cabível quanto às sentenças que extinguem o processo de execução é o da apelação (art. 513 do CPC), e das decisões interlocutórias; proferidas em qualquer questão resolvida no curso do feito, deverá ser objeto de agravo de instrumento, não havendo como imaginar o agravo retido, por ser totalmente inútil na execução, diante da quase-inexistência de posterior apelação para ratificá-lo.

---

[18] Marcelo Abelha afirma: "a sentença no processo de execução é apenas declaratória, porque declara a extinção do processo executivo. Essa declaração serve para reconhecer se a execução forçada foi frutífera ou não. Não é a sentença em si mesma ato executivo que realiza a execução em concreto, mas apenas dá o acertamento de que houve (no passado – declaração) ou não a satisfação do direito exequendo", *in* Manual de execução civil, cit., p. 173.

[19] Theodoro Júnior, Humberto. *Curso de direito processual civil: processo de execução e cumprimento da sentença, processo cautelar e tutela de urgência,* cit., vol. II, p. 527.

CAPÍTULO 2

Execução das Prestações de Dar Coisa Certa e Incerta

1. Noções Gerais

Os arts. 233 a 242 do Código Civil tratam do direito do credor em receber a coisa certa, em outras palavras, é direito do credor receber o correspondente à obrigação de dar, na precisa medida do pactuado, não se lhe impondo receber coisa diferente, ainda que de preço superior.

No Capítulo II do Título II do Livro II do Código de Processo Civil (arts. 612 a 630) encontramos o procedimento das ações executivas para a entrega de coisa certa e incerta, porque nem sempre a obrigação encontra-se completamente individuada quanto ao objeto da prestação, baseada em título executivo extrajudicial.

2. Execução da Entrega de Coisa Certa

A execução em questão terá início por provocação do credor exequente, através de uma petição inicial, na qual o juiz, ao deferir, fixará os honorários advocatícios (art. 20, § 4º, do CPC), podendo, se entender necessário, estipular multa diária por atraso na entrega do bem (parágrafo único do art. 621 do CPC), determinando que o devedor executado seja citado, para, no prazo de 10 (dez) dias, satisfazer a obrigação, entregando o exequente a coisa discriminada no título executivo (art. 621 do CPC).

A multa poderá ser fixada independentemente de estar prevista em cláusula contratual ou mesmo no próprio título executivo extrajudicial, porém, mesmo que não prevista, a lei dá ao juiz o poder de fixá-la ao despachar a petição inicial, devendo no mandado de citação constar o valor da multa e sua periodicidade, multa essa que não tem a natureza indenizatória e sim constitui meio de coerção, podendo ser revisto a qualquer momento o valor fixado, seja para aumentar ou reduzir, caso se torne insuficiente ou excessivo, diante das particularidades do caso (art. 621, parágrafo único, última parte, do CPC).

Entretanto, o mencionado dispositivo apresenta uma alternativa para, seguro o juízo, o executado, querendo, apresente embargos, no prazo de 15 (quinze) dias a contar da juntada aos autos do mandado de citação devidamente cumprido (arts. 621, parte final, e 738, *caput*, do CPC).

Quanto à necessidade da garantia do juízo para opor os embargos, temos que não se faz mais necessária, pois o art. 736 do CPC, com a nova redação que lhe deu a Lei nº 11.382/2006, afastou nas execuções dos títulos executivos extrajudiciais a necessidade da garantia do juízo para os embargos, em qualquer das modalidades de obrigação, *verbis*:

> *Art. 736. O executado, independentemente de penhora, depósito ou caução, poderá opor-se à execução por meio dos embargos.*

O prazo de 10 (dez) dias para a entrega da coisa será contado da juntada do mandado de citação devidamente cumprido nos autos.

Feita a citação, o executado poderá das três uma:

a) entregar a coisa e seus acessórios (art. 233 do CC), lavrando-se o respectivo termo e findando a execução (art. 624 do CPC), salvo se tiver de prosseguir para o pagamento de frutos ou ressarcimento de prejuízos, sendo que o processo seguirá sob o procedimento da execução por quantia certa;
b) permanecer inerte, o que implicará na expedição, em favor do exequente, do mandado de imissão na posse, se o bem for imóvel, ou de busca e apreensão, se o bem for móvel, incidindo a multa diária se esta foi fixada (art. 625 do CPC);
c) depositar a coisa para, opondo embargos à execução, obter efeito suspensivo (art. 739-A, § 1º, do CPC), ressaltando que o depósito não é condição para opor embargos, mas tão somente para obter efeito suspensivo ao mesmo e evitar que seja expedido o mandado de emissão ou busca e apreensão dependendo do objeto da obrigação. Desse modo, depositada a coisa, o exequente não poderá levantá-la antes do julgamento final dos embargos (art. 623 do CPC).

Na hipótese da coisa ter sido alienada a terceiro, mesmo assim será expedido o mandado de emissão ou busca e apreensão, dependendo do objeto da obrigação, contra o terceiro (art. 626 do CPC) que poderá defender a sua posse ou propriedade, só após o depósito da coisa (art. 626, parte final, do CPC), mediante embargos de terceiro.

Entretanto, é bom notar que o exequente não é obrigado buscar a coisa em poder do terceiro, poderá executar o valor da coisa, mais perdas e danos, ficando a cargo de exequente, se possível, estimando o preço ou se necessário, sujeitando-se ao arbitramento judicial, restando de qualquer forma, para a liquidação o valor da coisa e seu prejuízo (art. 627, §§ 1º e 2º, do CPC).

Existindo benfeitorias indenizáveis feitas na coisa pelo executado, ou mesmo por terceiros, é obrigatória a realização da liquidação prévia e, em se apurando saldo em favor do devedor, o credor, exequente, deverá depositar o saldo em favor do executado ao requerer a entrega da coisa; se o saldo for a favor do exequente, poderá este cobrá-lo através da execução por quantia certa, nos mesmos autos (art. 628 do CPC).

3. Modelo

3.1. Obrigação Alternativa

EXCELENTÍSSIMO SENHOR DOUTOR JUIZ DE DIREITO DA...

Fulano de tal, brasileiro, RG n.º..., CPF n.º..., residente e domiciliado na..., por seu advogado infra-assinado, com escritório situado à..., onde recebe intimações, vem respeitosamente à presença de V. Exa., com fundamento no art. 571 do CPC, promover a presente EXECUÇÃO DE OBRIGAÇÕES ALTERNATIVAS em face de..., brasileiro, portador da Cédula de Identidade/RG sob o nº..., residente e domiciliado na..., pelos motivos a seguir expostos.

Consoante o documento, ora apresentado, o Executado obrigou-se a pagar ao Exequente a quantia de R$..., alternativamente a entrega do veículo marca..., ano..., chassis nº... cor predominante... e de placas..., cumprindo a obrigação avençada com o Exequente.

A obrigação *supra* tinha como data para o adimplemento o dia... do corrente mês.

No documento em questão cabe ao Exequente a opção de escolha e pelo presente o Exequente vem dizer que prefere receber o mencionado veículo.

Todavia até a presente data o Executado tem se recusado a adimplir sua obrigação, restando ao Exequente apenas a via judicial.

Isso posto, é a presente para se digne V. Exa. determinar a citação do Executado, acima qualificado, para que, no prazo de 10 (dez) dias, entregue o mencionado veículo, com a respectiva documentação de transferência já assinada, sob pena de lhe serem penhorados tantos bens quantos forem suficientes para garantir a execução e seus acessórios, intimando-o, a seguir, para, se quiser, opor seus embargos, condenando-o nos ônus sucumbenciais.

Protesta-se por provar o alegado por todos os meios de prova admitidas em Direito.

Dá-se à causa o valor de: R$... (valor do objeto da obrigação)

Nestes termos,

Pede deferimento.

..., ... de ... de ...

Advogado

OAB

3.2. Obrigação de Dar Coisa Certa

EXCELENTÍSSIMO SENHOR DOUTOR JUIZ DE DIREITO DA...

Fulana de tal, brasileira, casada, portadora do RG nº.., CPF nº.., residente e domiciliada na..., por seu advogado infra-assinado, o qual recebe intimações na..., vem respeitosamente à presença de V. Exa. propor a presente AÇÃO DE EXECUÇÃO PARA ENTREGA DE COISA CERTA, nos termos dos arts. 621 e s. do CPC, em face de..., brasileiro, comerciante, RG nº.., residente e domiciliado na..., pelos motivos a seguir expostos.

As partes ajustaram em... de... de... contrato de cessão de direitos relativos a quota de consórcio (instrumento em anexo – Doc. 2).

Por força do referido contrato, a Exequente cedeu ao executado os direitos de sua propriedade sobre a cota de consórcio nº..., do grupo nº..., que mantinha junto a... Consórcios Ltda. (Doc. 3).

A Exequente, na mesma data..., entregou ao Executado o automóvel objeto da contemplação do consórcio, qual seja o veículo marca.., modelo..., ano..., cor..., a gasolina, RENAVAM nº..., chassi nº.., placas... (Doc. 4).

O Executado, por sua vez, obrigou-se a (cláusula nº 4 do instrumento – Doc. 2):

"4.3. Passou a ser responsável pelo pagamento de todas as prestações e demais encargos decorrentes do contrato de consórcio cedido, a partir da prestação vencida em... de... até o vencimento da última parcela.

(...)

4.6. Comprometeu-se a, até o dia... de... de..., proceder, junto a... Consórcios Ltda., à assunção dos direitos e obrigações decorrentes do contrato de consórcio, transferindo o contrato de consórcio para seu nome ou terceira pessoa, bem como a indicar fiador idôneo."

A cláusula quinta do instrumento (Doc. 2) estabeleceu as datas em que o Executado deveria efetuar o pagamento das parcelas do consórcio.

Na cláusula sexta do contrato (Doc. 2), as partes estipularam condição resolutiva expressa, pela qual, caso o Cessionário, ora executado, deixasse de efetuar qualquer pagamento junto a... Consórcios Ltda., ou não cumprisse com a obrigação descrita no item 4.6 do contrato (acima transcrita, item 4 desta inicial), a Exequente poderia considerar o contrato resolvido de pleno direito, retornando as partes ao estado anterior: o Executado devolveria o automóvel e a Executada devolveria o valor recebido pela cessão R$... ou compensaria esse valor com os débitos que porventura existissem junto a... Consórcios Ltda.

O Executado não cumpriu com as obrigações que assumiu.

Não procedeu à assunção dos direitos e obrigações junto a... Consórcios Ltda. na data em que se comprometeu a fazê-lo..., nem efetuou os pagamentos das parcelas relativas aos meses de...,... e... (Doc. 5).

Dessa forma, resolvido o contrato, a Exequente acertou com a... Consórcios Ltda. os valores pendentes, conforme recibo anexo (Doc. 6).

O valor total pago junto a... Consórcios Ltda., corresponde a R$... Com relação ao saldo R$... que completa o valor recebido pela de cessão R$..., a Exequente depositará, à disposição do Executado, quando este fizer a entrega ou o depósito do automóvel, caso não existam avarias a serem reparadas.

Resta, agora, receber de volta o automóvel que entregou ao Executado, o qual encontra-se descrito no item 3, acima (ver ainda Doc. 4).

Isto posto, é a presente para requerer a V. Exa. se digne determinar a citação do Executado para que, no prazo máximo de 10 (dez) dias, satisfaça a obrigação, entregando o automóvel descrito no item nº 3 desta inicial e pagando todas as custas processuais e honorários advocatícios ou apresente embargos, querendo.

Não entregue a coisa no prazo assinado, seja expedido mandado de busca e apreensão, intimando-se o Executado.

Que V. Exa., no despacho inicial, fixe multa por dia de atraso no cumprimento da obrigação, no valor de R$... ou em outro que V. Exa. entenda melhor.

Protesta a Exequente em produzir todas as provas em direito admitidas.

Valor da causa: R$.. (corresponde ao valor da coisa a ser entregue).

Nestes termos,

pede deferimento.

..., ... de ... de ...

Advogado

OAB

4. Execução para Entrega de Coisa Incerta

Quando se tratar de execução para a entrega de coisa incerta, hipótese em que o título executivo extrajudicial determina o objeto pelo gênero e quantidade, a escolha, segundo o título, pode ser do credor ou do devedor. Se for do credor, este deverá individualizar a coisa já na própria petição inicial e, se for do devedor, será ele citado para entregá-la individualizada a seu critério (art. 629 do CPC).

Nos termos dos arts. 629 a 631, do CPC, quando se tratar da entrega da coisa incerta, não se cria um incidente processual para a escolha, o credor indicará na inicial e o devedor será citado para entregar ou depositar a coisa por ele escolhida, no prazo de 10 (dez) dias (art. 621 do CPC).

Feita a escolha não estará ela livre de impugnação, pois o art. 630, do CPC, prevê que, no prazo de 48 (quarenta e oito) horas, qualquer uma das partes poderá impugnar a opção feita pela outra parte, lembrando que os critérios para a escolha são os do art. 244 do Código Civil, e o devedor "*não poderá dar coisa pior, nem será obrigado a prestar a melhor*".

A impugnação será apreciada pelo juiz de plano, podendo, se entender necessário, até se valer de um perito (art. 630, parte final, do CPC), tudo feito nos próprios autos do processo.

A decisão que delibera sobre a escolha realizada pela parte e é objeto de impugnação é uma decisão interlocutória e desafia o recurso do agravo de instrumento.

Entretanto, cabendo a escolha ao devedor e este se omitir, importará em transferência para o credor.

Ultrapassada a fase da individualização da coisa, aplica-se ao procedimento da execução da obrigação de dar coisa incerta o procedimento observado na entrega de coisa certa (art. 631 do CPC).

A presente execução findará, por sentença (art. 795 do CPC), quando o devedor entregar a coisa, com a entrega da coisa ou seu depósito e posterior pagamento do crédito remanescente e pagamento voluntário pelo executado ou mediante expropriação de seus bens, quando frustrado o meio executório original.

4.1. Modelo

EXCELENTÍSSIMO SENHOR DOUTOR JUIZ DE DIREITO DA

Fulano de tal, brasileiro, portador do RG nº... e do CPF nº..., residente e domiciliado na.., por seu advogado infra-assinado, o qual recebe intimações na..., vem respeitosamente à presença de V. Exa. propor a presente EXECUÇÃO PARA ENTREGA DE COISA INCERTA, com fulcro nos arts. 629 a 631 do CPC, em face de..., brasileiro, portador do RG nº... e do CPF nº.., residente e domiciliado na.., pelos motivos de fato a seguir expostos.

Nos termos dos documentos inclusos, o Executado, mediante contrato, comprometeu-se a entregar ao Exequente o seguinte bem:

"1000 sacas de café de primeira, tipo exportação, estocadas na cooperativa..., na...".

Inobstante tal contrato estar assinado e revestido das características dos títulos executivos extrajudiciais, o Executado NÃO procedeu à entrega das sacas de café e até o presente momento se recusa a entregá-las de maneira injustificada.

Havendo legítimo interesse do Exequente na presente execução, requer-se que seja o Executado compelido a entregar aquilo a que, por força contratual, se obrigou.

O contrato consiste na entrega do bem incerto compreendido por 1000 (um mil) sacas de café de 60 (sessenta) quilogramas, tipo exportação.

Isto posto, é a presente para requerer a V. Exa. se digne determinar a citação do Executado, acima qualificado, para que, no prazo de 10 (dez) dias, satisfaça seu débito, procedendo-se à entrega daquilo a que está obrigado, ou, neste mesmo prazo, apresentando seus embargos.

Caso o Executado entregue a coisa ao Exequente, que seja lavrado o respectivo termo de entrega, dando-se por finda a execução.

Se, porventura, não for entregue a coisa nem depositada, requer-se, ainda, a expedição de ordem para busca e apreensão do bem, conforme o art. 625 do CPC.

Protesta provar o alegado por todos os meios de provas em direito admitidas, especialmente a prova oral, consistente no depoimento pessoal do Executado, sob pena de confesso, oitiva de testemunhas e a juntada de novos documentos.

Dá-se à presente o valor de R$... (valor da obrigação).

Nestes termos,

pede deferimento.

..., ... de ... de ...

Advogado

OAB

Capítulo 3

Execução das Prestações de Fazer e Não Fazer

1. Noções Gerais

As obrigações de fazer e não fazer estão disciplinadas nos arts. 247 a 251, do Código Civil, e são obrigações que têm por objeto a realização de um ato do devedor (obrigação de fazer), uma obrigação positiva, ou importam no dever de abstenção, ou seja, em não praticar determinado ato (obrigação de não fazer), uma obrigação negativa.

Assim, enquanto nas obrigações de dar a prestação incide sobre a coisa, nas obrigações de fazer ou não fazer o objeto da obrigação está relacionado a um comportamento comissivo ou omissivo do devedor.

Tratando-se do inadimplemento das obrigações de fazer e não fazer, diferentemente do que ocorre nas obrigações de dar coisa certa e incerta, que normalmente são realizáveis através da execução específica, como no fazer ou não fazer depende do comportamento do devedor, raramente se conseguirá a atuação de forma compulsória do devedor inadimplente.

Para resolver em parte este problema, possibilitando a execução específica, criaram-se as obrigações de fazer fungíveis e infungíveis, com procedimentos distintos no processo de execução.

2. Execução das Obrigações de Fazer

São fungíveis aquelas prestações que, "por sua natureza ou disposição convencional, podem ser satisfeitas por terceiro, quando o obrigado não as satisfaça"[20], como, por exemplo, a pintura de uma casa, a limpeza de um terreno.

Se fungíveis são aquelas obrigações que tenham prestações que podem ser cumpridas por terceiro, as infungíveis, ou obrigações *intuitu personae*, não admitem sua realização por terceiros, podendo-se afirmar que são infungíveis "as prestações que somente podem ser satisfeitas pelo obrigado, em razão de suas aptidões ou qualidades pessoais"[21], por exemplo, pintor famoso contratado para executar um quadro.

---

[20] Santos, Moacyr Amaral. *Primeiras linhas de direito processual civil*. 21. ed. São Paulo: Saraiva, 2003, vol. 3, p. 383.

[21] Ibid., p. 383.

As obrigações são infungíveis pela própria natureza da prestação ou em decorrência de cláusula contratual.

A importância em se fazer a distinção entre obrigações fungíveis e infungíveis, quanto às obrigações de fazer, está no manejo do procedimento a ser utilizado no processo de execução.

Tratando-se das obrigações de fazer fungíveis, o processo terá início por iniciativa do credor, através de uma petição inicial que deverá observar os requisitos do art. 282 do CPC, mais os específicos do processo de execução constantes no art. 614 do mesmo Código, devendo o devedor, executado, deferida a petição inicial, ser citado, para, no prazo determinado no título executivo ou fixado pelo juiz, cumprir (fazer) a obrigação (art. 632 do CPC).

Deverá o juiz ao despachar a inicial, além de fixar o prazo para o cumprimento da obrigação, também estipular uma multa por dia de atraso e a data a partir da qual começa a incidir (art. 645 do CPC), se o valor não estiver estipulado no título, hipótese em que o juiz então poderá manter, reduzir ou aumentá-lo, caso entenda que o valor seja irrisório ou excessivo (art. 645, parágrafo único, do CPC).

Citado, o executado poderá cumprir a obrigação no prazo estipulado, hipótese em que o processo de execução se extingue nos termos do art. 794, I, do CPC, o que restará devidamente declarado na sentença (art. 795 do CPC).

Se o executado ficar inerte, sendo fungível a obrigação, poderá o credor escolher três caminhos.

O primeiro, poderá o exequente pedir a realização da prestação por terceiro, à custa do executado, hipótese em que o exequente deverá adiantar as quantias previstas na proposta apresentada pelo terceiro para a realização da obrigação (art. 634 e parágrafo único, do CPC).

A realização da prestação por terceiro depende do requerimento do exequente (art. 634 do CPC) que no pedido apresentará uma ou algumas propostas, subscritas por interessados na realização da obrigação, devendo o juiz ouvir o executado (parágrafo único do art. 634 do CPC), podendo, se for o caso para decidir, promover dilação probatória, inclusive com a realização de perícia.

Deferida pelo juiz a realização da obrigação por terceiro por decisão interlocutória, deverá o terceiro efetivá-la no prazo, e, uma vez concluída, as partes deverão ser ouvidas no prazo de 10 (dez) dias (art. 635 do CPC) e se não houver nenhuma impugnação ao fato realizado por terceiro, o juiz dará por cumprida a obrigação, pondo fim à execução, caso contrário decidirá a impugnação através de decisão interlocutória (art. 635 do CPC).

Os valores que o exequente teve que antecipar para o terceiro para que este pudesse realizar a obrigação, acrescidos de custas e honorários de advogado, deverão ser feitos por meio de execução por quantia certa, nos próprios autos.

Havendo o inadimplemento do terceiro, que poderá ocorrer pela inobservância do prazo ou se praticar o ato de modo incompleto ou defeituoso, o exequente poderá requerer ao juiz, no prazo de 10 (dez) dias, que o autorize a concluir ou reparar, por conta do terceiro (art. 636 do CPC).

Depois de ouvido o contratante, terceiro, no prazo de 5 (cinco) dias, o juiz mandará avaliar o custo das despesas necessárias, inclusive, se for o caso, valendo-se de perícia, e condenará o contratante a pagar o exequente (parágrafo único do art. 636 do CPC).

O segundo caminho a ser escolhido pelo exequente é o previsto no art. 637 do CPC, ou seja, a realização da prestação pelo próprio credor.

Apresentando as propostas ou proposta dos terceiros ao juiz, caberá ao credor a preferência para pessoalmente se encarregar da realização da obrigação ou por preposto dentro dos termos estabelecidos na melhor proposta. A preferência do exequente deverá ser manifestada no prazo de 5 (cinco) dias, que se seguem ao depósito da proposta em juízo (art. 637, parágrafo único, do CPC).

A terceira opção que tem o credor será converter a obrigação em perdas e danos, promovendo sua liquidação, convertendo em indenização, sendo que o valor apurado será objeto de execução por quantia certa (art. 633, parágrafo único, do CPC).

3. Modelo

EXCELENTÍSSIMO SENHOR DOUTOR JUIZ DE DIREITO DA

Fulana de tal, brasileira, casada, portadora do RG nº..., CPF nº..., residente e domiciliada na..., por seu advogado infra-assinado, o qual recebe intimações na..., vem respeitosamente à presença de V. Exa. propor a presente AÇÃO DE EXECUÇÃO PARA OBRIGAÇÃO DE FAZER, nos termos do art. 632 e s. do CPC, em face de..., brasileiro, comerciante, RG nº..., residente e domiciliado na..., pelos motivos a seguir expostos.

As partes ajustaram em... de... de... contrato de prestação de serviços na qual o Executado assumiu o compromisso de que, no prazo de 25 (vinte e cinco) dias, a contar da assinatura do mesmo, faria um armário de cozinha (instrumento em anexo – Doc. 2).

Por força do referido contrato, a Exequente se comprometeu a pagar a quantia de R$....... no ato da assinatura do contrato, o que ocorreu conforme comprova recibo em anexo (Doc. 3).

Ocorre que o Executado até a presente data não cumpriu com as obrigações que assumiu.

Isto posto, é a presente para requerer a V. Exa. se digne determinar a citação do Executado para que, no prazo máximo de 25 (vinte e cinco) dias, satisfaça a obrigação, realizando a construção do armário de cozinha e entregando-o, sob pena de ser realizada por terceiro, às custas do devedor, e pague multa diária a ser fixada por V. Exa. por dia de atraso, pagando todas as custas processuais e honorários advocatícios ou apresente embargos, querendo.

Não entregue a coisa no prazo assinado, seja expedido mandado de busca e apreensão, intimando-se o Executado.

Protesta a Exequente em produzir todas as provas em direito admitidas.

Valor da causa: R$... (corresponde ao valor da coisa a ser entregue).

Nestes termos,

pede deferimento.

..., ... de ... de ...

Advogado

OAB

4. Execução de Obrigação de Não Fazer

Por outro lado, quando se tratar de obrigação de fazer infungível, fixado o prazo para o devedor cumpri-la e citado ficar inerte ou houver recusa em cumprir a obrigação, o credor exequente só terá uma solução, qual seja, converter a obrigação em perdas e danos (art. 638, parágrafo único, do CPC), outra não é a determinação do próprio direito material (art. 247 do CC).

O valor da indenização poderá ser aquele previamente estipulado no contrato ou, no silêncio, o exequente deverá lançar mão da liquidação e, apurado o valor da indenização, a execução forçada terá o rito da execução por quantia certa, que se processará nos próprios autos.

Quando se tratar das obrigações de não fazer, obrigação negativa, a mora ocorrerá pela conduta comissiva do devedor (arts. 250 e 251 do CCl), ou seja, se a obrigação é pela abstenção do ato, a eventual prática do mesmo, por si só, implica a inexecução da obrigação, surgindo, assim, para o credor, o direito de desfazer o fato ou de ser indenizado quando os efeitos forem irremediáveis.

Dispõe o art. 642 do CPC que, se o devedor praticou ato que por obrigação não deveria, cabe ao credor requerer ao juiz que assine um prazo para que o devedor desfaça o ato.

Surge na verdade para o devedor não uma obrigação de não fazer, mas uma obrigação de fazer, qual seja, desfazer o fato indevido.

Assim, diante da conduta comissiva do devedor, o processo de execução para as obrigações de não fazer caminhará para uma das duas situações, ou o devedor irá desfazer o fato às suas custas, em que temos uma execução de prestação de fazer, ou o devedor deverá indenizar o credor pelas perdas e danos, o que levará a uma execução por quantia certa (art. 643, parágrafo único, do CPC).

O devedor também poderá, querendo, ao invés de cumprir a obrigação ou ficar inerte, opor embargos à execução, no prazo de 15 (quinze) dias, a contar da juntada do mandado de citação aos autos (art. 738, *caput*, do CPC).

A presente execução findará, por sentença (art. 795 do CPC), cumprindo o devedor a obrigação de fazer mesmo quando se tratar de obrigação de não fazer, como já explicado, ou quando efetivar o pagamento das perdas e danos.

5. Modelo

EXCELENTÍSSIMO SENHOR DOUTOR JUIZ DE DIREITO DA

Fulana de tal, brasileira, casada, portadora do RG nº..., CPF nº..., residente e domiciliada na..., por seu advogado infra-assinado, o qual recebe intimações na..., vem respeitosamente à presença de V. Exa. propor a presente AÇÃO DE EXECUÇÃO PARA OBRIGAÇÃO DE NÃO FAZER, nos termos do art. 642 e s. do CPC, em face de..., brasileiro, comerciante, RG nº..., residente e domiciliado na..., pelos motivos a seguir expostos.

O Executado é domiciliado no Condomínio denominado....., onde a cláusula condominial prevê a proibição de levantar entre terrenos parede de alvenaria, permitindo-se que entre terrenos seus proprietários façam uso de cerca viva, isso para manter o padrão ecológico do Condomínio (doc. 2).

Ocorre que o Executado, conforme se pode observar pelas fotos que seguem, iniciou a construção de um muro divisório de alvenaria em total desacordo com a norma condominial (doc. 3).

Conforme comprova cópia da notificação apensa aos autos, o Executado foi notificado extrajudicialmente para que parasse a construção do muro e desfizesse o já levantado, retornando a situação ao *status quo*.

Entretanto, até a presente data o mesmo não atendeu à notificação e, em desrespeito à norma condominial, continua a erguer o muro de alvenaria.

Isto posto, é a presente para requerer a V. Exa. se digne determinar a citação do Executado para cessar de imediato a construção do muro, sob pena de pagar multa diária a ser fixada, e, no prazo máximo de 15 (quinze) dias ou outro que V. Exa. entenda razoável, que o devedor desfaça o muro, sob pena de ser desfeito por outro à custa do devedor, pagando todas as custas processuais e honorários advocatícios ou apresente embargos, querendo.

Não entregue a coisa no prazo assinado, seja expedido mandado de busca e apreensão, intimando-se o Executado.

Protesta a Exequente em produzir todas as provas em direito admitidas.

Valor da causa: R$... (corresponde ao valor da despesa em relação ao desfazimento do muro).

Nestes termos,

pede deferimento.

..., ... de ... de ...

Advogado

OAB

Capítulo 4

Execução por Quantia Certa Contra Devedor Solvente

1. Noções gerais

A execução por quantia certa contra devedor solvente apresenta em primeiro lugar dois pontos que devem ser objeto de exame, quais sejam, quantia certa e devedor solvente.

Entende-se por execução de quantia certa quando o título executivo extrajudicial sujeitar o devedor ao pagamento de quantia certa em dinheiro. Trata-se de obrigação de dar coisa certa, mas que, por opção legislativa, o procedimento para alcançar o objeto da obrigação tem procedimento diferenciado.

Devedor solvente é aquele que tem um patrimônio que abrange bens suficientes para o pagamento de suas dívidas, em outras palavras, seu ativo é maior que o seu passivo e, por via de consequência, será insolvente o devedor que tiver o seu patrimônio inferior ao seu passivo, as dívidas excederem à importância dos bens compreendidos no seu patrimônio (art. 748 do CPC).

Diferentemente do que ocorre com as execuções de dar coisa certa, coisa incerta, fazer e não fazer, onde se persegue o adimplemento da obrigação específica, a execução por quantia certa contra devedor solvente consiste em expropriar bens do devedor, a fim de satisfazer o direito do credor (art. 646 do CPC).

Na execução por quantia certa contra devedor solvente o que se pretende é a apreensão dos bens do devedor e/ou de responsáveis, para, posteriormente, serem transformados em dinheiro, para a satisfação do credor, conforme assevera Misael Montenegro Filho, "a técnica idealizada para esse modelo de execução é a da transformação do bem penhorado em dinheiro, da transferência do bem penhorado para o exequente ou do uso de imóvel, pelo tempo necessário para permitir o adimplemento (art. 708)"[22].

Tratando-se de procedimento de execução por quantia certa contra devedor solvente a execução tem por objeto a expropriação de bens do devedor, para satisfazer o direito do credor, para tanto, os atos executivos fundamentais que permitirão tal

[22] Montenegro Filho, Misael. *Código de processo civil comentado e interpretado*. São Paulo: Atlas, 2008, p. 683.

desiderato são a penhora, alienação e pagamento, podendo até ser entregue ao credor o próprio bem penhorado para a satisfação de seu crédito, mediante a adjudicação.

O credor provoca a atividade jurisdicional através da petição inicial e a convocação do devedor através da citação para pagar, e os atos que integram o procedimento em questão "consistem, especialmente, na apreensão de bens do devedor (penhora), sua transformação em dinheiro mediante desapropriação (arrematação) e a entrega do produto ao exequente (pagamento)"[23].

Assim, o procedimento da execução por quantia certa contra o devedor solvente pode ser dividido em quatro fases bem distintas; a primeira, denominada fase da proposição, vai da petição inicial à citação, a segunda fase, instrução, tem início com a penhora e termina com a alienação; a terceira fase ocorre quando se dá a entrega do produto ao credor, o pagamento; e a última fase, a da extinção do processo.

Na verdade a divisão em três fases do procedimento da execução por quantia certa é apresentada por Enrico Tullio Liebman. Segundo o autor,

> encontramos, pois, neste processo as três fases principais da proposição, ou seja, a constituição da relação processual; instrução, que é a fase mais trabalhosa e que toma formas variadas, conforme a natureza dos bens apreendidos e as circunstâncias e incidentes de cada caso; entrega do produto, que pode ser muito simples, mas que pode também complicar-se pela instauração do concurso de credores e consequente necessidade de apuração, graduação e redução dos distintos créditos a serem satisfeitos.[24]

2. Fase da Proposição

Assim, para ficar mais fácil a leitura e compreensão do procedimento em estudo, adotaremos a divisão apresentada pelo professor italiano também seguida por Humberto Theodoro Júnior, qual seja, fase da proposição, fase da instrução e fase da satisfação.

Como nas demais execuções, aqui também terá início mediante provocação do credor, através de uma petição inicial nos termos do art. 282 do CPC, com as devidas adaptações para o processo de execução.

Recebida a petição inicial, que deverá estar acompanhada não só pelo título executivo extrajudicial, mas, também, pelo demonstrativo do débito devidamente atualizado até a data da propositura da ação (art. 614, I e II, do CPC), estando em termos, o juiz deverá deferi-la, fixando o valor dos honorários de advogado (art. 652-A do CPC), determinando-se a citação do devedor, para, no prazo de 3 (três) dias, cumprir a obrigação, que consiste no pagamento de certa quantia em dinheiro, sob pena de penhora (art. 652, *caput* e § 1º, do CPC).

---

[23] Santos, Moacyr Amaral. *Primeiras linhas de direito processual civil*, cit., vol. 3, p. 281.

[24] Liebman, Enrico Tullio. *Processo de execução*. Araras: Bestbook, 2001, p. 148.

Como a faculdade de indicar bens à penhora é do credor, poderá constar na inicial qual ou quais bens deverão ser penhorados, caso o devedor deixe escoar o prazo dos três dias (art. 652, § 2º, do CPC), bens esses que constarão do mandado de citação, mas que, se o credor não exercer a faculdade ora em comento, tal passará para o devedor que então oferecerá bens a serem penhorados.

Buscando melhor efetividade do processo de execução, a Lei Federal nº 11.382/2006 alterou o procedimento da penhora e avaliação ao inserir no art. 652 os parágrafos 1º ao 5º, do CPC.

O Oficial de Justiça, de posse do mandado de citação, promoverá a citação do devedor para, no prazo de 3 (três) dias, efetivar o pagamento. O mandado é expedido em duas vias, a primeira para a citação, a segunda para penhora e avaliação (art. 652, § 1º, do CPC).

Efetivada a citação o Oficial de Justiça devolverá a primeira via do mandado ao cartório, com certidão passada da citação. Após decorrer o prazo dos 3 (três) dias, prazo que o devedor tem para voluntariamente pagar o valor devido, o Oficial deverá verificar em juízo se houve ou não o pagamento. Se ocorrer o pagamento devolverá a segunda via do mandado, mas na hipótese da permanência do inadimplemento do devedor, a segunda via do mandado, que ainda está em poder do Oficial de Justiça, servirá para que o mesmo proceda à penhora e avaliação, lavrando-se o respectivo auto, com imediata intimação do executado.

O bem ou bens penhorados serão aqueles indicados na inicial, caso tenha o credor exercido a faculdade de indicá-los na inicial, porém, se não houver indicação na inicial, o Oficial de Justiça fará com que a constrição recaia sobre quaisquer bens que encontrar, e que sejam penhoráveis e suficientes para garantir a satisfação do crédito e acessórios.

Determina o § 3º do art. 652 do CPC que, se ocorrerem dificuldades em localizar bens a serem penhorados, o juiz, de ofício ou a requerimento do exequente, poderá determinar que o executado indique bens passíveis de penhora.

A recusa injustificada do devedor em atender à ordem judicial supramencionada poderá caracterizar ato atentatório à dignidade da Justiça (art. 600, IV, do CPC), sujeito às penas previstas no art. 601 do CPC.

Determina o § 4º, do art. 652, do CPC que a intimação será pessoal do devedor quando não tiver constituído advogado.

Realizada a penhora e se o Oficial de Justiça não localizar o executado para intimá-lo, o fato será devidamente certificado, caso em que o juiz poderá dispensar a intimação ou determinar novas diligências (art. 652, § 5º, do CPC).

A razão da dispensa da intimação do executado é porque este, já estando ciente de que a execução existe, uma vez que já foi citado, não poderá criar embaraço intencional à sua intimação e comprometer o prosseguimento da execução.

Na hipótese de o Oficial de Justiça não encontrar o executado para a citação, mas encontrar bens, deverá promover, nos termos do art. 653 do CPC, o arresto dos bens do devedor, suficientes para garantir a execução, devendo permanecer com o mandado de citação durante o prazo de 10 (dez) dias, e procurar o devedor, por 3 (três) vezes em dias distintos, para realizar a citação, certificando a ocorrência.

Intimado o exequente do arresto, dentro de 10 (dez) dias deverá requerer a citação do executado por edital. Decorrido o prazo do edital, correrão os 3 (três) dias para pagamento da dívida pelo devedor e, não havendo qualquer manifestação, o arresto será convertido em penhora (art. 654 do CPC).

Ocorrendo a citação por edital do executado, ser-lhe-á nomeado um curador, que poderá inclusive opor embargos, matéria devidamente sumulada pelo Superior Tribunal de Justiça:

> Súmula 196 – Ao executado que, citado por edital ou por hora certa, permanecer revel, será nomeado curador especial, com legitimidade para apresentação de embargos.

A ocorrência do arresto, nos termos do art. 653 do CPC, não afasta a possibilidade de o devedor pretender posteriormente a substituição do bem arrestado, segundo as regras traçadas para penhora nos arts. 656 e 668, do CPC.

O arresto previsto no art. 653, do CPC, para alguns denominado como pré-penhora, não tem natureza cautelar. Ainda que o legislador tenha feito uso da expressão arresto, como explica Araken de Assis, não se está na verdade diante de uma medida cautelar, mas da "consumação de ato de natureza executiva, caracterizado pela inversão da ordem natural subsumida no art. 652, porque coloca antes da citação do devedor a apreensão de seus bens"[25].

Nesse particular, Cândido Rangel Dinamarco chama a atenção para que a discussão não tem qualquer interesse prático sobre a natureza cautelar ou não desse arresto porque, conforme sua explicação,

> tanto quanto o outro (aqui o autor está se referindo ao arresto do art. 813 do CPC), ele se destina a reservar o bem para uma futura penhora, na qual se converterá (art. 654). É também destinado a ter vida efêmera, tanto quanto as medidas cautelares, porque (a) ou é convertido em penhora, se o exequente diligenciar em tempo a citação do executado e este, citado, não pagar, ou (b) perde a eficácia, caso o exequente negligencie o que lhe cabe para efetivar a citação por edital (art. 654)[26].

[25] Assis, Araken. *Manual da execução,* cit., p. 585. Em complementação ao pensamento do autor: "Ora, a pré-penhora outorga ao credor o direito de preferência (art. 612) no instante mesmo em que se efetiva o ato. Esta eficácia, ínsita à afetação dos bens do executado e, no caso, antecipada à própria conversão em penhora, operada nos termos do art. 654, é elemento satisfativo estranho ao verdadeiro arresto (art. 813). O autêntico arresto cautelar não se transmuda automaticamente em penhora, conforme resulta do art. 818, ao contrário de pré-penhora. Ademais, acentua Ovídio, não há sequer, 'uma fase procedimental para controle de sua legitimidade'"

[26] Dinamarco, Cândido Rangel. *Instituições de direito processual civil,* cit., vol. 4. p. 513, e arremata: "Bem compreendidos esses pontos de sua regência legal, perde interesse prático a discussão sobre a natureza cautelar ou não desse arresto de que cuida o art. 653 do Código de Processo Civil".

Se o devedor efetivar o pagamento dentro dos três dias que se seguem à citação, nos termos do art. 652, *caput*, do CPC, terá o benefício de pagar a verba honorária, fixada quando do despacho da inicial, reduzida pela metade. O benefício só se aplica quando o executado pagar integralmente o devido dentro do prazo dos três dias. Assim, se o pagamento for de valor inferior e ocorrer complementação fora do prazo dos três dias, o executado perderá o direito à redução dos honorários.

3. Fase da Instrução

A fase da instrução é compreendida pelos atos executivos da penhora e da alienação do bem objeto da constrição judicial.

3.1. Penhora

Tendo em vista que a execução por quantia certa tem por objeto expropriar bens do devedor (art. 652 do CPC), o ato de execução que permitirá destinar um determinado bem ou mesmo alguns bens do devedor será a penhora, que é um ato executivo e coativo próprio do processo de execução por quantia certa contra devedor solvente.

Através da penhora haverá a individualização da responsabilidade patrimonial do executado, mediante apreensão física, direta ou indireta de uma parte específica do seu patrimônio.

Assim, pode-se definir a penhora como um ato de execução, através do qual será individualizado bem do devedor, que será apreendido e depositado (art. 664 do CPC), para responder pela sua obrigação, sendo transformado em dinheiro ou mesmo sendo entregue ao credor (adjudicação).

Não seria demais afirmar que a penhora não é ato expropriatório, mas ela indica qual bem será expropriado, daí por que o bem deverá não só ser apreendido como também dado em guarda ou depósito.

Depreende-se do conceito ter a penhora a natureza de ato executivo, mesmo que possua a qualidade ou função de conservar o bem sobre o qual recaiu a constrição judicial.

Esta função de conservar o bem penhorado não tem o condão de modificar a natureza jurídica da penhora para ato cautelar ou medida cautelar, pois a conservação do bem atingido pela atuação estatal deve ocorrer naturalmente para que o processo executivo a final seja útil, portanto, a conservação é uma consequência lógica da própria penhora[27].

---

[27] Nesse sentido é precisa a lição de Marcelo Abelha: "a função de proteger a incolumidade física e jurídica do bem decorre do fato de que, por ser a penhora o primeiro ato inaugural da execução forçada, com individualização do bem a ser expropriado, obriga que tal bem fique conservado para o que o ato executivo final possa ser útil", *in Manual de execução civil*, cit., p. 330.

A penhora, tendo a função de individualizar o bem apreendido e colocá-lo em depósito (arts. 664 e 665 do CPC), gera efeitos perante o credor, o devedor e terceiros.

Em relação ao credor, a penhora apontará sobre qual ou quais bens ele irá exercer o direito de obter o seu crédito, inclusive, tendo sobre eles e credores quirografários especial direito de preferência e sequela como já demonstramos anteriormente.

Para o devedor, o efeito é a imediata perda da posse direta e da livre disponibilidade em relação ao patrimônio atingido pela penhora.

Com a penhora o devedor não perde o domínio e a posse indireta sobre os bens penhorados. O que se verifica é que os bens ficam vinculados à execução, sujeitando-se ao poder sancionatório do Estado, como, por exemplo, reconhecendo a ineficácia do ato de alienação em relação ao exequente, se ficar caracterizada a fraude de execução.

Em relação aos terceiros, a penhora produz efeitos se quando da penhora, estando o bem na posse de terceiro, este ficará obrigado a respeitar o ato de constrição judicial, como depositário, se for o caso, inclusive; além disso, há o denominado efeito *erga omnes* da penhora, que impõe a todos que se abstenham de negociar com o executado, em torno do domínio do bem penhorado, sob pena de fraude de execução, se ocorrer a ineficácia da aquisição.

Como já afirmado, é o patrimônio do devedor que responde pelas suas obrigações e os mesmos serão individualizados através da penhora; resta saber quais são os bens que podem ser atingidos pela penhora, porque a responsabilidade patrimonial não é absoluta.

Em primeiro lugar, a princípio só podem ser atingidos pela penhora os bens do devedor, nunca os de terceiros estranhos à obrigação ou à sua responsabilidade.

Em segundo lugar, somente os bens alienáveis que podem ser transmitidos podem ser penhorados. Nesse sentido, o art. 648, do CPC, é expresso:

> *Art. 648. Não estão sujeitos à execução os bens que a lei considera impenhoráveis ou inalienáveis.*

Em terceiro lugar, por razões não apenas de ordem econômica, mas ético-social, política, humanitária, de dignidade da pessoa humana, alguns bens são absolutamente impenhoráveis. Assim, o art. 649 do CPC enumera várias hipóteses de bens patrimoniais disponíveis que são absolutamente impenhoráveis.

Se, eventualmente, o credor ao procurar bens a serem penhorados se deparar com a situação de encontrar tão somente os reconhecidos bens absolutamente impenhoráveis, nada poderá fazer senão aguardar o cumprimento voluntário da obrigação por parte do devedor ou que o mesmo venha no futuro a ser proprietário de algum bem penhorável; até lá, portanto, poderá requerer a suspensão da execução nos termos do art. 791, III, do CPC.

A impenhorabilidade absoluta não fica restrita só ao artigo do diploma processual; temos, pois, a Lei Federal nº 8.009, de 29 de março de 1990, que institui a impenhorabilidade do imóvel de residência da família, do casal ou entidade familiar, salvo as exceções previstas nos arts. 3º e 4º da Lei.

A Lei Federal nº 8.009/1990 também prevê a impenhorabilidade dos bens que guarnecem a residência, desde que quitados, como, por exemplo, geladeira, televisão, camas, ar-condicionado, rádios, dentre outros.

O art. 650 do CPC aponta quais bens são considerados relativamente impenhoráveis, ou seja, na ausência de outros bens, os ali enumerados poderão ser penhorados.

Nos termos dos arts. 659 e 685, do CPC, a penhora sofre limites, quais sejam, deve atingir apenas os bens suficientes quantos bastem à satisfação do crédito, atualizado monetariamente, com seus acessórios (juros, custas e honorários de advogado), e não deve ser realizada a penhora denominada inútil, ou seja, aquela penhora em que o produto da execução dos bens será totalmente absorvido para o pagamento das custas da execução.

Assim, a penhora não poderá ser excessiva nem inútil, estes são os limites da penhora.

Entretanto, para que a penhora seja considerada excessiva é certo que o devedor deverá ter outros bens livres e desembaraçados para substituírem o bem penhorado, porque, não tendo, ainda que o bem tenha valor bem acima do crédito, não há como falar em penhora excessiva.

Quanto à escolha dos bens a serem penhorados, como já dito anteriormente, dá-se pela nova redação conferida pela Lei Federal nº 11.382/2006, que alterou o art. 652 do CPC, inserindo o § 2º, que faculta ao autor, na inicial, indicar qual ou quais bens deverão ser penhorados, e, no seu silêncio, o Oficial de Justiça irá promover a penhora livre, ou seja, dos bens que encontrar, respeitados os limites legais previstos no art. 659 do CPC.

Na hipótese de o credor não exercitar a faculdade de indicar o que deva ser penhorado, pode o devedor fazer a escolha indicando para o oficial quais bens deverão ser penhorados.

Entretanto, em qualquer hipótese a escolha do bem a ser penhorado a princípio deve seguir a ordem estabelecida no art. 655 do CPC, que, com a nova redação dada pela Lei Federal nº 11.382/2006, a ordem não é absoluta, tanto que o legislador reformista disse: "a penhora observará, *preferencialmente*", o que dá a idéia de gradação, mas não de obrigatoriedade ou necessaridade.

O Superior Tribunal de Justiça mesmo antes da reforma já acenava para a noção de que a regra do art. 655, do CPC, não era absoluta e inflexível:

> a gradação legal há de ter em conta, de um lado, o objetivo de satisfação do crédito e, de outro, a forma menos onerosa para o devedor. A conciliação desses dois princípios é que deve nortear a interpretação da lei processual, especificamente os arts. 655, 656 e 620 do CPC[28].

---

[28] STJ, 4ª T., REsp 167.158/PE, rel. Min. Sálvio de Figueiredo Teixeira, j. 17.06.1999.

Outra grande novidade que a reforma trouxe no citado artigo foi a inclusão da penhora do percentual do faturamento de empresa devedora (art. 655, VII, do CPC).

Em se tratando de execução de crédito com garantia real (hipoteca, penhor ou anticrese), a penhora recairá, preferencialmente, sobre a coisa dada em garantia (art. 655, § 1, do CPC).

Recaindo a penhora sobre bens imóveis, será necessária a intimação do cônjuge do executado (art. 655, § 2º, do CPC), para, se for o caso, poder se opor à execução mediante embargos de terceiros, ressalvando, no entanto, que pela regra no art. 655-B, do CPC[29], inserido pela Lei Federal nº 11.382/2006, quando a penhora recair sobre bem indivisível, a meação do cônjuge recairá sobre o produto da alienação do bem, de sorte que a regra do art. 655, § 2º, do CPC, não tem por finalidade permitir ao cônjuge o reconhecimento da meação do bem penhorado quando se tratar de bem indivisível, como era feito antes da nova regra.

A princípio a penhora será realizada onde quer que se encontre o bem, daí que, se o devedor não tiver bens no foro da causa, far-se-á a execução por carta, penhorando-se, avaliando-se e alienando-se os bens no foro da situação (art. 658 do CPC).

Entretanto, se a nomeação dos bens é feita pelo próprio devedor e assumindo o encargo de depositário perante o juízo da execução, não será necessária a expedição de carta porque a penhora será feita em termo lavrado nos próprios autos; a carta será necessária tão somente para avaliação e praceamento do bem penhorado.

A Lei Federal nº 10.444/2002, que inseriu o § 5º no art. 659 do CPC, criou regra especial para a penhora de bem imóvel, possibilitando que o ato de constrição judicial, a penhora, possa ser lavrado por termo nos autos, qualquer que seja a localização territorial do imóvel, apresentada a certidão da respectiva matrícula, sendo que o executado será pessoalmente intimado, ou seu advogado, e por este ato constituído depositário.

Se para a realização da penhora o devedor criar embaraços como resistência, fechando as portas da casa, a fim de obstar a penhora dos bens, será possível o arrombamento e emprego de força policial (arts. 660 a 663 do CPC).

Outra grande novidade que a Lei Federal nº 11.382/2006 trouxe foi a denominada penhora *on line*, por meio da qual o juiz da execução, através de meio eletrônico, bloqueia junto ao Banco Central valores em depósitos ou aplicações financeiras do executado (art. 655-A do CPC).

Pela lógica, antes de se realizar a penhora é necessário que o juízo tenha conhecimento da existência do numerário, daí por que se requisitam informações ao

---

[29] Misael Montenegro Filho, ao comentar o art. 655-B do CPC, sustenta que a regra é inconstitucional, "na medida em que fere o direito de propriedade (de titularidade do cônjuge-meeiro), elevado ao plano constitucional (inciso XXII do art. 5º da CF). Além disso, o cônjuge do executado é atingido pelos efeitos do pronunciamento que ratifica a validade da arrematação, mesmo não sendo parte do processo", *in Código de processo civil comentado e interpretado*, cit., p. 699.

Banco Central. Informada a disponibilidade do numerário, nos termos do art. 659 do CPC, se seguirá o bloqueio, mesmo que o valor seja inferior ao do crédito.

Nos termos do art. 652, § 1º, do CPC, com a informação do bloqueio será lavrado o termo da penhora, com a intimação do executado, na forma do art. 652, § 1º, do CPC, ou do procurador (art. 652, § 4º, do CPC).

Como já afirmado, no campo da penhora uma das grandes inovações da Lei Federal nº 11.382/2006 foi a normatização da penhora de parte do faturamento da empresa executada, como a jurisprudência há muito vinha admitindo.

O art. 655, VII, do CPC prevê a penhora do faturamento de empresa devedora, sendo que o § 3º, do art. 655-A, do CPC, normatizou o procedimento da penhora com a nomeação de um depositário com atribuição de administrar a penhora, e a sua função é estabelecer um esquema de pagamento nos moldes dos arts. 678 e 719 do CPC. O depositário administrador não irá administrar a empresa, mas tão somente a penhora do faturamento, que será fixado em percentual que não inviabilize o exercício da atividade empresarial.

Tendo em vista que a penhora do faturamento está prevista em sétimo na ordem do art. 655 do CPC, em havendo bens livres e que não sejam de difícil execução, devem preferir à penhora, até porque a penhora do faturamento é uma forma mais onerosa, pois pode comprometer o capital de giro da empresa devedora, o que afetaria sua sobrevivência.

Entende-se por penhora, no rosto dos autos, aquela efetivada para alcançar direito objeto de ação em curso, proposta pelo executado em face de terceiro, ou mesmo cota hereditária, em que o Oficial de Justiça, depois de lavrado o auto de penhora, intima o escrivão do feito para que se averbe a penhora no rosto dos autos (na capa dos autos do processo, daí a expressão "rosto dos autos" – art. 674 do CPC).

Efetivada a penhora com a apreensão do bem, entregue o mesmo ao depositário e lavrado o auto ou termo com a intimação do executado, tem-se por perfeita a penhora, a princípio irretratável (art. 667 do CPC).

Entretanto, havendo modificações na situação fática, principalmente depois da avaliação, é possível a substituição, redução ou ampliação ou mesmo uma renovação.

Ocorrerá a substituição do bem penhorado por outro nos termos do arts. 656 e 668, ambos do CPC, preferencialmente quando a substituição for de um bem para dinheiro.

Nos termos do art. 685, I, do CPC, é possível reduzir a penhora, após a avaliação, quando esta se mostrar excessiva ao valor do crédito do exequente, sendo que a redução pode-se dar com a liberação parcial dos bens ou mesmo total, com a substituição por outro de menor valor.

Por seu turno, haverá ampliação da penhora quando, após a avaliação, constatar-se que o bem ou bens penhorados for inferior ao crédito, compreendendo a ampliação em apreensão de novos bens. É o denominado reforço de penhora ou mesmo a substituição do bem penhorado por outro de maior valor (art. 685, II, do CPC).

A substituição, redução ou ampliação do bem penhorado deverá ser feita mediante petição do interessado, sendo desnecessário o uso dos embargos, observando-se o contraditório, ou seja, ouve-se a parte contrária devendo o incidente ser decidido, mediante decisão interlocutória, no prazo de 3 (três) dias (art. 657 do CPC).

Renovar a penhora é realizar uma nova penhora na mesma execução, o que, nos termos da lei processual, não pode de regra ocorrer, salvo em situações especiais e previstas na lei (art. 667 do CPC). São elas:

a) quando a primeira penhora for anulada;
b) quando, executados os bens, o produto da alienação não for suficiente para pagar o credor;
c) o credor desistir da primeira penhora, porque os bens penhorados são objeto de litígio ou já foram penhorados em outra execução ou mesmo foram objeto de arresto ou sobre eles pende algum ônus.

O art. 651 do CPC prevê a remição da execução mediante o pagamento que o devedor faz após o ajuizamento da execução por quantia certa, do valor devido atualizado, acrescido de juros, custas e honorários advocatícios.

A remição da execução pode ser feita a qualquer tempo, antes da adjudicação ou alienação dos bens.

Com a remição da execução, o processo de execução se extingue, nos termos do art. 794, I, do CPC.

Não se pode confundir a remição da execução (art. 651 do CPC) com a sub-rogação da penhora por dinheiro (art. 668 do CPC), porque a remição visa a extinção da execução, ao passo que a sub-rogação apenas libera o bem penhorado, prosseguindo a execução sobre a quantia depositada.

Com a edição da Lei Federal nº 11.382/2006 desapareceu a preferência de que o depositário deveria ser o executado, ou seja, o dono dos bens penhorados. Hoje, pela redação do art. 666 do CPC, o encargo de depositário será de outrem e restará ao executado a obrigação em duas situações excepcionais. Segundo o § 1º do artigo citado, são elas:

a) quando houver expressa anuência do exequente, serão os bens mantidos com o executado;
b) quando os bens penhorados forem de difícil remoção.

O depositário atua como auxiliar da justiça (art. 148 do CPC), portanto, não se trata de vínculo contratual, suas funções são do direito público. A posse exercida pelo depositário é sempre em nome do órgão judicial e sua função é guardar e conservar a coisa dada em depósito, que foi objeto de penhora, evitando extravios e deteriorações, agindo sempre em nome e à ordem do juiz.

A responsabilidade do depositário é dupla, de ordem civil e criminal (art. 168, § 1º, do CP).

O § 3º do art. 666, acrescentado pela Lei Federal nº 11.382/2006, prevê a prisão civil do depositário independentemente da ação de depósito, pois havia antiga e grande divergência sobre o cabimento da prisão civil como medida coercitiva contra o depositário judicial sem ação de depósito.

A prisão civil do depositário infiel está prevista na própria Constituição Federal, art. 5º, LXVII, *verbis*:

> *Art. 5º. (...)*
> *LXVII – não haverá prisão civil por dívida, salvo a do responsável pelo inadimplemento voluntário e inescusável de obrigação alimentícia e a do depositário infiel.*

3.2. Alienação

Grande inovação da Lei Federal nº 11.382/2006 foi afastar, como forma normal ou preferencial da expropriação na execução por quantia certa contra devedor solvente, a alienação em hasta pública, bem como possibilitar a alienação por iniciativa particular em todos os bens, tendo em vista que antes só era possível quando se tratasse de bem imóvel, e acabar com o usufruto de empresa e permiti-lo em relação ao bem móvel.

Atualmente, o art. 647 do CPC determina que antes da alienação em hasta pública ou mesmo por iniciativa do particular a expropriação terá preferência pela adjudicação, que é uma forma indireta de satisfazer o credor, porque ao invés de receber o objeto da obrigação, qual seja, dinheiro, receberá o bem ou bens penhorados, de sorte que adjudicação é o ato de expropriação através do qual o bem penhorado será transferido *in natura* para o credor, fora da arrematação, e se assemelha a dação em pagamento (arts. 356 a 359 do CC).

O credor poderá adjudicar o bem após a avaliação pelo preço não inferior ao da avaliação. Se o valor do crédito for inferior ao valor do bem adjudicado, deverá o credor depositar de imediato a diferença a favor do executado, e se superior, a execução prosseguirá pelo saldo remanescente (art. 685-A, § 1º, do CPC).

Poderão adjudicar não só o exequente que tem preferência porque promove a execução onde ocorreu a penhora dos bens a adjudicar, mas também o credor com garantia real sobre o bem penhorado, o cônjuge, descendente ou ascendente do executado, outros credores que também tenham penhora sobre o mesmo bem, a sociedade ou o sócio, quando houver penhora de quota (art. 685-A, §§ 2º a 5º, do CPC).

Não obstante a lei diga expressamente cônjuge, comungamos da mesma opinião de Misael Montenegro Filho de que a legitimidade aqui também se estende ao companheiro do executado, em respeito ao art. 226 da Constituição Federal, devendo o companheiro fazer prova convincente da sua condição[30].

---

[30] Montenegro Filho, Misael. *Código de processo civil: comentado e interpretado*, cit., p. 719.

Considera-se perfeita e acabada a adjudicação com a lavratura e assinatura do auto pelo juiz, adjudicante, escrivão e, se presente, o executado, expedindo-se a respectiva carta, se bem imóvel, ou mandado de entrega, se bem móvel (art. 685-B do CPC).

Havendo mais de um pretende em adjudicar o bem, nos termos do art. 683-A, § 3º, do CPC, proceder-se-á entre eles licitação e o preço final fixado na licitação é que será considerado pelo juiz para deferimento da adjudicação.

A segunda forma de expropriação dos bens penhorados é a alienação por iniciativa particular (arts. 647, II, e 685-C, ambos do CPC), que só ocorrerá caso não tenha ocorrido a adjudicação.

Não realizada a adjudicação, poderá o credor, exequente, requerer sejam os bens penhorados alienados por sua iniciativa ou por intermédio de corretor devidamente credenciado perante o juízo.

Deferida a alienação por iniciativa do particular, o juiz fixará o prazo em que alienação deva ocorrer, o preço mínimo, as condições de pagamento e as garantias, bem como a comissão da corretagem, se for o caso.

A novidade nesta forma de alienação, como já afirmado, está na possibilidade de se proceder, independentemente do bem penhorado ser imóvel, como exigia o revogado art. 700 do CPC.

A terceira preferência de expropriação dos bens penhorados é aquela que um dia foi a primeira, qual seja, a alienação em hasta pública (arts. 647, III, e 686 a 707, todos do CPC).

Por ser a terceira forma de expropriação, ocorrerá a hasta pública somente se e quando não houver a adjudicação nem realizada a alienação por particular (art. 686 do CPC).

Hasta pública é a alienação feita através de oferta pública, no caso promovida pelo Poder Judiciário, fazendo a lei a distinção entre praça (bem imóvel – art. 686, IV, do CPC) e leilão (bem móvel – art. 686, IV, parte final, do CPC).

O art. 684, III, prevê a hasta pública realizada no pregão da Bolsa de Valores quando o bem penhorado se tratar de títulos ou mercadorias que tenham cotação em bolsa.

A arrematação será precedida de editais, com publicação obrigatória uma vez em jornal do local, de ampla circulação, com antecedência mínima de 5 (cinco) dias, da hasta pública, dispensada a publicação na imprensa oficial (art. 687, *caput*, do CPC).

Em se tratando de exequente beneficiário da assistência judiciária, o edital será publicado uma única vez na imprensa oficial (art. 687, § 1º, do CPC), e nos termos do § 2º, do mesmo artigo, prevê a lei a possibilidade de o juiz modificar a forma de publicidade da imprensa, para rádio, televisão, noticiário radiofônico ou meio eletrônico (parte final do § 2º, do art. 687, do CPC).

Nos termos do § 3º, do art. 686, do CPC, o juiz dispensará a publicação de editais quando o valor dos bens penhorados não exceder 60 (sessenta) vezes o valor do salário mínimo vigente ao tempo da avaliação.

O executado terá ciência do dia, hora e local da praça ou leilão por intermédio do seu advogado ou, se não tiver procurador constituído nos autos, por meio de mandado, carta registrada, edital ou outro meio idôneo (art. 687, § 5º, do CPC).

É possível o adiamento da hasta pública por motivo justo e não será necessária a designação em edital. Bastará que o juiz publique aviso na imprensa local e no órgão oficial a transferência (art. 688 do CPC) e, depois dos trabalhos iniciados e sobrevindo a noite, a hasta pública (leilão ou praça) prosseguirá no dia útil imediato, à mesma hora em que teve início, independentemente de novo edital (art. 689 do CPC).

O pregão consiste em o agente do juízo (porteiro ou leiloeiro) anunciar, publicamente e em voz alta, os bens a alienar, convocando os interessados a fazer seus lanços.

Na primeira hasta, o valor deve ser superior ao da avaliação e, sendo negativa, haverá a segunda oportunidade em que os lanços são livres, mas não será aceito lanço de preço vil, de pouco valor (art. 692 do CPC), que também já estará com data determinada, eis que no edital serão publicadas as duas datas para a hasta pública.

Em regra, a interpretação jurisprudencial tem por entendimento de preço vil o percentual correspondente a 50% (cinquenta por cento) da avaliação:

> "Esta Corte, em regra, tem considerado preço vil o inferior a 50% do valor da avaliação do bem" (STJ – 4ª T.; REsp 839.856; Rel. Min. Jorge Scartezzini; j. 21/9/2006).

O art. 690-A do CPC diz quem pode lançar, ou seja, quem tem legitimidade para arrematar.

Como se trata de negócio jurídico, exige-se que o sujeito que queira participar da hasta pública necessariamente tenha capacidade de exercício e esteja na livre administração de seus bens, não podendo participar, licitar, os incapazes, o falido e o insolvente, além das pessoas apontadas nos incisos do art. 690-A do CPC. São elas:

a) tutores, curadores, testamenteiros, administradores, síndicos ou liquidantes, quanto aos bens confiados a sua guarda e responsabilidade;
b) os mandatários, quanto aos bens de cuja administração ou alienação estejam encarregados;
c) o juiz, membro do Ministério Público e da Defensoria Pública, escrivão e demais servidores e auxiliares da Justiça.

Também estão proibidos de lançar o arrematante ou seu fiador que não pagar o preço no prazo estabelecido, arrematante e fiador remissos (art. 695, *caput*, do CPC).

O exequente poderá licitar e, se vier a arrematar, não estará obrigado a depositar o preço, salvo se o valor do bem exceder o seu crédito, quando então, no prazo de 3 (três) dias, depositará a diferença, sob pena de se tornar ineficaz a arrematação, e os bens serão levados para nova hasta pública, à custa do exequente (art. 690-A, parágrafo único, do CPC).

A forma de pagamento da arrematação é feita normalmente em dinheiro, à vista ou no prazo de até 15 (quinze) dias, mediante caução (art. 690, *caput*, do CPC).

Se o bem arrematado for imóvel, o mesmo poderá ser adquirido em prestações, mediante apresentação de proposta por escrito feita pelo interessado, nunca em valor inferior ao da avaliação, ofertando pelo menos 30% (trinta por cento) à vista, sendo o restante garantido por hipoteca sobre o próprio imóvel (art. 690, § 1º, do CPC).

Na hipótese de arrematação a prazo, os pagamentos parcelados pertencerão ao exequente até o limite de seu crédito, e os subsequentes, se houver, pertencerão ao executado (art. 695-A, § 4º, do CPC).

Quando o objeto da hasta pública for imóvel e pertencer a um incapaz, na segunda praça o valor do lanço não pode ser inferior a 80% (oitenta por cento) da avaliação, e o bem será confiado à guarda e administração de depositário idôneo, adiando a alienação pelo prazo não superior a 1 (um) ano (art. 701, *caput*, do CPC), podendo, se for o caso, o juiz autorizar a locação do imóvel durante o prazo do adiamento (art. 701, § 3º, do CPC).

Se durante o adiamento aparecer algum pretendente que assegure, mediante caução idônea, o preço da avaliação, o juiz ordenará a alienação em praça (art. 701, § 1º, do CPC).

Vencido o prazo de 1 (um) ano, o imóvel será alienado, na forma prevista no art. 686, VI, do CPC, ou seja, poderá ser feita a avaliação por qualquer preço, desde que o mesmo não seja vil.

Quando o imóvel penhorado admitir cômoda divisão, o juiz, a requerimento do executado, determinará a alienação judicial de parte, desde que suficiente para pagar o credor e tenha lançador, pois se negativa a hasta, far-se-á a alienação do imóvel na sua integralidade (art. 702 e parágrafo único do CPC).

Nos termos do parágrafo único do art. 681 do CPC, a arrematação de parte do imóvel depende de prévia avaliação.

Considera-se a arrematação perfeita, acabada e irretratável, ainda que julgados procedentes os embargos, com a assinatura do auto de arrematação, pelo juiz, pelo arrematante e pelo serventuário da justiça ou leiloeiro (art. 694 do CPC).

Assinado o auto de arrematação nos termos do art. 694 do CPC, será expedida a carta de arrematação que deverá conter os requisitos descritos no art. 703 do CPC. São eles:

a) a descrição do imóvel, com remissão à sua matrícula e registros;
b) a cópia do auto de arrematação; e
c) a prova de quitação do imposto de transmissão.

Não sendo a arrematação um contrato, mas ato processual de transferência coativa da propriedade, também não é sentença, o que afasta sua impugnação por recurso, admite embargos do devedor ou de terceiros, nos casos dos arts. 746 e 1.046, ambos do CPC, oponíveis no prazo de cinco dias, contado da assinatura do auto. A sentença proferida nos embargos deverá ser impugnada por recurso.

O auto de arrematação é título de domínio em sentido formal, o que irá efetivamente promover a transferência do domínio; é pela tradição a entrega da coisa, se bem móvel, ou, se bem imóvel, pelo registro no Registro Imobiliário da carta de arrematação.

Perfeita e acabada a arrematação produzirá ela efeitos, como não poderia deixar de ser, como a transferência do domínio ao arrematante, transferindo também o direito aos frutos pendentes. Torna o arrematante e seu fiador devedores do preço, nos casos em que a arrematação é feita a prazo, obriga o depositário judicial ou particular a transferir ao arrematante a posse dos bens arrematados e extingue as hipotecas inscritas sobre o imóvel, eis que vínculo hipotecário sub-roga-se no preço da arrematação (art. 1.499, VI, do CC), por fim, transfere o preço depositado pelo arrematante ao exequente até os limites do crédito.

Questão interessante na arrematação é o problema da evicção e dos vícios redibitórios.

Não obstante a arrematação não ser um contrato de compra e venda mas sim uma desapropriação e, portanto, não se podendo falar em responsabilidade contratual, ela não afasta a possibilidade da ação reivindicatória de titulares do domínio sobre o bem arrematado, estranhos ao processo de execução, de sorte que o art. 407, do Código Civil, ao enfrentar o problema, não afasta a garantia da evicção do bem adquirido em hasta pública:

> *Art. 447. Nos contratos onerosos, o alienante responde pela evicção. Subsiste esta garantia ainda que a aquisição se tenha realizado em hasta pública.*

O responsável pela evicção num primeiro momento será o próprio executado e, se insolvente, poderá o arrematante, então, buscar seus prejuízos junto ao credor.

Quanto ao vício redibitório, o vício oculto, no Código Civil de 1916 havia regra expressa excluindo a ação redibitória e a ação de abatimento do preço pelos defeitos ocultos da coisa alienada em hasta pública (art. 1.106), não havendo no Código de 2002 nenhuma regra nesse sentido.

Tendo em vista o silêncio da lei, temos ser possível que o juiz venha a enfrentar em casos concretos o exame do vício redibitório de bem adquirido em hasta pública.

4. Fase da Satisfação ou Pagamento

A última fase no procedimento da execução por quantia certa contra devedor solvente é a do pagamento ou satisfação do credor, quando se efetuará ao exequente o pagamento do valor obtido pelo órgão judicial através da expropriação dos bens penhorados.

Entretanto, como já restou demonstrado, a entrega do dinheiro não é a única forma de pagamento ao exequente, é a natural, mas não a única, porque temos a adjudicação e o usufruto judicial de coisa imóvel ou móvel.

O art. 708 do CPC alude às três formas acima mencionadas de pagamento e sem sombra de dúvidas é a fase culminante do processo de execução, porque nesse momento o credor, exequente, obtém o bem da vida tutelado, implicando a extinção do processo nos termos do art. 794, I, do CPC.

A entrega do dinheiro, que é a forma mais autêntica de pagamento do credor nesta modalidade de execução, porque a obrigação é dar dinheiro, é feita mediante autorização judicial do valor depositado ou produto da hasta pública (art. 709 do CPC).

O valor a ser pago ao credor importa no principal, juros, custas e honorários; restando algum valor, o mesmo será restituído ao devedor (art. 710 do CPC).

Na hipótese de concorrerem vários credores, o incidente para verificação do pagamento é feito dentro dos próprios autos da execução, levando-se em consideração a ordem das penhoras, quando se tratar de credores quirografários (art. 711 do CPC).

Recaindo a penhora sobre bem móvel ou imóvel, prevê o Código de Processo Civil a possibilidade de substituir a alienação forçada pelo usufruto em favor do exequente (arts. 647, IV, e 716 a 729, do Código).

O ônus do usufruto judicial durará até que os rendimentos auferidos sejam suficientes para pagar todo o crédito do exequente (art. 717 do CPC).

O usufruto judicial depende exclusivamente do pedido do exequente e, ouvido o executado (art. 722 do CPC), que poderá impugnar, não pelo simples fato de impugnar deverá comprovar que a medida não corresponde aos requisitos do art. 716 do CPC, ou seja, o usufruto não é o meio menos gravoso ao executado ou nem tem a eficiência para o pagamento do crédito.

O incidente do usufruto é decidido mediante decisão interlocutória e não como faz crer o art. 719 do CPC, que fala em sentença, não passando de uma impropriedade do texto legal.

Deferido o usufruto, o tempo de duração será o suficiente para o pagamento da dívida (art. 722 do CPC), sendo que no período o devedor perderá o gozo sobre a coisa objeto do usufruto, inclusive, se o imóvel estiver alugado, o locatário pagará o aluguel diretamente ao exequente usufrutuário ou poderá esse último, depois de ouvir o executado, alugar o imóvel para com o produto da locação pagar o valor de seu crédito (arts. 723 e 724 do CPC).

Os arts. 726 a 729 do CPC disciplinavam o usufruto da empresa, artigos que restaram revogados pela Lei Federal nº 11.382/2006, acabando, assim, com a possibilidade do usufruto de empresas.

5. Modelo

EXCELENTÍSSIMO SENHOR DOUTOR JUIZ DE DIREITO DA...

Fulano de tal, brasileiro, casado, advogado, devidamente inscrito na OAB/... nº..., com escritório na..., em causa própria, vem à presença de Vossa Excelência ajuizar a presente ação de EXECUÇÃO POR QUANTIA CERTA CONTRA DEVEDOR

SOLVENTE em relação a..., brasileiro, residente e domiciliado na..., inscrito no CPF/MF sob o nº..., pelos fatos e fundamentos a seguir aduzidos.

1) Dos fatos

O Exequente foi contratado pelo Executado para prestar serviços advocatícios, consistentes no ajuizamento da ação de "conhecimento condenatório" em relação ao Instituto Nacional do Seguro Social (INSS) perante o Juizado Especial Federal em....

Na oportunidade, as partes ENTABULARAM contrato de "RISCO", isto é, o Exequente somente teria direito aos honorários se o Executado vencesse a ação (DOC. 01), pois consta expressamente que:

> *"(...) o trabalho será remunerado na base de 30% (trinta por cento) sobre o total, inclusive dos atrasados, que o contratante vier a receber (...)"*

Assim sendo, a ação judicial foi distribuída no dia.., sob o nº.., cuja procedência foi INTEGRAL.

Após **anos e anos**, finalmente, houve êxito na demanda, tendo o Executado, no dia..., recebido DIRETAMENTE em sua conta o CRÉDITO no valor líquido de R$ 36.876,83 (DOC. 02). Porém, ABSURDAMENTE, o Executado NÃO PAGOU os honorários contratados.

O valor devido pelo Executado é 30% (trinta por cento) do montante recebido, que perfaz a importância de R$11.063,05 (onze mil, sessenta e três reais e cinco centavos), atualizado até esta data.

As tentativas de cumprimento da obrigação extrajudicialmente restaram infrutíferas, restando ao Exequente apenas buscar a tutela jurisdicional do Estado, por meio da presente ação.

2) Da matéria jurídica

Conforme determina o art. 580 do CPC, os requisitos para propor a execução são a certeza, liquidez e exigibilidade, ao expressar:

> *"Art. 580. A execução pode ser instaurada caso o devedor não satisfaça a obrigação certa, líquida e exigível, consubstanciada em título executivo."*

Ora, no caso em tela, é irrefutável a presença dos referidos requisitos, pois:

a) há ***certeza*** da obrigação, consubstanciada pela documentaçao anexada;
b) a ***liquidez*** também se verifica na medida em que basta o cotejo entre o contrato de honorários e o comprovante de recebimento do valor depositado pelo INSS para chegarmos ao montante vindicado no pedido;
c) a dívida, da mesma forma, é exigível, pois já foi satisfeita a condição de proveito econômico do Executado, em decorrência da ação ajuizada por intermédio dos Exequentes, como faz prova o comprovante anexado (DOC. 02).

Por sua vez, é cediço que o contrato de honorários é TÍTULO EXECUTIVO, conforme determina o art. 24 da Lei nº 8.906/1994 (EOAB), ao expressar:

> *"Art. 24. A decisão judicial que fixar ou arbitrar honorários e o* ***contrato escrito que os estipular são títulos executivos*** *e constituem crédito privilegiado na falência, concordata, concurso de credores, insolvência civil e liquidação extrajudicial."*

Logo, apenas cabe ao Executado cumprir com a obrigação assumida e honrar o compromisso junto ao Exequente.

3) Do pedido

Ante o exposto, é a presente para requerer a Vossa Excelência:

a) a citação do Executado para efetuar o pagamento da dívida em 3 (três) dias, com os acréscimos monetários, juros moratórios e reembolso das despesas processuais, conforme demonstrativo anexado, no valor de R$ 11.354,38 (onze mil, trezentos e cinquenta e quatro reais e trinta e oito centavos), mais os honorários advocatícios a serem arbitrados inicialmente, nos termos do CPC, art. 652-A, e demais despesas que se fizerem necessárias no curso desta ação;

b) seja determinado à CIRETRAN de... que averbe a pertinente certidão comprobatória do ajuizamento desta execução junto ao registro de veículos em nome do Executado (CPC, art. 615-A);

c) caso decorra o prazo legal referido no item *"a"* supra sem que o Executado cumpra integralmente a sua obrigação, seja consignado no próprio mandado de citação a determinação para que o sr. Oficial de Justiça retorne ao endereço do Executado com a 2ª via do mandado para efetuar a **penhora e avaliação** dos respectivos bens (CPC, art. 652, § 1º);

d) inexistindo o pagamento, fica indicado para penhora o automóvel semi-novo, marca..., modelo..., placa..., de propriedade do Executado (CPC, art. 652, § 2º);

e) que faça constar do mandado o benefício constante no art. 745-A, ou seja, o direito do devedor em parcelar o débito em 6 (seis) parcelas, acrescido de juros de 1% (um por cento) ano/mês, se, no prazo dos embargos, reconhecer o crédito e efetuar o depósito de 30% (trinta por cento) do valor, inclusive custas e honorários de advogado.

As alegações encontram-se provadas pelo título executivo anexado e documentos correlatos. Caso Vossa Excelência entenda pertinente, o Exequente provará o alegado por todos os meios de prova em direito admitidos, oportunamente especificados.

Dá-se à causa o valor de R$ 11.063,05 (onze mil, sessenta e três reais e cinco centavos).

Termos em que

P. Deferimento.

....

Advogado

OAB

CAPÍTULO 5

Execução por Quantia Certa Contra Devedor Insolvente

No Título IV do Livro II do Código de Processo Civil (arts. 748 a 786-A) está disciplinada a Execução por quantia certa contra devedor insolvente, que trata da execução coletiva, ou seja, institui o concurso universal de credores com verdadeira feição de falência civil.

A execução coletiva se caracteriza pela situação deficitária do patrimônio do devedor, que é inferior ao seu passivo, e a disputa de todos os credores num só processo.

Por se tratar de espécie de execução forçada por quantia certa, a execução contra o insolvente tem os mesmos princípios da execução contra devedor solvente, quais sejam, a responsabilidade patrimonial (art. 591 do CPC); tem por objetivo a expropriação dos bens do devedor para satisfação dos direitos dos credores (art. 646 do CPC); e fundamentação do processo sempre em título executivo, judicial ou extrajudicial (art. 583 do CPC).

Entretanto, o procedimento, sua estrutura e os objetivos práticos na execução coletiva são bem diversos do da execução singular.

A execução coletiva só se instaura após a declaração judicial da insolvência civil do devedor, e tem como principais características a execução coletiva, a universalidade, por alcançar a totalidade dos bens do devedor; a coletividade, por se reunirem todos os credores do devedor comum; a convocação de todos os credores por editais; a nomeação de um administrador para a massa; e a extinção das obrigações do insolvente, ainda que não inteiramente resgatadas (art. 778 do CPC).

O procedimento é composto por duas fases; a primeira, que tem por finalidade a verificação do estado de insolvência do devedor, e uma segunda, quando então são executados seus bens, para pagar seus credores.

Nos termos dos arts. 748 e 750, ambos do CPC, a insolvência pode ser real ou presumida. Será real toda vez que "*as dívidas excederem à importância dos bens do devedor*" (art. 748 do CPC), e presumida quando o devedor não possuir outros bens livres e desembaraçados para nomear à penhora ou forem todos arrestados com fundamento no art. 813, I a III, do CPC (art. 750 do CPC).

A declaração da insolvência pode ser requerida segundo o art. 753 do CPC:

a) por qualquer credor quirografário;

b) pelo devedor;
c) pelo inventariante do espólio devedor.

À declaração de insolvência quando requerida pelo credor (sujeito ativo), no domicílio do devedor (art. 94 do CPC), através de petição inicial, instruída com o título executivo (art. 754 do CPC), será instaurado um contraditório, porque ao devedor será dada a possibilidade de impugnar o pedido na qualidade de sujeito passivo da relação jurídica processual.

O devedor será citado para, no prazo de 10 (dez) dias, opor embargos, tendo como fundamento alguma das hipóteses do art. 745 do CPC, ou que seu ativo é maior que seu passivo (art. 756 do CPC).

Ao final do prazo, não havendo provas a serem produzidas, o juiz proferirá sentença (art. 758 do CPC) acolhendo ou rejeitando o pedido. Trata-se na verdade de um juízo de conhecimento prévio.

O pedido de insolvência poderá ser ilidido pelo devedor, se no prazo para opor os embargos o devedor efetuar o depósito do valor do crédito, para lhe discutir a legitimidade ou o valor (art. 757 do CPC) ou mesmo para efetuar o pagamento.

Julgados improcedentes os embargos, a decretação da insolvência é uma consequência natural, desde que não tenha o devedor efetuado o depósito nos termos do art. 757 do CPC, porque, se houve o depósito e julgados improcedentes os embargos, o credor levantará o valor depositado.

A decisão que decretar a insolvência é uma sentença e deverá ser impugnada pelo recurso de apelação.

Quando a insolvência foi requerida pelo próprio devedor ou por seu espólio, não há controvérsia ou contraditório, Trata-se da auto-insolvência.

O pedido de auto-insolvência não é ônus ou obrigação do devedor, trata-se de uma faculdade concedida pela lei, sendo que a omissão do devedor ou de seu espólio não sofre nenhuma sanção. Assim, nos termos do art. 760, *caput*, do CPC, a competência é a do domicílio do devedor.

A petição inicial da auto-insolvência deve conter os requisitos exigidos pelo art. 760, I a III, do CPC. São eles:

a) relação nominal de todos os credores, com a indicação do domicílio de cada um, bem como da importância e da natureza dos respectivos créditos;
b) a individuação de todos os bens, com estimativa do valor de cada um;
c) o relatório do estado patrimonial, com a exposição das causas que determinaram a insolvência.

Tendo em vista que no pedido de auto-insolvência não há contraditório, nem partes ou litígio ou lide, mas tão somente relação processual linear, temos que se trata de jurisdição voluntária, mesmo porque o pedido é para obter homologação mediante sentença constitutiva em relação ao estado patrimonial em que o devedor se encontra.

A sentença que declara a insolvência cria uma nova situação jurídica para o devedor, razão pela qual se trata de sentença constitutiva, ainda que tenha a função de declarar um estado de fato do devedor.

Com a sentença termina a fase preliminar ou de cognição do procedimento de insolvência. Nos termos do art. 761 do CPC, na sentença o juiz nomeará, dentre os maiores credores, o administrador da massa e mandará expedir edital, convocando-os para que apresentem, no prazo de 20 (vinte) dias, a declaração do crédito, acompanhada do respectivo título executivo.

O juízo da insolvência será considerado para todos os efeitos o juízo universal, para onde concorrerão todos os credores do devedor comum, e as execuções individuais também serão remetidas ao juízo da insolvência, bem como o produto da hasta pública se esta já estava marcada (art. 762, §§ 1º e 2º, do CPC).

Com a declaração da insolvência e nomeação do administrador o devedor perde a administração e disponibilidade de seu patrimônio, sendo todos os bens penhoráveis arrecadados e entregues ao administrador (art. 763 do CPC).

A função do administrador na insolvência é a mesma do síndico na falência ou administrador judicial (Lei Federal nº 11.101/2005), qual seja, conservar e administrar com diligência os bens da massa, procurando assegurar que os bens produzam rendas ou frutos, sendo a sua administração realizada sob a direção e superintendência do juiz (art. 763 do CPC).

Após a publicação da sentença que declarou a insolvência, mesmo antes do seu trânsito em julgado, o escrivão intimará o administrador nomeado para, no prazo de 24 (vinte e quatro) horas, firmar o termo de compromisso de desempenhar bem e fielmente o cargo (art. 764 do CPC).

As atribuições do administrador são (art. 766 do CPC):

a) arrecadar todos os bens do devedor, onde quer que estejam, requerendo para esse fim as medidas judiciais necessárias;
b) representar a massa, ativa e passivamente, contratando advogado, cujos honorários serão previamente ajustados e submetidos à aprovação judicial;
c) praticar todos os atos conservatórios de direitos e de ações, bem como promover a cobrança das dívidas ativas;
d) alienar em praça ou em leilão, com autorização judicial, os bens da massa.

Todos os credores estão sujeitos ao juízo universal da insolvência, inclusive os credores com garantia real e os outros privilegiados; somente a Fazenda Pública não está obrigada a declarar a sua dívida ativa na insolvência[31].

A habilitação dos credores deverá ser feita por petição firmada por advogado, devidamente instruída com o título executivo (arts. 765 e 768 do CPC), contendo os

[31] Código Tributário Nacional: "Art. 187. A cobrança judicial do crédito tributário não é sujeita a concurso de credores ou habilitação em falência, recuperação judicial, concordata, inventário ou arrolamento".

requisitos indispensáveis do nome e qualificação dos interessados (devedor e credor), a origem e natureza do crédito, bem como seu valor e sua classificação.

O prazo para habilitação será de 20 (vinte) dias (art. 761, II, do CPC) e vencido o prazo o escrivão, no prazo de 5 (cinco) dias, colocará em ordem as declarações de crédito, autuando-as, separadamente, cada uma com seu respectivo título (art. 768 do CPC).

Todos os credores serão intimados por edital para, no prazo de 20 (vinte) dias, prazo comum, alegar suas preferências ou impugnarem os créditos declarados, alegando, entre outras, nulidade, simulação, fraude ou falsidade de dívidas e contratos (parte final do art. 768 do CPC). No mesmo prazo a impugnação poderá ser feita pelo próprio devedor (parágrafo único do art. 768 do CPC).

A classificação dos créditos dos credores habilitados será feita observando os critérios de privilégios constantes nos arts. 955 a 965 do Código Civil, depois de observados os créditos trabalhista e tributário.

Ao credor que não se habilitar no prazo já anunciado será assegurado o direito de disputa, por ação direta, antes do rateio final, a prelação ou a cota proporcional ao seu crédito (art. 784 do CPC), ou seja, a lei admite aos credores retardatários demandar a massa para obter o reconhecimento do direito à prelação, pedido que será feito em processo de conhecimento à parte, através do procedimento comum (ordinário ou sumário), sem suspender a marcha da execução coletiva.

É importante ressaltar que o credor retardatário que permanecer inerte nenhum direito terá contra os concorrentes, mas se julgado procedente o pedido da ação (art. 784 do CPC), proposta antes do rateio, terá assegurado sua participação na massa, o mesmo valendo para o credor sem título executivo, que, vencedor obtendo uma sentença condenatória, poderá habilitar seu crédito.

Ao fim dos prazos das declarações de crédito será elaborado o Quadro Geral dos Credores (arts. 769 a 773 do CPC), que será homologado por sentença, impugnável por apelação, recebida em ambos os efeitos (devolutivo e suspensivo).

O art. 766, IV, do CPC dispõe competir ao administrador alienar em praça pública ou em leilão, com autorização judicial, os bens da massa, para, apurado o preço das arrematações, depois de pagos os encargos da massa, tais como custas, remuneração do administrador, débitos fiscais e outros, seguir-se com o pagamento dos credores, que será observado na gradação de preferência e conforme os quocientes estabelecidos no Quadro Geral de Credores.

O encerramento do processo de insolvência, que se dará por sentença, pode ocorrer pelo acolhimento dos embargos na primeira fase e, nesta hipótese, pode-se dizer que nem houve processo de execução coletiva; também chega ao fim o processo de insolvência pelo cumprimento do acordo de pagamento firmado entre devedor e credores nos termos do art. 783 do CPC e, ainda, a insolvência termina por ter atingido seu próprio fim, qual seja, a liquidação total do ativo e rateio de todo produto apurado entre os credores concorrentes.

Com a sentença de extinção do processo de insolvência por uma das três maneiras apontadas e o seu trânsito em julgado, na hipótese de incompleta satisfação dos credores, teremos o reinício da contagem do prazo prescricional (art. 777 do CPC) e depois de decorridos 5 (cinco) anos todas as obrigações do devedor estarão extintas (art. 778 do CPC).

Antes da extinção, poderá naturalmente ocorrer a suspensão do processo de insolvência, quando o devedor insolvente, depois de aprovado o Quadro Geral dos Credores, conseguir acordar com todos eles (credores) a forma de pagamento (art. 783 do CPC) que é denominada pela doutrina de concordata civil; ou ainda, quando o produto obtido com a realização do ativo não seja suficiente para a solução integral dos créditos, há possibilidade de reabertura da execução com bens que o devedor venha a adquirir (arts. 775 e 776, ambos do CPC). Por fim, nos termos dos arts. 659, § 2º, e 791, III, todos do CPC, ou seja, pela ausência de bens a serem arrecadados, o ativo da massa não comporta pagar os gastos processuais da insolvência.

O não-pagamento integral de todos os credores, mesmo com a sentença de encerramento, não desobriga o devedor pelo saldo remanescente (art. 774 do CPC), lembrando que o patrimônio presente e futuro do devedor responde por suas obrigações (art. 591 do CPC) enquanto não houver declaração de extinção das obrigações do devedor insolvente nos termos do art. 778 do CPC.

A interrupção da prescrição se dá com a instauração do concurso universal de credores e só a partir do trânsito em julgado da sentença de encerramento é que se reinicia o prazo prescricional (art. 777 do CPC), prazos que serão variáveis segundo a natureza do título de cada credor, mas, ultrapassado o prazo de 5 (cinco) anos da referida sentença, tenha ou não ocorrido a prescrição, todas as obrigações do devedor insolvente serão consideradas extintas (art. 778 do CPC), pelo prazo decadencial, de modo que não se admite suspensão ou interrupção, sendo que a extinção alcança todos os créditos que concorrerem para a execução, coletiva ou não, declaração que poderá ser feita de ofício pelo juiz ou a requerimento do devedor.

O pedido poderá ser impugnado por qualquer credor, no prazo de 30 (trinta) do edital publicado em decorrência do pedido formulado pelo devedor da extinção das obrigações (art. 779 do CPC), alegando que não decorreu o prazo de 5 (cinco) anos ou que o devedor adquiriu bens, sujeitos à arrecadação (art. 780 do CPC).

Ocorrendo a impugnação, o devedor será ouvido no prazo de 10 (dez) dias e, se necessário for, poderá ser designada audiência de instrução e o juiz proferirá sentença (art. 781 do CPC) acolhendo o pedido do devedor, declarando extintas todas as obrigações, ou, então, acolher a impugnação, denegando a extinção, o que importará para o devedor aguardar o prazo de 5 (cinco) anos ou submeter a arrecadaçao dos bens adquiridos para só assim formular novo pedido de declaração de extinção das obrigações.

Enquanto não declarada a extinção das obrigações do devedor insolvente estará ele privado da livre administração de seus bens (art. 782, parte final, do CPC).

Acolhido por sentença o pedido de declaração de extinção das obrigações, será esta publicada por edital e só transitará em julgado depois de decorrido o prazo estipulado no edital mais o prazo recursal.

A sentença é de natureza constitutiva porque reabilita o devedor para praticar livremente todos os atos da vida civil e tem por eficácia a extinção de todas as dívidas, portanto, o processo de execução de quantia certa contra devedor insolvente só se encerra com a sentença que declara a extinção de todas as obrigações do devedor insolvente (art. 778 do CPC).

1. Modelo de Insolvência Requerida pelo Credor

EXCELENTÍSSIMO SENHOR DOUTOR JUIZ DE DIREITO DA...

Fulano de tal, brasileiro, portador do RG nº... e do CPF nº..., residente e domiciliado na..., por seu advogado infra-assinado, o qual recebe intimações na..., vem respeitosamente à presença de V. Exa., com fundamento nos arts. 748, 754 e seguintes do CPC, requerer a INSOLVÊNCIA CIVIL de..., brasileiro, portador do RG nº.. e do CPF nº.., residente e domiciliado na.., pelos motivos a seguir expostos.

O autor é credor do réu pela quantia de R$... representado por um cheque do banco..., emitido em..., e que retornou sem fundos em... (cheque em anexo).

Os meios suasórios para a cobrança amigável foram esgotados, inclusive com a reapresentação do respectivo cheque, tudo porém sem obter-se êxito.

Conforme se verifica dos documentos anexos (docs. 02 e 03), tramitam contra o réu pelo menos duas outras ações de execução contra o executado, que se encontram em andamento, restando comprovado que suas dívidas excedem em muito o seu patrimônio, caracterizando-se assim sua insolvência civil.

Isso posto, espera que se digne V. Exa. determinar a citação do réu, para opor, se quiser, embargos ao presente pedido, sob pena de ser proferida sentença conforme art. 755 do CPC; com prosseguimento do feito até seu fim, com a devida e justa decretação da insolvência civil, ora réu, condenando-o, ainda, ao pagamento do crédito exequendo e seus acessórios.

Não havendo provas a produzir, requer-se desde já a sentença dentro do prazo de 10 (dez) dias, nos termos do art. 758 do CPC.

VALOR DA CAUSA: R$... (valor do crédito).

Termos em que

P. Deferimento.

.....

Advogado

OAB

2. Modelo de Insolvência Requerida pelo Próprio Devedor

EXCELENTÍSSIMO SENHOR DOUTOR JUIZ DE DIREITO DA...

Fulano de tal, brasileiro, RG nº..., CPF nº.., residente e domiciliado na..., por seu advogado infra-assinado, que receberá intimações no endereço profissional, à.., vem, respeitosamente, à presença de V. Exa., com fundamento nos arts. 753, inciso II, 759 e 760 do CPC, requerer a declaração de sua INSOLVÊNCIA CIVIL, pelos fatos e fundamentos a seguir aduzidos:

O Requerente encontra-se em dificuldades financeiras, considerando-se a grave crise recessiva e os altos juros e uma geral inadimplência que vem atingindo os mais diversos ramos, inclusive os profissionais liberais, inviabilizando muitas vezes o trabalho, causando inúmeras falências.

O Requerente deve a quantia de R$..., consoante quadro abaixo:

1) ______________;

2) ______________;

O Requerente possui os seguintes bens : 01 imóvel, constituído por um apartamento localizado na..., e 01 automóvel, marca.., modelo..., ano..., placa....

Tais bens possuem o valor total de R$..., desta feita vislumbra-se que suas dívidas excedem em muito o seu patrimônio, justificando-se seu estado de insolvência.

Isto posto, é a presente para requerer a V. Exa. se digne decretar por sentença a INSOLVÊNCIA CIVIL do Requerente, determinando-se as providências aplicáveis à espécie, nomeando-se administrador para a massa.

Pede–se a expedição do respectivo edital, convocando-se os credores para apresentarem suas declarações de crédito, com o respectivo título de crédito, prosseguindo-se a presente até a extinção das obrigações do Requerente.

Protesta por todos os meios de prova admitidos em direito, especialmente a oitiva de testemunhas, a juntada de novos documentos e perícia contábil.

Valor da causa : R$...(valor do patrimônio existente)

Nestes termos,

Pede Deferimento.

.....

Advogado

OAB

TÍTULO III

Cumprimento de Título Executivo Judicial

Capítulo 1

Teoria Geral da Etapa de Cumprimento

1. Considerações Iniciais

É indiscutível a excelência científica do CPC de 1973, ainda em vigor, porém reformado. O seu mentor intelectual, o saudoso Ministro Alfredo Buzaid, fez um trabalho impecável, com pouquíssimos equívocos.

Porém, de há muito já se percebia que o CPC precisava de mudanças para adaptação à atual realidade brasileira, que com uma sociedade inserida na era da globalização, necessitava e clamava cada vez mais por um Poder Judiciário que lhe fornecesse prontas respostas aos seus anseios, o que não era mais possível com a Lei Processual então em vigor, que levava o princípio da inércia como norte intangível de atuação.

O que se pretende na atual realidade brasileira é um Poder Judiciário mais sensível e célere, com participação ativa na relação jurídica processual e nos problemas da sociedade como um todo.

Exige-se, assim, que não somente preste tutela jurisdicional, mas que o faça de maneira efetiva; e efetividade da jurisdição, pressupõe resposta adequada e oportuna, pois coisa julgada a destempo de nada serve ao jurisdicionado.

Assim, não aproveitará ao consumidor que pretende um transplante de órgão a ser custeado por seu plano de saúde, e que tenha tal cobertura negada, uma resposta do Poder Judiciário anos depois de ajuizada a ação, pois certamente já terá falecido.

Nessa medida, o CPC passou a ser reformado a partir de 1994 com o principal intuito de fazer com que a jurisdição alcançasse patamares de efetividade e celeridade, dentro dos anseios da sociedade brasileira

As reformas do Código de Processo Civil tiveram seu início com a modificação do então art. 604, hoje revogado, que tratava da liquidação por cálculos do contador, através dos termos da Lei Federal nº 8.898/1994, por iniciativa de anteprojeto de lei, elaborado pela então Comissão Reformadora do CPC instalada no âmbito do STJ, sob a Presidência do Ministro Sálvio de Figueiredo Teixeira.

Desde então, o CPC foi inúmeras vezes reformado, e no meio desse caminho, inclusive, viu-se necessária a modificação do texto constitucional, em suas disposições relativas ao processo civil, o que foi feito por meio da EC nº 45/2004, pela chamada Reforma do Poder Judiciário.

Esse ciclo de reformas aparentemente foi concluído, através da promulgação da Lei Federal nº 11.672, de 8 de maio de 2008, que estabeleceu nova disciplina de julgamento aos recursos especiais ditos repetitivos.

Há, sim, alguns Projetos reformistas ainda em trâmite no Congresso Nacional, mas que não gerarão mudanças substanciais para o cenário do processo individual brasileiro.

É certo que durante essa marcha reformista introduziram-se no processo civil brasileiro inúmeras novidades, tais como: antecipação de tutela; execução específica da obrigação de fazer, não fazer e de dar; reestruturação do sistema recursal e do processo de execução; sincretismo do processo de conhecimento, com a introdução da etapa de cumprimento de título executivo judicial; súmula vinculante; necessidade de repercussão geral para fins de interposição do recurso extraordinário e, finalmente agora, de forma destacada de julgamento de recursos especiais repetitivos (Lei Federal nº 11.672/2008).

Nesse contexto, uma das mais importantes reformas do CPC, foi a introduzida pelos termos da Lei Federal nº 11.232/2005, que, ao criar a etapa de cumprimento de sentença no processo de conhecimento, transformou-o em sincrético, ou seja, através de uma mesma relação jurídica processual a parte lesada obterá a resolução de sua lide (etapa de cognição), assim como na hipótese de inércia por parte do, agora, devedor de prestar voluntariamente a obrigação que lhe foi imposta pelo acertamento judicial, a sua obtenção através do uso da coerção (etapa de cumprimento).

Por exemplo, se tenho uma dívida não paga poderei ajuizar ação de cobrança, e uma vez obtida coisa julgada de procedência, a partir da inércia do devedor, no mesmo feito, sem a necessidade de nova citação do Réu, obterei penhora de bens para quitação do *quantum* devido.

Enfim, é essa etapa de cumprimento de título executivo judicial que, doravante, passaremos a analisar, de modo a tentar construir uma teoria geral, comum a todos os procedimentos de cumprimento.

2. Processo de Conhecimento e Suas Etapas

O processo é instrumento de realização da jurisdição, contudo, dependendo dos atributos da jurisdição que se persegue, assumirá espécies distintas.

A pretensão é o bem da vida que se busca com a formalização do direito de ação. Assim, ao pleitear a aplicação da jurisdição ao caso concreto, descrevo ao Poder Judiciário os detalhes da lide em que me envolvi e, em decorrência disso, peço algo ao Estado-juiz.

Nesse caminho, por exemplo, o descumprimento dos deveres do matrimônio legitima pedido de separação judicial; a relação de parentesco gera dever alimentar, que, se desrespeitado, viabiliza pretensão de condenação do Alimentante no pagamento de quantia mensal em dinheiro; a nota promissória não paga legitima o pleito de expropriação de bens do devedor com o intuito de quitação da dívida; a dilapidação do patrimônio do devedor, com vistas a prejudicar o credor, autoriza a busca de imediata constrição judicial dos bens daquele que se utiliza de tal subterfúgio, e assim por diante.

Dessa maneira, a qualificação da pretensão desejada pelo titular do direito de ação ao pleitear a aplicação da jurisdição ao caso concreto vai demandar a utilização desta ou daquela espécie de processo, conforme determina o ordenamento jurídico processual.

Partindo disso, o ordenamento jurídico processual civil apresenta três espécies de processo, quais sejam: conhecimento, execução e cautelar, como instrumento de aplicação da jurisdição, partindo do enfoque da pretensão desejada pelo titular do direito de ação.

Assim, portanto, se o lesado possui em mãos relação jurídica material em lide descrita no art. 585, do CPC, vai valer-se do processo de execução de título executivo extrajudicial; e poderá de imediato provocar o Poder Judiciário a usar a coerção em seu favor, realizando, por exemplo, a penhora de bens do devedor para pagamento de quantia em dinheiro, constante em cheque não compensado, por insuficiência de fundos (art. 585, I, do CPC).

Caso a sua relação jurídica material em lide não se enquadre nos termos do art. 585 do CPC, deverá utilizar-se do processo de conhecimento que está regulado pelos arts. 1º ao 565 e arts. 890 ao 1.210, todos do CPC.

O processo de conhecimento, também denominado processo sincrético, após o advento da Lei Federal nº 11.232/2005, deve ser conceituado como instrumento de viabilização de jurisdição de resolução e coerção, com a finalidade de conferir certeza jurídica absoluta a uma determinada lide, identificando os titulares de interesse subordinante e subordinado, e, se for o caso, com a consequente sanção pela violação do direito posto em juízo, assim como reparando ou fazendo cessar a ameaça ou lesão.

Quando o lesado ou ameaçado envolve-se numa lide, onde não há qualquer indicação prévia da titularidade de interesse subordinante ou subordinado, vez que não capitulada nos termos do art. 585 do CPC, situação que caracteriza a grande maioria dos conflitos de interesses levados ao Poder Judiciário, o titular da ação deve, obrigatoriamente, valer-se do processo de conhecimento.

Nessa hipótese o Estado-juiz, num primeiro momento, no exercício da jurisdição de resolução, fixará a titularidade de interesse subordinante e subordinado, trazendo certeza à lide, determinando, se for o caso, a consequente sanção pela violação do direito debatido no processo, passando por fim, se necessário, a adentrar, com o uso da força, ao patrimônio do titular de interesse subordinado para reparar ou fazer cessar a ameaça ou lesão, agora no uso da jurisdição de coerção.

Assim, quando a lide versa sobre atraso no pagamento de prestações mensais, decorrentes de contrato de compromisso de compra e venda de imóvel, pois mesmo depois de notificado o compromissário comprador para efetuar a quitação, este se recusa a honrar sua obrigação, o promitente vendedor deverá propor ação de conhecimento de resolução contratual cumulada com reintegração de posse.

Daí, inicialmente, o Poder Judiciário, entendendo que realmente houve atraso injustificado por parte do devedor, usará da jurisdição de resolução, fixando a titularidade de interesse subordinante, em favor do Autor, e a titularidade de interesse subordinado em favor do Réu, desconstituindo o negócio jurídico, com a devolução da posse ao titular da ação, julgando-a procedente (art. 269, I, do CPC); passando após, na inércia do devedor em cumprir espontaneamente o comando de resolução, e a requerimento do credor, ao uso da coerção visando ao cumprimento da referida resolução, com o desalojamento do compromissário comprador do imóvel, devolvendo-o ao promitente vendedor.

Por outro lado, caso o juiz, no transcorrer do processo, entenda que o atraso foi justificado, uma vez que o imóvel foi entregue com defeitos construtivos, diversamente do que constava no contrato de compromisso de compra e venda, usará da jurisdição de resolução, fixando a titularidade de interesse subordinante, em favor do Réu, e a titularidade de interesse subordinado em favor do Autor, julgando improcedente a ação (art. 269, I, do CPC) e nada mais, não havendo nesse caso fixação de sanção ou uso da coerção.

Ressalva feita, na situação descrita no parágrafo anterior, ao fato de que o Autor será condenado ao pagamento das verbas de sucumbência em favor do Réu, havendo somente em relação a esta específica consequência processual a necessidade de utilização de coerção por parte do Demandado vencedor, caso o Demandante perdedor não quite voluntariamente as verbas em questão.

Nesta medida, no processo de conhecimento, o Autor, em regra, pretende que o Estado-juiz lhe confira jurisdição de resolução e coerção.

Para tanto, o processo de conhecimento é dividido em duas etapas: cognição e cumprimento.

Na etapa de cognição, o Poder Judiciário se dedicará a aplicar a jurisdição com o intuito de resolver a lide (resolução), e, para tanto, o processo civil a divide em quatro fases:

a) fase postulatória – tem início com a petição inicial, devidamente distribuída; passa pelas respostas do Réu e termina com eventual réplica do Autor, ou seja, cada parte coloca ao Poder Judiciário a sua versão acerca da lide;
b) fase saneadora – quando o juiz irá delimitar os pontos controvertidos da demanda, a partir do que foi externado na fase postulatória por cada parte e deferir as provas que entenda necessárias;

c) fase instrutória – dedicada à produção propriamente dita das provas deferidas;
d) fase decisória – é aquela onde o juiz manifestará a vontade do Estado resolvendo o conflito de interesses, pois já ouviu as partes, oportunizou e produziu provas, estando assim apto para emitir seu julgamento.

Na etapa de cumprimento ocorrerá, caso não haja iniciativa do devedor no sentido de obedecer voluntariamente ao comando contido na sentença, hipótese em que o Poder Judiciário irá usar da coerção para reparar efetivamente o direito ameaçado ou violado, em compasso do que foi determinado pela fase decisória da etapa de cognição.

3. Etapa de Cumprimento

Uma vez terminada a etapa de cognição do processo de conhecimento, com a imutabilidade da sentença ou acórdão lá proferido, por não caber ou por não ter sido manejado recurso pelas partes, aparece o fenômeno da coisa julgada, viabilizador do início da etapa de cumprimento definitivo pela parte vencedora.

Em algumas hipóteses é possível a realização de cumprimento provisório, nos termos do art. 475-O, do CPC; por exemplo, o Alimentando pode iniciar o cumprimento da sentença que fixou alimentos em seu favor, mesmo interposta apelação pelo Alimentante.

A etapa de cumprimento não possui autonomia em relação à etapa de conhecimento, pois ambas são partes integrantes do processo de conhecimento.

Assim, numa marcha sincrética o processo de conhecimento, num primeiro momento, resolve a lide que lhe foi colocada pelo Autor, através da apresentação da petição inicial, qualificada pela resposta apresentada pelo Réu, realizando o acertamento do direito violado posto em juízo, decorrente da fixação de interesse subordinante e subordinado (etapa de cognição); e ato contínuo, se necessário, passa à etapa de cumprimento, onde buscará a efetivação específica do referido acertamento, através do uso da coerção contra o devedor.

Contudo, diferentemente da etapa de cognição, que ocorrerá necessariamente em todo processo de conhecimento, pois sem ela o Poder Judiciário não possui elementos para resolução da lide, com acertamento decorrente da violação do direito posto em juízo, a etapa de cumprimento somente ocorrerá se o devedor recusar-se a obedecer, voluntariamente, ao comando contido na coisa julgada.

Nesta medida, por exemplo, o condomínio que ajuíza ação de cobrança de cota condominial, e torna-se vencedor (titular de interesse subordinante), fixando o Juiz da causa o acertamento no sentido de que o Réu (titular de interesse subordinado) reste condenado a pagar ao Autor o montante de R$ 50.000,00 (acertamento); somente necessitará adentrar à etapa de cumprimento do processo de conhecimento caso o condômino não efetue voluntariamente a quitação da quantia referida, no prazo de 15 dias contados da formação da coisa julgada (art. 475-J, do CPC).

Dessa maneira, ante a inércia do titular de interesse subordinado, o credor fica autorizado a dar início à etapa de cumprimento, onde buscará o uso de tutela coercitiva por parte do Poder Judiciário contra o devedor, a fim de que a obrigação imposta contida no título executivo judicial seja especificamente atingida.

4. Conceito

Vamos, agora, apresentar um conceito de etapa de cumprimento para balizar didaticamente os estudos que serão aqui desenvolvidos e para que o leitor tenha uma visão preliminar do objeto de preocupação neste momento, para em seguida nos aprofundarmos em tal conceituação formulada.

Podemos conceituar a etapa de cumprimento como o meio processual adequado para a prestação jurisdicional de coerção por parte do Poder Judiciário, pleiteada por quem se intitula credor de título executivo judicial em face daquele que lá consta como devedor de prestação de obrigação de pagar, fazer, não fazer ou de dar em favor do exequente, através da expropriação de bens ou imposição de multa diária ao executado.

4.1. Objeto e Espécies de Título

É certo que o objeto do cumprimento, em regra, diz respeito a uma coisa julgada formada, através da etapa de cognição do processo de conhecimento, que reconheça a existência de obrigação de fazer, não fazer, entregar coisa ou pagar quantia em dinheiro, a ser observada pelo devedor (titular de interesse subordinado) em favor do credor (titular de interesse subordinante).

Agora, diferentemente do antigo art. 584 do CPC, que admitia somente como título judicial a sentença ou acórdão de natureza condenatória, agora com a redação atual do art. 475-N, inciso I, do CPC, pouco importa a natureza da sentença ou acórdão prolatado com trânsito em julgado, se de cunho declaratório, constitutivo, desconstitutivo ou condenatório, pois em qualquer caso dará margem ao seu cumprimento, desde que imponha obrigação ao executado-devedor.

É certo que, em regra, na grande maioria esmagadora das situações concretas, é a sentença condenatória que demanda cumprimento; por exemplo, vai exigir cumprimento, a sentença não observada pelo devedor proferida em ação indenizatória por erro médico que condena o Réu ao pagamento de R$ 300.000,00 (trezentos mil reais) por ter causado ao paciente danos materiais e morais.

Porém, excepcionalmente, o credor-empresa poderá pleitear cumprimento de sentença decorrente de ação declaratória do direito de compensação de tributos, quando por exemplo encerra suas atividades e resta inviabilizada tal compensação, exigindo a observação pelo fisco da obrigação de pagar que daí surge.

Nesse sentido é a jurisprudência do STJ, onde localizamos o v. acórdão da lavra da Ministra Eliana Calmon, proferido no bojo do Recurso Especial nº 891.758/SP, publicado no *DJE* em 13/08/2008, cuja ementa assim indica:

Processual Civil e Tributário – Indébito tributário – sentença transitada em julgado que reconheceu o direito à compensação – Opção por restituição via precatório – Possibilidade – Precedentes.

1. Consoante reiterada jurisprudência deste STJ, pode o contribuinte manifestar a opção de receber o indébito tributário, certificado por sentença declaratória transitada em julgado, por meio de precatório ou por compensação, já que ambos constituem formas de execução da decisão judicial.

2. Recurso especial conhecido provido.

Poderíamos denominar as situações jurídicas retro-indicadas como hipóteses de: cumprimento de sentença ou acórdão (art. 475-N, I, do CPC).

Nos termos do art. 475-N do CPC, não são somente essas situações jurídicas que podem ser objeto de cumprimento; há outras relações de débito e crédito, que podem ser enquadradas como título executivo judicial, e portanto suscetíveis de serem submetidas ao regime de cumprimento.

O art. 475-N do CPC salienta que são títulos executivos judiciais e, portanto, submetíveis ao regime de cumprimento, as seguintes situações jurídicas:

Art. 475-N. São títulos executivos judiciais:

I – a sentença proferida no processo civil que reconheça a existência de obrigação de fazer, não fazer, entregar coisa ou pagar quantia;

II – a sentença penal condenatória transitada em julgado;

III – a sentença homologatória de conciliação ou de transação, ainda que inclua matéria não posta em juízo;

IV – a sentença arbitral;

V – o acordo extrajudicial, de qualquer natureza, homologado judicialmente;

VI – a sentença estrangeira, homologada pelo Superior Tribunal de Justiça;

VII – o formal e a certidão de partilha, exclusivamente em relação ao inventariante, aos herdeiros e aos sucessores a título singular ou universal.

Por isso, podemos falar que o cumprimento de título executivo judicial é gênero, dos quais são espécie:

a) o cumprimento de sentença ou acórdão, que envolve as situações descritas nos incisos I, III, V e VII, do art. 475, do CPC;
b) o cumprimento de sentença penal condenatória;
c) o cumprimento de sentença arbitral; e
d) o cumprimento de sentença estrangeira.

Ressalte-se que, seja qual for o título executivo judicial, só será submetido a cumprimento aquele que apresente imposição ao devedor de realização de obrigação de fazer, não fazer, dar ou pagar, de forma líquida, certa e exigível, pois caso contrário não haverá o que se buscar do executado, por intermédio do uso da coerção pelo Poder Judiciário.

Assim, a sentença penal que condena determinada pessoa por lesão corporal dolosa, e impõe obrigação ao Réu em favor da vítima de pagamento de quantia em dinheiro, nos termos do art. 387, inciso IV, do CPP, pode ser objeto de cumprimento no juízo cível.

O arcabouço normativo (art. 475-A e s. do CPC) que sustenta o cumprimento, seja que de título executivo judicial for, é aquele que se refere à respectiva etapa de cumprimento, com o intuito de efetivação de coisa julgada material que imponha ao devedor: obrigação de fazer, não fazer, dar e pagar ao devedor, formada em etapa de cognição de processo de conhecimento.

Dessa forma, é correto afirmar que todos os títulos executivos judiciais descritos nos incisos II e s. do art. 475-N, do CPC, para serem cumpridos utilizarão a mesma sistemática aplicada ao chamado cumprimento de sentença (art. 475-N, I, do CPC).

O único diferencial que aparece é que quando se tratar de cumprimento de sentença penal condenatória, sentença arbitral ou sentença estrangeira, como não houve sincretismo processual prévio, ou seja o Poder Judiciário no âmbito cível nunca manifestou-se previamente sobre a relação jurídica em lide, haverá necessidade de citação do devedor (art. 475-N, parágrafo único, do CPC).

Ressalte-se que nesses casos o cumprimento não é mera etapa de um processo de conhecimento, mas sim processo propriamente dito, assim denominado processo de cumprimento.

Por outro lado, nas hipóteses dos incisos I, III, V e VII, do art. 475-N do CPC, sempre haverá prévia etapa de cognição de processo de conhecimento, ou seja, a etapa de cumprimento decorre do sincretismo processual, bastando portanto mera intimação do devedor para observar o comando de obrigação de fazer, não fazer, dar ou pagar, constante no título judicial.

Assim, portanto, à guisa de exemplo, se firmei um acordo extrajudicial com o esbulhador (invasor) da posse de imóvel meu, em termos de devolução da coisa no prazo de 90 (noventa) dias, sob pena de multa diária de R$ 415,00 (quatrocentos e quinze reais), e levei tal acordo à homologação judicial, nos termos do art. 475-N, inciso V, do CPC, tal procedimento de ratificação jurisdicional equivale à etapa de cognição do processo de conhecimento, gerando a possibilidade de cumprimento em face da inércia do devedor.

5. Requisitos do Título Executivo Judicial

É certo que, seja o título executivo judicial ou extrajudicial, para que possa dar ensejo à execução, respectivamente por cumprimento ou processo de execução, mister apresenta-se a necessidade de que tal título contenha obrigação revestida de algumas qualidades, quais sejam: certeza, liquidez e exigibilidade.

Nesse sentido, temos a determinação contida no art. 586, do CPC, que assim dispõe:

> *Art. 586. A execução para cobrança de crédito fundar-se-á sempre em título de obrigação certa, líquida e exigível.*

O Professor Sérgio Shimura anota sobre o tema as seguintes considerações:

> Em face do axioma *nula executio sine titulo*, é inafastável que se analisem os atributos, ou requisitos, do título executivo, que são a certeza, liquidez e exigibilidade. Sem o título, pelo contido nos arts. 586 e 618, I, CPC, a execução é nula. Tais requisitos também estão previstos no art. 474 do Código italiano.[1]

A partir dessas observações, importante agora apresentarmos a conceituação de certeza, liquidez e exigibilidade.

Certeza é para o renomado jurista Sérgio Shimura:

> A certeza do título liga-se à sua existência. É certo quando, em face do título, ao prisma formal do documento, não há controvérsia sobre sua existência (do título).
> (...)
> A certeza leva, pois, ao entendimento de que é indispensável a existência de um título executivo, ou seja, do fato ou ato jurídico a que a lei relaciona a aplicação de uma sanção. Trata-se de mero "juízo de eficácia processual". A certeza da obrigação, enquanto inerente ao título, retrata apenas a consideração legal de um "elevado grau de probabilidade da existência do crédito ou da obrigação".(...)[2].

Por sua vez, ainda a partir das reflexões de Sérgio Shimura, liquidez vem a ser:

> O título é líquido quando contém a determinação da importância da prestação (*quantum*).
> (...)
> É líquida a dívida quando a importância se acha determinada em todos os seus elementos de quantidade (dinheiro) e qualidade (coisas diversas do dinheiro), natureza e espécie (prestação de fato).[3]

E, por fim, o autor arremata o tema, definindo o que vem a ser exigibilidade:

> A exigibilidade refere-se ao vencimento da dívida. Se a obrigação alcançou o termo ou se verificou a condição a cuja ocorrência a eficácia do negócio jurídico estava condicionada, é exigível, porque já está vencida (art. 572, CPC). Em suma, a exigibilidade refere-se ao tempo no qual o credor pode exigir o pagamento.
> O termo, consistindo em um evento futuro e inevitável, é um dado natural, consultável no próprio título executivo, daí por que não carecer de maiores provas, excetuando o termo incerto como a morte.
> A condição, configurando um evento futuro e incerto, impõe ao exequente o ônus de provar a sua ocorrência (art. 614, III, CPC).[4]

Feitas essas considerações, será suscetível de ser cumprido aquele título judicial:

---

[1] *Título executivo*, 1997, cit., p. 135 e 136.
[2] *Título executivo*, 1997, p. 136 e 137.
[3] *Título executivo*, 1997, p. 138 e 139.
[4] *Título executivo*, 1997, p. 144.

a) que indique a modalidade (certeza) de obrigação a ser cumprida, por exemplo se de fazer, não fazer, dar ou pagar;
b) que conste a quantidade e a qualidade da obrigação, por exemplo entregar 200 (duzentas) cabeças (quantidade) de boi da raça Nelore (qualidade), ou construir muro de arrimo (qualidade) de 100 (cem) metros lineares (quantidade) entre a divisa dos imóveis;
c) e por fim, no caso do título judicial, assim considerado aquele relativo à decisão judicial civil ou penal, arbitral ou estrangeira, acerca da qual não caiba mais recurso, ou seja, quando houver coisa julgada (exigibilidade).

É certo que sem tais atributos contidos na obrigação inserida no título executivo judicial o mesmo não poderá ser submetido à etapa de cumprimento, apresentando-se necessário a realização de prévia fase de liquidação, nos termos do *caput* do art. 475-A do CPC, fase esta que por sua vez é descabida no processo de execução de título executivo extrajudicial.

Devemos lembrar mais uma vez as palavras do Prof. Shimura que esclarecem qual é a finalidade da fase de liquidação:

> No processo de liquidação, tem-se em mira determinar, quantitativamente, o montante (liquidez) ou individuar a natureza, ou o objeto (certeza), do direito contido na condenação anterior, complementando-a, para transmudá-la em título executivo, apto a embasar a futura e subsequente atuação *in executivis*.[5]

Assim, por exemplo, nos termos do art. 475-I, § 2º, do CPC, se no título judicial está definido que o Réu deve pagar R$ 50.000,00 (cinquenta mil reais) a título de danos morais pela família que foi vitimada pelo desabamento do prédio onde morava, além de indenizá-la por danos materiais em montante em dinheiro equivalente ao valor de mercado que tinha o imóvel que foi levado à ruína, o credor poderá desde já dar início a etapa de cumprimento para ver satisfeita a obrigação de pagar do devedor relativa aos danos morais (parte líquida); e ato contínuo deverá valer-se da fase de liquidação para, em arbitramento por perícia, apurar o valor em pecúnia da coisa (parte ilíquida).

Por fim, não podemos olvidar que o título executivo judicial ainda inexigível, em determinadas situações pode ser submetido a cumprimento provisório, nos termos do art. 475-I, § 1º, do CPC, que assim determina:

> *Art. 475-I. O cumprimento da sentença far-se-á conforme os arts. 461 e 461-A desta Lei ou, tratando-se de obrigação por quantia certa, por execução, nos termos dos demais artigos deste Capítulo.*
> *§ 1º É definitiva a execução da sentença transitada em julgado e* ***provisória quando se tratar de sentença impugnada mediante recurso ao qual não foi atribuído efeito suspensivo***. (grifo nosso)

[5] *Título executivo*, 1997, p. 141.

Neste esteio, se por ventura ajuizada ação de resolução contratual por inadimplemento, cumulada com perdas e danos, sobrevindo sentença de procedência, desafiada por recurso de apelação, que neste caso terá efeito suspensivo (art. 520, *caput,* do CPC), não poderá o Autor adentrar a etapa de cumprimento, a fim de buscar o acertamento contido no título judicial ainda inexigível.

Por outro lado, se demanda objetivando alimentos for julgada procedente, a sentença em questão, ainda que desafiada via recurso de apelação, já que tal inconformismo não terá efeito suspensivo (art. 520, II, do CPC), permitirá que o credor, desde já, adentre provisoriamente a etapa de cumprimento com vistas a receber as parcelas de prestação alimentar a que foi condenado o Réu, nos termos do art. 475-O, do CPC.

A consolidação dos efeitos do cumprimento provisório depende da confirmação da sentença impugnada, via apelação pelo Tribunal de segundo grau de jurisdição, o qual, se por ventura não ratificar o julgamento *a quo*, trará ao litigante que se beneficiou pelo referido cumprimento provisório o dever de restabelecer a situação jurídica ao *status quo* anterior à execução, ressarcindo todos os prejuízos causados ao demandante submetido aos atos de coerção, independentemente da existência de culpa (responsabilidade objetiva).

6. Meios de Coerção e Cumprimento Específico da Obrigação

Assim, de posse de título executivo judicial, com os respectivos atributos de certeza, liquidez e exigibilidade, poderá o credor bater às portas do Poder Judiciário pleiteando o uso da coerção jurisdicional para ver satisfeita a obrigação de pagar, fazer, não fazer ou dar, contida no referido título; caso contrário, deverá primeiro esgotar a fase de liquidação, tornando-o exequível.

A coerção é o uso da força como mecanismo de obtenção da obrigação, contida no título judicial, de manejo privativo do Poder Judiciário dentro do sistema jurídico pátrio.

A jurisdição para viabilizar o cumprimento de título judicial utiliza-se dos mesmos meios de coerção que o ordenamento processual lhe concede, ou seja, a expropriação de bens, com a finalidade de buscar a realização de obrigação de pagar por parte do devedor, assim como a imposição de multa, com as suas respectivas medidas de apoio, visando à efetivação de obrigação de fazer, não fazer e dar por parte do executado.

Quando no título judicial há comando de obrigação de pagar por parte do devedor, verificaremos que a etapa de cumprimento é toda estruturada pelo ordenamento jurídico processual pelo exercício da jurisdição, objetivando a expropriação de bens do devedor como meio de busca do recebimento da quantia em dinheiro a que faz jus o credor.

O credor que possui título judicial impondo ao devedor a obrigação de pagar, por exemplo, R$ 500.000,00 (quinhentos mil reais), poderá valer-se do cumprimento, onde o Poder Judiciário irá penhorar (expropriação) bens do executado (art. 475-J do CPC), entregando-os ao credor como quitação da dívida (adjudicação – arts. 685-A e B do CPC), ou, se isso não for viável, por exemplo realizando a venda judicial da coisa em hasta pública (arts. 686 a 707, do CPC).

Por outro lado, quando no título o que aparece é a imposição ao devedor de obrigação de fazer, não fazer ou dar, o instrumento de coerção a ser utilizado pela jurisdição é o da multa diária, conjugada com eventuais medidas de apoio, quais sejam: busca e apreensão, remoção de pessoas e coisas, desfazimento de obras, impedimento de atividade nociva, dentre outras, conforme determinam os arts. 461 e 461-A, do CPC.

Nesses casos, o Poder Judiciário deverá entregar ao credor a obrigação de fazer, não fazer ou dar inserida no título judicial, especificamente como lá constou, ou seja, o cumprimento da obrigação será específico (arts. 461, *caput*, e 461-A, ambos do CPC), de modo que, se mesmo com a imposição de multa diária continuar o devedor inerte, passará a jurisdição a recorrer a medidas de apoio, como: busca e apreensão de coisas, lacração de estabelecimento, força policial etc., com o intuito de ver a referida obrigação devidamente cumprida.

O credor que possui título judicial, que determine, por exemplo, que a casa noturna vizinha não emite ruídos após as 22 horas, poderá valer-se do cumprimento, onde o Poder Judiciário irá intimar o devedor para observar a obrigação de não fazer, sob pena de multa diária, ou seja, de R$ 1.000,00 (mil reais), determinação essa que, inobservada, poderá levar à lacração do estabelecimento, como medida de apoio.

Por fim, não podemos olvidar que, seja qual for a espécie de obrigação imposta ao devedor e contida no título executivo judicial, sempre poderá ser usado pelo Poder Judiciário, quando necessário, o emprego de força policial, objetivando o cumprimento específico da referida obrigação, nos termos do art. 579 do CPC.

7. Dos Procedimentos de Cumprimento

Como vimos no item anterior, há coerção apropriada para cada espécie de obrigação contida no título judicial, cujo cumprimento o credor irá perseguir, a saber: a) expropriação de bens para obrigação de pagar; e b) multa diária, com medidas de apoio para obrigação de fazer, não fazer e dar.

Assim, ao iniciarmos o cumprimento, de título executivo judicial, não devemos nos preocupar com este propriamente dito, se sentença cível, se penal, se arbitral etc., mas sim com a espécie de obrigação imposta ao Réu, nele contida: pagar, fazer, não fazer ou dar.

A partir desse enfoque o ordenamento jurídico processual civil cria 3 (três) espécies distintas de procedimentos para regrar o conjunto de atos processuais que comporá o cumprimento seja de que título executivo judicial for, a saber:

a) cumprimento de obrigação de pagar contra devedor solvente (art. 475-J e s. do CPC);
b) cumprimento de obrigação de fazer e não fazer (art. 461, do CPC); e
c) cumprimento de obrigação de dar (art. 461-A, do CPC).

Note-se que quando o devedor for reconhecidamente insolvente, estando o credor de posse de título executivo judicial ou extrajudicial, deverá valer-se de ação executiva autônoma, com a utilização de processo de execução a seguir pelo rito de execução de quantia certa contra devedor insolvente (arts. 747 e 782 do CPC).

Outrossim, quando o título executivo judicial tiver como devedor a Fazenda Pública, da mesma forma, não há que se falar em cumprimento, mas sim em ação executiva autônoma, com a utilização de processo de execução a seguir pelo rito especial de execução contra a Fazenda Pública, previsto nos arts. 730 e 731 do CPC.

Por fim, quando o título executivo judicial contiver obrigação de prestar alimentos, o credor, se desejar obter, eventualmente, a prisão do devedor (meio de coerção especial), deverá valer-se de ação executiva autônoma, com a utilização de processo de execução, a seguir pelo rito especial de execução de alimentos, previsto nos arts. 732 a 735, do CPC.

8. Base Normativa

Os cumprimentos de título executivo judicial podem assumir, como acabamos de ver, 3 (três) procedimentos distintos, quais sejam: obrigação de pagar; fazer e não fazer; e dar, cada qual com a sua base normativa para dar sustentabilidade ao procedimento.

O art. 475, I, do CPC, assim determina:

> *Art. 475-I. O cumprimento da sentença far-se-á conforme os arts. 461 e 461-A desta Lei ou, tratando-se de obrigação por quantia certa, por execução, nos termos dos demais artigos deste Capítulo.*

Uma leitura literal do art. 475-I do CPC, num primeiro momento, gera uma certa reação de perplexidade ao intérprete, pois ao afirmar que o cumprimento de sentença far-se-á conforme os arts. 461 (obrigação de fazer e não fazer) e art. 461-A, do CPC (obrigação de dar), e a obrigação de pagar por execução nos termos dos art. 475-J e seguintes do CPC, acaba por tentar estabelecer uma distinção que não existe.

Tal afirmação é feita porque, na verdade, tudo é cumprimento de título executivo judicial, seja qual for a obrigação contida nele, cumprimento esse que é realizado por atos de coerção, de natureza executória. O que muda, isto sim, é a base normativa que rege cada um dos procedimentos.

Nessa medida, verifiquemos num primeiro momento qual é a base normativa que regerá o procedimento de cumprimento de título executivo judicial que envolve obrigação de pagar.

O art. 475-I do CPC, como vimos anteriormente, esclarece que o cumprimento de obrigação de pagar será regido pelos arts. 475-J e seguintes do CPC, sendo certo que na omissão de determinação de procedimento pelo conjunto de normas em pauta, o art. 475-R, do CPC, informa, ainda:

> *Art. 475-R. Aplicam-se subsidiariamente ao cumprimento da sentença, no que couber, as normas que regem o processo de execução de título extrajudicial.*

O CPC determina, desta forma, que não havendo regramento específico nos arts. 475-J e s. do CPC, em termos procedimentais, para disciplinar o cumprimento de obrigação de pagar, o Exequente deve valer-se do processo de execução, cujas regras encontram-se dispostas, especificamente quanto a tal modalidade de obrigação, nos arts. 646 a 724 do CPC.

Ora, nessa medida é certo que, por exemplo, quando o exequente for redigir o requerimento para dar início ao cumprimento de obrigação de pagar, deve valer-se das determinações do art. 475-J do CPC, que indica a necessidade de apresentação de planilha de cálculo atualizada, bens penhoráveis do devedor, dentre outras exigências.

Contudo, se o credor quiser saber qual rol de bens do devedor pode ser considerado impenhorável, não encontrará regramento específico nos arts. 475-J e seguintes, do CPC, devendo valer-se das normas que regem o processo de execução de título extrajudicial, onde localizará o art. 649, que traz tal elenco.

É certo ainda que se as regras que regem o cumprimento de obrigação de pagar forem omissas, assim como as que disciplinam o processo de execução, podemos utilizar a saída do art. 598 do CPC, que assim determina:

> *Art. 598. Aplicam-se subsidiariamente à execução as disposições que regem o processo de conhecimento.*

Ou seja, para sabermos a forma de efetivação da intimação do devedor na pessoa de seu advogado, quanto à penhora realizada no bojo do cumprimento (art. 475-J, § 1º, do CPC), o exequente deve valer-se dos arts. 236 e 237, do CPC (etapa de cognição do processo de conhecimento), à míngua de regramento específico próprio, seja nos arts. 475-J e s. do CPC, seja no processo de execução.

Idêntico raciocínio ocorre com o cumprimento da obrigação de fazer e não fazer, disciplinada pelo art. 461, e com o cumprimento da obrigação de dar, disciplinada pelo art. 461-A, ambos do CPC; na omissão destes regramentos específicos, o Exequente deve valer-se, respectivamente, dos arts. 632 a 645 do CPC (obrigação de fazer e não fazer), e arts. 621 a 631 do CPC (obrigação de dar); E por fim, ainda, renovada a omissão no processo de execução, a solução procedimental deve socorrer-se da etapa de cognição do processo de conhecimento.

9. Natureza Jurídica

Podemos afirmar, categoricamente, que a intenção do atual legislador reformador do CPC foi acabar com a antiga ação executiva lastreada em título executivo judicial, que exigia o manejo de processo de execução autônomo ao processo de conhecimento do qual frutificou, com a necessidade de nova citação do Réu e prolongamentos infindáveis de ampla defesa e contraditório, incompatíveis com uma situação de certeza jurídica de crédito e débito, já devidamente abalizada pelo Poder Judiciário (processo de conhecimento).

Ora, por exemplo, não era mais sustentável exigir ao Autor vitorioso em ação indenizatória, onde foi condenado o Réu ao pagamento de quantia certa, ter que ajuizar nova ação dita executiva, para ver satisfeito o seu crédito; demanda esta em que o devedor deveria ser citado novamente e de forma inexoravelmente pessoal por Oficial de Justiça (art. 222, *d*, do CPC); e ato contínuo, poderia eleger bem de seu patrimônio a ser penhorado, tudo isso regado a intenso contraditório e ampla defesa.

Assim, o legislador reformador do CPC ao editar a Lei Federal nº 11.232/2005 teve como principal objetivo incorporar o processo de execução de título executivo judicial no bojo do processo conhecimento, transformando-o em etapa deste, acabando com a necessidade de ajuizamento de ação executiva autônoma, quando se tratar desta específica hipótese (título executivo judicial), uma vez que a resolução da lide, durante a etapa de cognição, traz, em tese, certeza absoluta no que tange à relação de débito e crédito.

Devemos lembrar que, tratando-se de título executivo extrajudicial, mister apresenta-se a necessidade de ajuizamento de ação executiva autônoma, com a utilização de processo de execução, pois há certeza relativa, no tocante à relação de débito e crédito (art. 585 do CPC), já que inexistiu manifestação prévia do Poder Judiciário sobre a hipótese, demandando assim no referido processo de execução a citação do devedor e a existência de um contraditório e ampla defesa mais aprofundado.

Diante desse panorama, o legislador, com a edição da Lei Federal nº 11.232/2005, inseriu no processo de conhecimento nova etapa, destinada ao cumprimento do título executivo judicial formado na etapa de cognição, estruturando-a de forma sincrética, colocando fim ao processo de execução de título executivo judicial, instaurado mediante ação executiva autônoma.

Desse modo, formado o título executivo judicial na etapa de cognição do processo de conhecimento e diante da inércia do devedor para observar os ditames da obrigação que lhe foi imposta pelo acertamento contido no referido título, passar-se-á à etapa de cumprimento, onde o executado será provocado pelo Poder Judiciário a cumpri-la especificamente, mediante o uso da coerção.

Contudo, olhando para a estruturação normativa da etapa de cumprimento com uma visão crítica, verificamos que na verdade ela demanda exercício do direito de ação, por parte do credor, não sendo efetivamente sincrética.

Isso porque o princípio do impulso oficial não é aplicável para dar início à etapa de cumprimento, que demanda necessariamente provocação, com requerimento por parte do credor nesse sentido, a fim de que o Poder Judiciário possa dar início aos atos de coerção para perseguir a realização específica da obrigação contida no título executivo judicial.

Ora, se há necessidade de provocação do Poder Judiciário para resolução de uma pretensão resistida, contida em título executivo judicial, estou defronte de típica hipótese de necessidade de exercício de direito de ação (art. 5º, XXXV, da CF), assim entendido como o direito público subjetivo da pessoa provocar o Poder Judiciário a prestar jurisdição, ou seja, sem a formulação de pedido expresso do credor para início da etapa de cumprimento o Poder Judiciário jamais prestará jurisdição de coerção.

Por exemplo, o credor de título executivo judicial que contém obrigação de pagar quantia em dinheiro no importe de R$ 100.000,00 (cem mil reais), que não paga pelo devedor ultrapassados 15 dias do trânsito em julgado da sentença ou acórdão base do referido título, só irá receber tal quantia mediante o uso da coerção jurisdicional se provocar o Poder Judiciário para tanto, nos termos do art. 475-J, *caput*, do CPC.

Ressalte-se, ainda, que se o credor nada pleitear ao Poder Judiciário, uma vez finda a etapa de cognição, o processo de conhecimento irá ao arquivo, aguardando provocação por parte do interessado.

A leitura do art. 475-J, *caput*, e seu § 5º é bem didática para ratificação do acima exposto:

> *Art. 475-J. Caso o devedor, condenado ao pagamento de quantia certa ou já fixada em liquidação, não o efetue no prazo de quinze dias, o montante da condenação será acrescido de multa no percentual de dez por cento e, a requerimento do credor e observado o disposto no art. 614, inciso II, desta Lei, expedir-se-á mandado de penhora e avaliação.*
> *(...)*
> *§ 5º Não sendo requerida a execução no prazo de seis meses, o juiz mandará arquivar os autos, sem prejuízo de seu desarquivamento a pedido da parte.*

Nesse sentido é a lição de Nelson Nery Junior e Rosa Maria de Andrade Nery, que afirmam com sabedoria que "evidentemente não se muda a natureza das coisas por simples alteração legislativa, de modo que execução continua sendo execução"[6].

Continuando, os citados autores apresentam os traços marcantes da etapa de cumprimento de título executivo judicial, quais sejam:

> *a) possuir atividade jurisdicional; b) ter natureza jurídica de ação; c) a ação de execução (pretensão executória) ser exercitável por meio de processo de execução, não autônomo, mas como continuação da ação de conhecimento, em cúmulo objetivo superveniente de ações (ação de conhecimento, ação de liquidação e ação de execução), todas num mesmo e único processo*[7].

---

[6] *Código de Processo Civil comentado e legislação extravagante.* 10. ed. rev., ampl. e atual. São Paulo: Revista dos Tribunais, 2007, p. 731.

[7] *Ibid.*, p. 731

Esse mesmo raciocínio vem sendo utilizado na prática forense em relação ao cumprimento da obrigação de fazer, não fazer e dar, não obstante partindo de uma interpretação literal dos arts. 461 e 461-A, do CPC, poderíamos afirmar que o título executivo judicial é executivo *"lato sensu"*, ou seja, o juízo competente para o cumprimento poderia *ex officio* dar início à etapa em questão.

Porém, a nosso ver, a prática caminha no sentido correto, pois não seria coerente nem sensato, dentro de uma interpretação sistemática do ordenamento processual civil vigente, combinando a dicção dos arts. 461 e 461-A com o art. 569, *caput,* todos do CPC, dar início *ex officio* ao cumprimento da obrigação de fazer, não fazer e dar, uma vez que o credor tem plena disposição em relação ao pleito de aplicação de medidas coercitivas para satisfação de ditas obrigações.

O art. 569, *caput,* do CPC é claro nesse sentido, quando observa:

> *Art. 569. O credor tem a faculdade de desistir de toda a execução ou de apenas algumas medidas executivas.*

Concluímos que, não obstante o atual cumprimento de título executivo judicial seja mera etapa do processo de conhecimento, continua com a natureza jurídica de ação, daí a importância do estudo da competência, condições da ação, pressupostos processuais, honorários advocatícios, sistema recursal etc., relativas à dita etapa de cumprimento.

10. Regime Jurídico Geral

É certo que o cumprimento de título executivo judicial tem natureza executória; e, portanto, são aplicáveis a ele todas as considerações e observações, relativas à teoria geral da execução.

Por outro lado, podemos afirmar que o cumprimento de sentença tem, também, suas peculiaridades; e é bom lembrar ainda que parte dessas peculiaridades é aplicável de forma geral a todos os procedimentos de cumprimento de sentença, quais sejam: obrigação de pagar; fazer, não fazer; e dar.

Dessa forma, doravante passaremos a ver, exatamente, esse conjunto de regras de caráter geral, que são aplicáveis a todos os procedimentos de cumprimento de sentença.

10.1. Cumprimento Voluntário

A etapa de cumprimento de título executivo judicial quer dizer cumprimento forçado, através do qual o Poder Judiciário, com o uso dos meios coercitivos existentes no ordenamento jurídico processual vigente, forçará o Executado a prestar a obrigação contida no referido título de forma específica. Porém, pode e deve o devedor cumpri-la voluntariamente.

Tanto é assim que, havendo cumprimento voluntário por parte do devedor, não poderá o credor fazer uso do cumprimento forçado, conforme determina o art. 581 do CPC.

Contudo, observe-se que o devedor deverá cumprir a obrigação exatamente como consta no título executivo judicial, sob pena de abrir ao credor a possibilidade de recusar o recebimento da prestação lá estabelecida, se ela não corresponder ao direito ou à obrigação; caso em que poderá valer-se do cumprimento forçado, ressalvando-se ao executado o direito de apresentar impugnação.

É recomendável que o cumprimento voluntário não seja feito diretamente ao credor, mas sim no bojo do processo de conhecimento, pois, se o credor recusar o recebimento da obrigação conforme prestada pelo devedor, a postura de boa-fé processual adotada pelo executado estará devidamente formalizada, em todos os seus termos.

10.2. Competência

Passaremos doravante à análise do regramento de vários institutos aplicados de forma geral e imprescindíveis para o estudo e manejo procedimental da etapa de cumprimento forçado.

Ora, a primeira dúvida que surge é: perante qual juízo competente deverei apresentar o título executivo judicial, que tenho em mãos, para ser submetido ao regime de cumprimento?

A competência consiste na divisão da função jurisdicional entre os vários órgãos que compõem o Poder Judiciário. Em outras palavras, competência nada mais é do que uma parcela da jurisdição que pode ser efetivamente exercida por um órgão ou grupo de órgãos do Poder Judiciário.

Nenhum juiz detém jurisdição para julgar todas as espécies de lide que surjam na vida em sociedade, mas sim, apenas, parcela delas, daí por que imprescindível saber se o juiz a quem está sendo dirigida a pretensão de cumprimento do título executivo judicial detém competência para aplicação da coerção ao caso concreto.

O estudo da competência, relativamente à etapa de cumprimento, é regrado sob dois enfoques legais. O disposto no art. 575 do CPC, que se aplica ao cumprimento de obrigação de fazer, não fazer e dar; e o disposto no art. 475-P do CPC, que se aplica ao cumprimento da obrigação de pagar.

Assim sendo, se o título executivo judicial contém imposição de obrigação de fazer, não fazer ou dar imposta ao devedor, poderá ser submetido a cumprimento, nos termos do art. 575 do CPC, perante os seguintes juízos:

> *Art. 575. A execução, fundada em título judicial, processar-se-á perante:*
>
> *I – os tribunais superiores, nas causas de sua competência originária;*
>
> *II – o juízo que decidiu a causa no primeiro grau de jurisdição;*
>
> *III* – (Revogado pela Lei nº 10.358, de 27/12/2001)
>
> *IV – o juízo cível competente, quando o título executivo for sentença penal condenatória ou sentença arbitral.*

A regra é que a obrigação de fazer, não fazer e dar esteja contida em título executivo judicial formado em etapa de cognição de demanda que correu originariamente perante o primeiro grau de jurisdição, ou seja, perante a Vara; por exemplo, ação de nulidade de cláusula contratual cumulada com obrigação de fazer em face de plano de saúde para prestação de determinada deverá ser cumprida, de forma sincrética, nos próprios autos, perante o juízo de primeira instância que prolatou a decisão exequenda, aplicando-se a regra do art. 575, inciso. II, do CPC.

A exceção é que obrigação de fazer, não fazer e dar esteja contida em título executivo judicial formado em etapa de cognição de demanda que correu originariamente perante o segundo grau de jurisdição; por exemplo, ação rescisória (art. 485 do CPC), a qual deverá ser cumprida, de forma sincrética, nos próprios autos, perante o Tribunal de Justiça ou Tribunal Regional Federal que prolatou a decisão exequenda, aplicando-se a regra do art. 575, inciso I, do CPC.

Por outro lado, se a obrigação de fazer, não fazer e dar está inserida no bojo de sentença penal condenatória ou sentença arbitral, a regra de competência está prevista no art. 575, III, do CPC, indicando que tais títulos executivos judiciais, como não precederam etapa de cognição prévia em processo de conhecimento, devem ser levados para cumprimento no juízo cível, que, em tese, seria competente para análise de eventuais lides de natureza cível que envolvessem o direito material de fundo, que seria eventualmente discutido pelas partes em ação de conhecimento próprio, caso não houvesse título ligando as, como credor e devedor.

Nesse sentido, partindo da situação jurídica donde se pretende extrair obrigação de dar de sentença penal condenatória que reconheceu o Réu como culpado por crime de lesão corporal dolosa, no sentido de fornecer à vítima par de próteses, verificamos que tal título executivo judicial, demonstrado pela cópia autenticada da decisão em questão e sua respectiva certidão de trânsito em julgado, deve ser levado a cumprimento ao juízo cível competente em tese para eventual ação cível de reparação de danos, qual seja, o do domicílio do credor (art. 100, parágrafo único, do CPC).

Por fim, o art. 484 do CPC, combinado com o art. 105, I, alínea *i*, da CF, disciplina a competência para análise do cumprimento da sentença estrangeira homologada pelo STJ, que contém determinação ao devedor da realização de obrigação de fazer, não fazer ou dar, nos seguintes termos:

> *Art. 484. A execução far-se-á por carta de sentença extraída dos autos da homologação e obedecerá às regras estabelecidas para a execução da sentença nacional da mesma natureza.*

Note-se que os termos do art. 483 do CPC não se encontram atualizados, a partir das modificações introduzidas no sistema processual civil, pela EC nº 45/2004 (Reforma do Poder Judiciário), onde pela modificação do art. 105, I, introduziu em seu bojo a alínea "i", da CF, transferindo a competência para homologação da sentença estrangeira do STF para o STJ, que agora detém tal mister.

Dessa maneira, uma vez homologada a sentença estrangeira pelo STJ, deverá ser cumprida da mesma forma que a sentença penal condenatória e arbitral, ou seja, no juízo cível competente, conforme analisamos acima.

O destaque reside na necessidade da utilização da chamada carta de sentença que para tanto nada mais é do que a prova da homologação da sentença estrangeira, a partir da sua certificação pela Secretaria da Presidência do STJ ou da Corte Especial (Resolução da Presidência do STJ nº 09/05), subscrita pelo Ministro Presidente do STJ ou relator, instruída com as principais peças da ação de homologação de sentença estrangeira, que indica a forma pela qual se materializa tal título executivo judicial, que deve ser levado ao juízo cível competente para cumprimento.

A fixação da competência em relação aos títulos executivos judiciais que contém obrigação de pagar está prevista no art. 475-P do CPC, que preleciona:

> *Art. 475-P. O cumprimento da sentença efetuar-se-á perante:*
> *I – os tribunais, nas causas de sua competência originária;*
> *II – o juízo que processou a causa no primeiro grau de jurisdição;*
> *III – o juízo cível competente, quando se tratar de sentença penal condenatória, de sentença arbitral ou de sentença estrangeira.*
> *Parágrafo único. No caso do inciso II do* caput *deste artigo, o exequente poderá optar pelo juízo do local onde se encontram bens sujeitos à expropriação ou pelo do atual domicílio do executado, casos em que a remessa dos autos do processo será solicitada ao juízo de origem.*

O legislador em relação à regra de competência para o cumprimento de título executivo judicial que indique obrigação de pagar utiliza-se de critérios muito semelhantes ao acima indicados, aplicáveis ao cumprimento de obrigação de fazer, não fazer e dar.

A novidade aqui está no parágrafo único do art. 475-P do CPC, que permite que o credor valha-se do juízo onde se encontram os bens do devedor, ou ainda do atual domicílio do executado, para efetivar a etapa de cumprimento em relação aos títulos executivos judiciais que imponham obrigação de pagar, descritos nos incisos I, III, V e VII do art. 475-N do CPC, a saber:

- a sentença proferida no processo civil;
- a sentença homologatória de conciliação ou de transação, ainda que inclua matéria não posta em juízo;
- o acordo extrajudicial, de qualquer natureza, homologado judicialmente; e
- o formal e a certidão de partilha, exclusivamente em relação ao inventariante, aos herdeiros e aos sucessores a título singular ou universal.

A viabilização da competência em questão dá-se mediante a remessa dos autos do feito judicial pelo juízo, onde teve trâmite a etapa de cognição do processo de conhecimento, para a autoridade judiciária onde tem domicílio o devedor ou onde se encontram os seus bens penhoráveis.

Devemos ressalvar o formal e a certidão de partilha, figuras jurídicas semelhantes à carta de sentença que, nada mais são, do que a certificação pelo cartório judicial onde correu a etapa de cognição do processo de conhecimento, em regra, inventário ou arrolamento, em que se decidiu por sentença quanto à partilha de bens, direito e obrigações entre as partes.

Nesses casos a parte credora, qual seja, determinado herdeiro, pode em relação a outro sucessor, que lhe deve determinada quantia em dinheiro constante da partilha, valer-se do parágrafo único do art. 475-P do CPC levando, ele próprio, o formal ou a certidão de partilha para dar cumprimento perante o juízo de domicílio do devedor ou onde este possui bens penhoráveis.

A regra constante no parágrafo único do art. 475-P do CPC deixa muito claro que a etapa de cumprimento, em verdade, tem natureza de ação, pois a legislação processual vigente permite, por exemplo, no caso específico da obrigação de pagar, que a coerção jurisdicional necessária para fazer valer a imposição contida no título executivo judicial seja prestada, não necessariamente, perante o juízo em que se processou a etapa de cognição, mas onde for mais favorável para a efetivação do uso da força por parte do Poder Judiciário, com vistas a concretizar o acertamento.

10.3. Condições da Ação

Como vimos acima, para se dar início à etapa de cumprimento, mister o exercício do direito de ação pelo credor, sem o qual o feito judicial em que se desenvolveu a etapa de cognição irá ao arquivo.

O credor pelo exercício do direito de ação irá pleitear ao Judiciário o uso do poder jurisdicional, através do manejo da coerção, privativa do Estado-juiz, de modo a mover o devedor ao cumprimento da obrigação contida no título executivo judicial.

Assim, outro aspecto geral vem a lume, qual seja, o estudo das condições para que o exercício dessa ação possa viabilizar a efetiva prestação jurisdicional por parte do Poder Judiciário, sem a qual não há falar em uso da coerção de modo a impor ao devedor a realização específica da obrigação de fazer, não fazer, dar ou pagar contida no título executivo judicial.

Desta maneira, na formulação do pleito de cumprimento de título executivo judicial devemos demonstrar ao juiz da causa que o direito de ação exercido e formalizado, objetivando a aplicação da coerção por parte do Poder Judiciário, reúne condições de sucesso.

Ora, não basta apresentarmos o pedido de cumprimento de título executivo judicial; precisaremos mais: teremos de demonstrar na petição inaugural que a pretensão formulada reúne as condições necessárias para viabilizar a prestação de coerção por parte do Poder Judiciário.

Nos termos do Código de Processo Civil, o direito de ação está clausulado ao preenchimento de determinadas condições, e somente presentes estas é que o juiz poderá utilizar-se da coerção, como forma de compelir o devedor a cumprir a obrigação contida no título executivo judicial.

Três são as condições da ação: legitimidade de parte (*ad causam*), interesse processual (interesse de agir) e possibilidade jurídica do pedido, que devem estar presentes quando da apresentação do pedido de cumprimento ao juízo competente.

A legitimidade de parte é a titularidade da ação (ativa e passiva); em outras palavras, é parte legítima quem se diz titular do crédito constante no título executivo judicial (Exequente), sendo demandado aquele que seja devedor da obrigação (Executado).

Para apresentação do pedido de cumprimento, deve o Exequente, nos termos do art. 3º do CPC, ter interesse de agir (processual), ou seja, deve demonstrar a necessidade de invocar a tutela jurisdicional fazendo uso da espécie de tutela coercitiva adequada ao caso.

A possibilidade jurídica do pedido pode ser vista como a previsão em abstrato, bem como a não-proibição expressa, no ordenamento jurídico, da tutela jurisdicional coercitiva pedida pelo Exequente.

Na etapa de cumprimento de título executivo judicial, falar em carência da ação é o mesmo que falar que o Exequente não preenche as condições da ação; ou falta uma ou mais de uma das condições da ação, o que implicará a extinção do pleito em questão sem resolução do mérito, com fundamento no art. 267, VI, do CPC.

Daí surge a necessidade do estudo da legitimidade, interesse de agir e possibilidade jurídica, relativamente ao pleito de cumprimento de título executivo judicial, o que faremos a seguir.

10.3.1. Legitimidade

De forma idêntica ao processo de execução de título executivo extrajudicial (art. 585 do CPC) poderão promover o cumprimento de título executivo judicial aquelas pessoas legitimadas ativamente pelo art. 566 do CPC, quais sejam:

- o credor a quem a lei confere título executivo;
- o Ministério Público, nos casos prescritos em lei.

Poderíamos falar, que a hipótese do inciso I, do art. 566, do CPC, prevê legitimação ativa ordinária, estabelecida na pessoa do favorecido pelo cumprimento da obrigação de fazer, não fazer, dar ou pagar inserida no título executivo judicial, que pode ser o Autor, no caso de procedência, mas também pode ser o Réu, no caso de improcedência, neste específico, no que tange ao crédito decorrente da verba de sucumbência.

No inciso II do art. 585, do CPC aparece situação de legitimação ativa extraordinária, conferida *ex vi legis* ao Ministério Público, quando, por exemplo, estamos defronte da necessidade de cumprimento de sentença genérica proferida no bojo de ação coletiva, de natureza meta-individual, proposta pelo *Parquet* com o intuito de ver reparado direito individual homogêneo (art. 81, III, do CDC) violado em larga escala no mercado de consumo, qual seja aquele em que é perfeitamente identificável seu titular e determinável seu objeto (defeito de fabricação de um veículo).

A sentença genérica que condena o fabricante do veículo a indenizar todos os proprietários dos veículos defeituosos deve ser, em regra, individualmente cumprida por cada consumidor, de modo a apurar e indenizar os danos sofridos por cada adquirente, porém, na inércia deles, o art. 100 do CDC, permite a atuação do Ministério Público.

No mesmo sentido, também, são legitimados ativos extraordinariamente, podendo promover o cumprimento ou nele prosseguir as pessoas descritas no art. 567 do CPC, a saber:

- o espólio, os herdeiros ou os sucessores do credor, sempre que, por morte deste, lhes for transmitido o direito resultante do título executivo;
- o cessionário, quando o direito resultante do título executivo lhe foi transferido por ato entre vivos;
- o sub-rogado, nos casos de sub-rogação legal ou convencional.

Uma dúvida que aparece na discussão da legitimação ativa, para dar início à etapa de cumprimento, é se o devedor teria legitimidade para provocar o Poder Judiciário de modo que ele dê início ao exercício da coerção.

A indagação tem pertinência, pois o então art. 570 do CPC, vigente anteriormente à edição da Lei Federal nº 11.232/2005, expressamente autorizava esta possibilidade, revogada pela nova legislação.

Ora, ainda que a Lei Federal nº 11.232/2005 tenha revogado expressamente o art. 570 do CPC, parece-nos que a interpretação mais correta, dentro de uma visão sistemática do ordenamento jurídico processual, é que ao devedor seja reconhecida a legitimidade para dar início à etapa de cumprimento forçado, em especial se possui, por exemplo, interesse em impugnar o título executivo judicial que lhe deu origem, livrando-se da obrigação nele contida, pois, caso contrário, ficaria escravizado ao capricho do credor de pleitear ou não o início do cumprimento em questão, enquanto isso veria contra si, pendência judicial, que, em regra, inviabiliza a obtenção de crédito e realização de inúmeros negócios jurídicos na vida civil.

A legitimação passiva ordinária será fixada na pessoa indicada como devedor, no título executivo judicial, como obrigada a fazer, não fazer, dar algo ou pagar quantia em dinheiro, conforme preceitua o inciso I, do art. 568 do CPC.

Por outro lado, são legitimados passivos extraordinariamente, podendo figurar como Executados no cumprimento ou, em face de eles prosseguirem com o procedimento já em curso, as pessoas descritas nos incisos II ao IV, do art. 568 do CPC, a saber:

- o espólio, os herdeiros ou os sucessores do devedor;
- o novo devedor, que assumiu, com o consentimento do credor, a obrigação resultante do título executivo;
- o fiador judicial; e
- o responsável tributário, assim definido na legislação própria.

10.3.2. Interesse de Agir

O interesse de agir para o cumprimento definitivo surge com a imutabilidade da sentença ou acórdão que deu margem ao título executivo judicial, aliado ao transcurso *in albis* do prazo lá indicado para o cumprimento voluntário, quando houver, momento em que torna-se exigível.

Assim, por exemplo, se no título executivo judicial consta que o devedor deve prestar a obrigação de fazer, não fazer ou dar no prazo de 30 dias, dado o trânsito em julgado, aparece o interesse de agir do credor em pleitear o início do cumprimento forçado com a intimação do devedor para cumprir a obrigação, no lapso temporal constante no título sob pena de imposição de multa diária (momento de início da coerção jurisdicional).

Por outro lado, se não constar na sentença ou no acórdão prazo para cumprimento voluntário da obrigação de fazer, não fazer ou dar, a partir do trânsito em julgado, pleitear que o devedor seja intimado a cumprir forçadamente sua prestação, em prazo a ser determinado, sob pena de multa diária (momento de início da coerção jurisdicional).

Na obrigação de pagar, o prazo de cumprimento voluntário está inserido no bojo do *caput* do art. 475-J do CPC, qual seja, 15 dias a partir do trânsito em julgado, que, se escoado *in albis,* dá margem ao pleito de cumprimento forçado por parte do credor, com majoração de multa de 10% sobre o valor do débito.

Aqui, o interesse de agir alia a necessidade da tutela executiva com a adequação da medida coercitiva.

O trânsito em julgado conjugado com o transcurso do prazo para o cumprimento voluntário caracteriza a necessidade do uso da tutela executiva por parte do credor.

Porém, não basta isso para aparecer o interesse de agir para o manejo do cumprimento, deve o credor utilizar-se do meio coercitivo apropriado.

Assim, não pode o credor pleitear a imposição da multa para que o devedor cumpra a obrigação de pagar, nem tampouco pode ser pedida a expropriação de bens, para exigir-se do executado o cumprimento da obrigação de fazer, não fazer ou dar.

No mesmo sentido, para os cumprimentos ditos ordinários não é possível o uso de outros meios coercitivos, como o pedido de prisão, admissível somente na execução de alimentos.

Enfim, se o credor pleitear meio coercitivo inapropriado para o cumprimento da obrigação que visa almejar, inviabiliza o seu interesse de agir.

Por fim, não podemos olvidar que o título executivo judicial, ainda inexigível, em determinadas situações pode ser submetido a cumprimento provisório, nos termos do art. 475-I, § 1º, do CPC, que assim determina:

> *Art. 475-I. O cumprimento da sentença far-se-á conforme os arts. 461 e 461-A desta Lei ou, tratando-se de obrigação por quantia certa, por execução, nos termos dos demais artigos deste Capítulo.*

§ 1º É definitiva a execução da sentença transitada em julgado e ***provisória quando se tratar de sentença impugnada mediante recurso ao qual não foi atribuído efeito suspensivo.*** (grifo nosso)

10.3.3. Possibilidade Jurídica do Pedido

No cumprimento de título executivo judicial a pretensão do credor envolve, basicamente, o pleito do uso da coerção por parte do Poder Judiciário, como meio de obtenção da prestação específica da obrigação de fazer, não fazer, dar ou pagar por parte do devedor, ou ainda quantia em dinheiro em favor do exequente.

Como vimos acima, os meios coercitivos ordinários apresentados pelo ordenamento jurídico processual são o uso da multa aliada a medidas de apoio (obrigação de fazer, não fazer e dar) e expropriação de bens (obrigação de pagar); e os extraordinários são a prisão do devedor de alimentos, o regime de pagamento das dívidas das pessoas jurídicas de direito público, através do regime de precatórios (art. 100 da CF), dentre outros.

Dessa forma, a par das medidas coercitivas legais, o credor não poderá utilizar-se de outros meios que entenda coercitivos, por mais eficazes que lhe pareçam; por exemplo, não pode o Exequente requerer ao Poder Judiciário que o devedor cumpra a obrigação de pagar, sob pena de prestar trabalhos forçados em favor do credor até que com seus serviços pague a dívida, pois tal pedido é juridicamente impossível no direito processual pátrio.

10.4. Pressupostos Processuais

Dentro do contexto do pedido de cumprimento, como exercício do direito de ação, poderíamos afirmar que se trata de um prolongamento da relação jurídica processual estabelecida na etapa de cognição do processo de conhecimento, agora com o início da etapa de cumprimento justificando, portanto nova análise dos denominados pressupostos processuais, que devem estar presentes, para que o processo, assim, suporte o uso da coerção como forma de obtenção da obrigação constante no título executivo judicial.

A necessidade do preenchimento dos pressupostos processuais fica ainda mais clara quando o título executivo judicial apresentado não passou pelo crivo anterior do Poder Judiciário cível, que é o que ocorre com a sentença arbitral imutável, sentença estrangeira homologada pelo STJ e sentença penal condenatória transitada em julgado, onde haverá inclusive a necessidade de citação prévia do devedor para o exercício da coerção jurisdicional, conforme determina o parágrafo único do art. 475 do CPC.

Da mesma maneira, o juiz não pode exercer coerção, se o Exequente formulou pedido de cumprimento perante o Poder Judiciário, sem advogado regularmente constituído (art. 13 do CPC), pois a relação jurídica processual aparecerá defeituosa.

É certo afirmar que o juiz somente irá se colocar a exercer a coerção, a exemplo do que ocorre com as condições da ação, como já vimos acima, se a relação jurídica processual em continuação ou formada entre Exequente, Executado e juiz reunir todos os seus pressupostos, pois, caso contrário, prestaria atividade jurisdicional em vão.

No exemplo debatido, o ordenamento normativo, em regra, entende que a pessoa comum não detém conhecimentos jurídicos técnicos para promover o pedido de cumprimento, restando prejudicada tal pretensão, na ausência de advogado para representação de seus interesses, contaminando e tornando imprestável o processo em que ocorra tal falha.

Entretanto, devemos na redação do pedido de cumprimento ter em mente que a legislação processual elenca uma série de pressupostos que devem estar presentes, de modo que o processo iniciado pela petição inaugural possa vingar.

Diante da dinâmica do processo, os seus pressupostos podem ser divididos em duas categorias: de existência e de desenvolvimento válido. É certo que a consequência da ausência de um dos pressupostos processuais de existência será a de gerar um processo inexistente, assim como a ausência de um dos pressupostos de validade será a de gerar um processo nulo.

Os pressupostos de existência são os requisitos necessários para o ingresso da atividade processual no sistema jurídico, ou seja, são aqueles cuja ausência importa na *inexistência da relação jurídica* processual.

São reputados como pressupostos processuais de existência da relação jurídica processual:

a) demanda – no nosso caso a apresentação do pedido de cumprimento por parte do credor, sem o qual a etapa de cumprimento não se iniciará, pois a movimentação da máquina do Poder Judiciário inerte só começa pelo exercício do direito de ação;
b) jurisdição – órgão judicante, ainda que incompetente, pois sem Poder Judiciário não há falar em processo;
c) citação ou intimação válida – realizada de acordo com os ditames do CPC, respectivamente pelos termos dos arts. 213 a 233 e arts. 234 a 242, pois, em face dos princípios da ampla defesa e contraditório, devo oportunizar adequadamente manifestação ao devedor em relação ao uso da coerção por parte do Poder Judiciário; e
d) capacidade postulatória, que, como já vimos, é exercida por advogado.

Porém, não basta existir processo, ele deve ser válido, daí surgem os pressupostos de validade da relação jurídica processual. Tais pressupostos são responsáveis pela validade da relação jurídica processual e são classificados sob dois aspectos – *positivos* e *negativos*:

São pressupostos processuais de validade positivos:

a) pedido de cumprimento regular, apto, aquele que preenche, por exemplo, os requisitos constantes no art. 475-J, do CPC;
b) competência do juízo;
c) imparcialidade do juiz, ou seja, que não está suspeito (art. 135 do CPC), nem impedido (art. 134 do CPC) para julgar; e

d) capacidade processual, nos termos dos arts. 1º, 3º, 4º e 5º do CC e 12, do CPC.

No mesmo sentido, são pressupostos processuais de validade negativos, no que tange à etapa de cumprimento:

a) litispendência, quando já há idêntico pedido de cumprimento de título executivo judicial previamente proposto, pendente de resolução (art. 267, V, do CPC, e art. 301, §§ 1º, 2º e 3º, do CPC); e
b) coisa julgada, quando já há pedido de cumprimento de título executivo judicial previamente proposto e resolvido (art. 267, V, do CPC, e art. 301, § 3º, do CPC).

Dessa forma, importantíssimo que o Credor, quando da elaboração da petição de cumprimento, verifique se, além de observar as condições da ação, está tomando todas as providências necessárias para preencher os pressupostos processuais, sob pena de, na ausência de um ou de outro, o cumprimento ser extinto sem resolução do mérito, com fundamento no art. 267, I, IV e VI, do CPC.

10.5. Cumulação de Cumprimentos

Continuando, devemos observar que não raro o título executivo judicial apresenta duas espécies de obrigações a serem cumpridas pelo devedor, ou seja, quando há imposição, por exemplo, de obrigação de pagar quantia em dinheiro e obrigação de fazer ao devedor; ou, ainda, que excepcionalmente o credor tenha mais de um título executivo judicial contra o mesmo devedor.

O art. 573 do CPC apresenta os parâmetros para as situações de cumulação de pedidos e de ações de cumprimento, quando observa:

> *Art. 573. É lícito ao credor, sendo o mesmo o devedor, cumular várias execuções, ainda que fundadas em títulos diferentes, desde que para todas elas seja competente o juiz e idêntica a forma do processo.*

Verificamos, portanto, que a identidade de procedimento (forma de processo) é o parâmetro que deve ser utilizado para amparar a cumulação de pedidos; e a competência é o paradigma a ser utilizado para viabilizar a cumulação de ações de cumprimento (títulos diferentes).

Assim, imaginemos uma situação em que, em decorrência de ação de conhecimento, na etapa de cognição, o devedor aparece obrigado a pagar 30 dias de multa diária no importe de 01 (hum) salário por descumprimento de antecipação de tutela; e que ao final recebeu na sentença uma condenação de 200 (duzentos) salários mínimos a título de indenização por danos morais. Ora, temos aí duas obrigações de pagar, decorrentes da etapa de cognição, sendo que na etapa de cumprimento poderão tais pedidos ser cumulados num mesmo procedimento de cumprimento de obrigação de pagar quantia certa.

Contudo, se o título executivo judicial apresenta obrigações de naturezas distintas, ou seja, obrigação de fazer e pagar, quando, p. ex., condena o vizinho a edificar muro divisório de arrimo e a quitar o montante de R$ 200.000,00 (duzentos mil reais) face aos danos materiais causados no imóvel lindeiro, não há como o credor cumular no mesmo pleito de cumprimento ambas as parcelas de obrigações, pois cada qual segue procedimento determinado.

Já, por outro lado, se sou credor de um mesmo devedor, porém, em decorrência de títulos executivos judiciais diversos, é possível a cumulação de ações de cumprimento, caso o juízo perante o qual deverá ser processada a etapa de cumprimento mostrar-se competente para a prestação jurisdicional coercitiva em relação a ambos os títulos; e desde que cada qual imponha obrigação ao devedor, que tramite sob o mesmo rito.

Desta forma, se na condição de credor sou titular de um crédito constante em sentença arbitral e de outro em sentença estrangeira homologada pelo STJ, poderei levar ambos os títulos executivos judiciais em questão para cumprimento perante o juízo onde encontram-se localizados os bens do devedor (art. 475-P, parágrafo único do CPC), ofertando um único pedido de cumprimento.

10.6. Das causas de Suspensão e Extinção do Cumprimento

10.6.1. Da Suspensão

Ao regime jurídico geral do cumprimento de sentença aplica-se o disposto no art. 791 do CPC, quanto às causas suspensivas de seu procedimento.

Dessa forma, suspende-se o cumprimento de título executivo judicial:

- no todo ou em parte, quando recebida com efeito suspensivo a impugnação, nos termos previstos no art. 475-M, segunda parte, do CPC; ou ainda
- nas hipóteses previstas no art. 265, I a III, do CPC, ou seja: a) pela morte ou perda da capacidade processual de qualquer das partes, de seu representante legal ou de seu procurador; b) pela convenção das partes, quando o juiz declarará suspensa a execução durante o prazo concedido pelo credor, para que o devedor cumpra voluntariamente a obrigação, sendo que, findo tal prazo, sem cumprimento da obrigação, o processo retomará o seu curso (art. 792, do CPC); e c) quando for oposta exceção de incompetência do juízo, da câmara ou do tribunal, bem como de suspeição ou impedimento do juiz; e
- quando o devedor não possuir bens penhoráveis.

Durante o lapso temporal em que se encontrar suspenso o cumprimento, nos termos do art. 793 do CPC, é defeso praticar quaisquer atos processuais, porém o juiz deverá ordenar providências cautelares urgentes, por exemplo no que tange à conservação do bem penhorado.

10.6.2. Da Extinção

No mesmo sentido, ao regime jurídico geral do cumprimento de sentença aplica-se o disposto no art. 794 do CPC, quanto às causas extintivas de seu procedimento.

São entendidas como hipóteses de extinção do cumprimento:

- a satisfação da obrigação, submetida à etapa de cumprimento de título executivo judicial, por parte do devedor;
- a obtenção da remissão total da dívida pelo devedor mediante transação com o credor ou por qualquer outro meio; e quando
- o credor renunciar ao crédito.

Nessa medida, a coerção extingue-se quando o devedor diretamente quitou sua obrigação de fazer, não fazer, dar ou pagar inserida no título executivo judicial, o qual foi submetido à sua etapa de cumprimento; ou ainda, indiretamente por outro meio, por exemplo: acordo, novação, dação em pagamento, que faça menção expressa ao título executivo judicial, dando-lhe quitação.

Pode, ainda, o Exequente, durante o trâmite da relação jurídica processual da etapa de cumprimento, renunciar ao crédito posto em juízo.

A renúncia só tem cabimento nas demandas que envolvam direitos disponíveis, pois, tratando-se de direitos indisponíveis, ela não será viável, e em sendo realizada não surtirá efeito algum, como, por exemplo, ocorre, com o menor que, através de sua representante legal, renuncia ao crédito alimentar (art. 1.707 do CC).

A renúncia pode ser feita em qualquer momento na etapa de cumprimento, não podendo o devedor manifestar-se contra o seu exercício, desde que cabível.

Por fim, não podemos olvidar que as hipóteses extintivas da etapa de cumprimento de título executivo judicial somente produzem efeito no seu bojo, se declaradas por sentença (art. 795 do CPC).

10.6.2.1. Da Carência do Pedido de Cumprimento e da Ausência dos Pressupostos da Relação Jurídica Processual Relativa à Etapa de Cumprimento

É sabido que a etapa de cumprimento, como observamos acima, submete-se a verificação das condições do exercício do direito de ação relativamente ao pleito de cumprimento de título executivo judicial, além da análise dos pressupostos processuais relativos a esse momento procedimental.

Assim, não obstante fora do rol do art. 794, I, do CPC, a etapa de cumprimento, uma vez iniciada, será extinta, por sentença, sem aplicação da coerção estatal, se ausentes condições da ação ou pressupostos processuais.

É certo que, uma vez regularizado o equívoco quanto às condições da ação ou pressupostos processuais, o pleito de cumprimento de título executivo judicial poderá ser reapresentado, dando margem ao exercício jurisdicional de coerção.

10.6.2.2. Da Desistência

O credor, uma vez formalizado o pedido de cumprimento, pode desistir de seus termos, ou ainda dispor dos meios coercitivos que lhe são ofertados pelo ordenamento jurídico processual.

O art. 569 do CPC disciplina o procedimento de desistência da execução ou de seus meios coercitivos por parte do credor, da seguinte forma:

> *Art. 569. O credor tem a faculdade de desistir de toda a execução ou de apenas algumas medidas executivas.*
> *Parágrafo único. Na desistência da execução, observar-se-á o seguinte:*
> *a) serão extintos os embargos que versarem apenas sobre questões processuais, pagando o credor as custas e os honorários advocatícios;*
> *b) nos demais casos, a extinção dependerá da concordância do embargante.*

Inicialmente, no que concerne aos meios coercitivos, o credor não está atrelado a amarras legais, sendo prerrogativa sua fazer uso deles da maneira que melhor lhe aprouver, desde que compatível com aquela espécie de obrigação, assim, por exemplo, o credor de alimentos, caso não queira utilizar-se da prisão do devedor (art. 733 do CPC), pode optar pelo cumprimento do título executivo judicial exclusivamente mediante a penhora de bens.

Agora, para desistir da execução como um todo, o cenário muda um pouco, pois, se o devedor já foi intimado ou citado, quando for o caso, acerca dos termos do cumprimento e apresentou impugnação, mister apresenta-se a análise do conteúdo (art. 475-L do CPC) da impugnação:

a) se tal manifestação tem enfoque meramente processual, p. ex. discute-se a impenhorabilidade do bem de família, o credor poderá desistir da execução, desde que arque com as custas e honorários advocatícios;
b) porém, se o conteúdo da impugnação tem enfoque meritório, no que tange a obrigação contida no título, p. ex. a alegação de inconstitucionalidade da coisa julgada, o credor somente poderá desistir com a anuência do devedor;
    b.1) isso porque, uma vez formada integralmente a relação jurídica processual da etapa de cumprimento, com a apresentação de impugnação de caráter meritório por parte do devedor acerca dos termos do uso da coerção por parte do Poder Judiciário, o executado tem direito à efetiva prestação da tutela jurisdicional, a fim de que o título executivo judicial, cuja obrigação pleiteia o exequente, seja efetivamente rechaçado pelo Poder Judiciário, na medida em que a homologação da desistência da etapa de cumprimento pelo juiz da causa faz resolver o cumprimento, sem aplicação da coerção (art. 267, VIII, do CPC), permitindo a futura reapresentação do pleito por parte do demandante.

10.7. Da Sucumbência

Por fim, como aspectos gerais do cumprimento de título executivo judicial, cabe observar que, seja qual for a sua espécie (de obrigação de fazer ou não fazer; dar ou pagar quantia certa), deverá o devedor suportar todas as despesas e custas processuais decorrentes desta etapa processual, assim como deverão ser fixados honorários advocatícios em favor do credor.

Outro raciocínio levaria ao total desrespeito em relação ao poder jurisdicional, como veremos a seguir.

Ora, o suporte das custas e despesas processuais pelo devedor tem previsão legal no art. 20, *caput,* §§ 1º e 2º, do CPC.

Já a condenação do perdedor da demanda em honorários advocatícios, também prevista no art. 20, *caput,* §§3º e 4º, do CPC, tem como objetivo precípuo apenar aquele litigante que injustificadamente opôs resistência ao interesse subordinante do outro litigante, assim reconhecido como tal pela jurisdição, dando margem a necessidade do uso do Poder Judiciário para tanto.

Nessa medida, tanto autor como réu podem aparecer como titulares de interesse subordinado, no título executivo judicial, devendo suportar a verba honorária, o primeiro porque usou indevidamente da jurisdição, sem ser titular de pretensão resistida (autor), o segundo porque fez necessária a utilização da jurisdição para afastar a resistência indevida (réu) a uma pretensão.

Na etapa de cumprimento ocorre o mesmo fenômeno, pois o devedor tem a oportunidade de cumprir voluntariamente a obrigação, porém se faz opção por quedar-se inerte ou ofertar prestação diversa daquela que consta no título executivo judicial, deve ser apenado por tal conduta, de sorte que fez movimentar a máquina do Poder Judiciário para intervir coercitivamente de modo a entregar ao credor a obrigação conforme determinado especificamente no mencionado título.

Nesse sentido vem caminhando a jurisprudência do STJ, conforme observamos do v. acórdão da lavra do Min. Humberto Gomes de Barros, da 3ª Turma do STJ, proferido no bojo do Recurso Especial nº 987.388/RS, publicado no *DJE.* em 26/06/2008, cuja ementa assim preleciona:

> Cumprimento de Sentença – Honorários advocatícios – Cabimento.
> – São devidos honorários advocatícios no pedido de cumprimento de sentença.

Caminhando pela mesma trilha, encontramos outro v. acórdão, agora da lavra do Min. Sidnei Benetti, também da 3ª Turma do STJ, no Recurso Especial nº 1.050.435, publicado no *DJE* em 20/06/2008, cuja ementa observa:

> Processual civil. Fixação de honorários na fase de cumprimento da sentença. Cabimento. Recurso especial provido.
> Muito embora o capítulo do cumprimento de sentença seja omisso quanto à fixação da verba honorária, a interpretação sistemática e teleológica da norma conduz ao entendimento de que é cabível arbitramento de honorários.
> Recurso especial provido.

Por fim, devemos mencionar, ainda, o v. acórdão cuja relatoria ficou a cargo da Min. Nancy Andrighi da 3ª Turma do STJ, no Recurso Especial nº 978.545/MG, publicado no *DJE* em 01/04/2008, cuja ementa, didaticamente, apresenta outras sólidas argumentações, além das já acima mencionadas:

Processo Civil. Cumprimento de sentença. Nova sistemática imposta Pela lei nº 11.232/05. Condenação em honorários. Possibilidade.
- O fato de se ter alterado a natureza da execução de sentença, que deixou de ser tratada como processo autônomo e passou a ser mera fase complementar do mesmo processo em que o provimento é assegurado, não traz nenhuma modificação no que tange aos honorários advocatícios.
- A própria interpretação literal do art. 20, § 4º, do CPC não deixa margem para dúvidas. Consoante expressa dicção do referido dispositivo legal, os honorários são devidos "nas execuções, embargadas ou não".
- O art. 475-I, do CPC, é expresso em afirmar que o cumprimento da sentença, nos casos de obrigação pecuniária, se faz por execução. Ora, se haverá arbitramento de honorários na execução (art. 20, § 4º, do CPC) e se o cumprimento da sentença se faz por execução (art. 475, I, do CPC), outra conclusão não é possível, senão a de que haverá a fixação de verba honorária na fase de cumprimento da sentença.
- Ademais, a verba honorária fixada na fase de cognição leva em consideração apenas o trabalho realizado pelo advogado até então.
- Por derradeiro, também na fase de cumprimento de sentença, há de se considerar o próprio espírito condutor das alterações pretendidas com a Lei nº 11.232/05, em especial a multa de 10% prevista no art. 475-J do CPC. De nada adiantaria a criação de uma multa de 10% sobre o valor da condenação para o devedor que não cumpre voluntariamente a sentença se, de outro lado, fosse eliminada a fixação de verba honorária, arbitrada no percentual de 10% a 20%, também sobre o valor da condenação.
Recurso especial conhecido e provido.

10.8. Sistema recursal

Na etapa de cumprimento o sistema recursal é simplificado, basicamente, limitado ao manejo do agravo de instrumento previsto nos arts 524 a 529, do CPC, a ser apresentado pela parte que se sentir prejudicada pelas decisões interlocutórias (art. 162, § 2º, do CPC) proferidas em seu trâmite, independentemente da análise de se tratar de decisão suscetível de causar à parte lesão grave e de difícil reparação, bem como seja caso de inadmissão da apelação ou relativo aos efeitos em que a apelação é recebida (art. 522 do CPC).

A apresentação de agravo retido pela parte prejudicada é descabida, pois o desfecho da etapa de cumprimento dá-se mediante prolação de sentença, com fulcro no art. 794 do CPC, que, em regra, limita-se a reconhecer que a obrigação constante no título executivo judicial foi cumprida, após o uso da coerção jurisdicional, ou seja, quando resolvida a etapa de cumprimento, é certo que o credor já obteve a satisfação da prestação que buscava, o que torna rara eventual apresentação de apelação, inviabilizando eventual análise de agravo retido porventura interposto (art. 523, *caput,* do CPC).

Cumpre esclarecer que, excepcionalmente, poderá ser interposto recurso de apelação da decisão que resolve a etapa de cumprimento, com fundamento no art. 794 do CPC, quando impertinente a sua aplicação; por exemplo, se o juiz da causa reconhece que o executado cumpriu integralmente a obrigação de pagar, porém resta resíduo de débito em aberto.

Por fim, devemos ressaltar que havendo manejo de impugnação por parte do Executado: da decisão que a resolver cabe agravo de instrumento, salvo se gerar a extinção do cumprimento, quando então dará margem à apelação (art. 475-M, § 3º, do CPC).

CAPÍTULO 2

Fase de Liquidação

1. Introdução

O título executivo judicial ilíquido deve ser submetido à fase prévia de liquidação, onde será devidamente quantificada e qualificada, se for o caso, a obrigação inserida no bojo da sentença ou acórdão, base da coisa julgada, a fim de que o credor possa, posteriormente, adentrara a etapa de cumprimento.

Não custa lembrar, já vimos anteriormente, que o ordenamento jurídico processual não permite que o título executivo extrajudicial seja submetido à fase de liquidação.

Veremos adiante, porém, que o legislador reformador não foi muito preciso nas modificações introduzidas nesta seara, deixando o intérprete, em algumas situações específicas, em posição de dúvida, ao tentar extrair o real alcance do texto legal se observados os ditames literais da norma, forçando-o a uma interpretação sistemática do novo regramento.

2. Conceito

A liquidação pode ser conceituada como a fase processual viabilizadora da etapa de cumprimento, pleiteada pelo exequente, que tem como objetivo quantificar, e se for o caso qualificar, a obrigação de pagar, fazer, não fazer ou de dar, a ser prestada pelo executado em favor do credor, contida em título executivo judicial ilíquido.

Apresentada a conceituação, passaremos doravante a analisá-la com maior detalhamento.

2.1. Cabimento

Como vimos, a liquidez do título executivo judicial reside em especial na exata delimitação da quantificação e qualificação da espécie de obrigação (certeza) contida no título executivo judicial.

2.1.1. Título Judicial líquido

Nesses termos, se na sentença ou acórdão, base da coisa julgada, consta que o Réu deve prestar um fazer, no sentido, p. ex., de edificar cerca suficientemente robusta para impedir que o seu gado adentre a fazenda vizinha do Autor, para se efetivar o cumprimento desta obrigação, necessariamente o título executivo judicial deverá ser submetido a liquidação para apuração por arbitramento, através do uso de perícia, da qualidade da obra a ser edificada e da quantidade em metros da cerca a ser construída.

Mais uma vez devemos trazer à baila as reflexões de Sérgio Shimura, que quanto à liquidez esclarece:

> O título é líquido quando contém a determinação da importância da prestação (*quantum*).
>
> (...)
>
> É líquida a dívida quando a importância se acha determinada em todos os seus elementos de quantidade (dinheiro) e qualidade (coisas diversas do dinheiro), natureza e espécie (prestação de fato)[8].

Contudo, uma interpretação literal do art. 475-A, *caput,* do CPC deixa impressão no sentido de que a fase de liquidação somente é pertinente se a sentença ou acórdão, base da coisa julgada, não determinar o valor devido, em decorrência da obrigação nele contida.

Devemos interpretar o *caput* do art. 475-A do CPC de maneira extensiva, de modo a entender a expressão "valor", existente no seu bojo, como a apuração da quantificação, e da qualificação, se for o caso, da obrigação inserida no título executivo judicial, sob pena de chegarmos à conclusão equivocada e esvaziarmos parcela significativa de títulos executivos judiciais, em especial as sentenças e acórdãos genéricos, que inclusive possuem autorização para assim serem proferidos pelos incisos do art. 286, do CPC.

Por exemplo, peguemos a situação em que no título executivo judicial consta acertamento genérico, condenando o Réu a tomar todas as providências cabíveis no sentido de reparar o erro médico causado ao Autor, não sendo possível determinar, de modo definitivo, naquele momento, as consequências do ato imperito praticado pelo devedor, pois o autor é menor e as sequelas ainda não estão consolidadas.

Neste caso, se interpretássemos a expressão "valor" somente na acepção de quantificação, essa vítima em sede de liquidação por artigos não poderia pleitear em face do Réu a entrega de eventual prótese necessária para a recuperação de seus movimentos, tendo em vista a indevida amputação ocorrida, como obrigação de dar a ser cumprida pelo devedor, sob pena de multa diária.

2.1.1.1. Proibição para Algumas Sentenças Proferidas em Procedimento Comum Sumário

O legislador reformador preocupou-se estranhamente em vedar a prolação de sentença ilíquida em processo de conhecimento que corre pelo rito sumário, nos termos do § 3º do art. 475-A do CPC, quando a matéria posta em lide envolve:

---

[8] *Título executivo*, 1997, cit., p. 138 e 139.

- ressarcimento por danos causados em acidente de veículo de via terrestre; e
- cobrança de seguro, relativamente aos danos causados em acidente de veículo, ressalvados os casos de processo de execução.

Certamente, restringiu o legislador reformador seu pensamento às hipóteses de reparação de danos por acidente de veículos, sem vítimas, onde os prejuízos que surgem são puramente de natureza material, relativas aos veículos envolvidos no sinistro.

Nesses casos, o que pretendeu o CPC é obrigar o lesado a indicar nos autos o valor em pecúnia que pretende ver ressarcido pelo causador do acidente ou pela seguradora, mediante a exibição de 03 (três) orçamentos dos danos ocasionados ao veículo sinistrado, proibindo o Juiz de prolatar sentença ilíquida, ou seja, adiar essa discussão para a fase de liquidação.

Ocorre que o legislador esqueceu-se de que quando o acidente de veículo gera vítimas, estas por sua vez podem sofrer danos físicos e psíquicos, que gerem sequelas que, no momento da prolação da sentença, ainda não se encontram consolidadas, viabilizando assim a prolação de sentença genérica, nos termos do art. 286, inciso II, do CPC.

Enfim, ocorrendo a situação concreta descrita no art. 475-A, § 3º, do CPC, a solução preconizada pelo dispositivo legal em comento é perigosa, pois sugere ao Juiz fixar, de plano, a seu prudente critério, o valor devido.

Contudo, pergunta-se com base em qual parâmetro? Na prática, qual Magistrado se sentiria confortável em aplicar a norma em questão?

Parece-nos que a melhor solução seria que o Magistrado, verificando a ocorrência da hipótese descrita no art. 475-A, § 3º, do CPC, ao despachar a inicial, determinasse a sua emenda para que o Autor especifique o valor pretendido, sob pena de conversão do rito em ordinário, nos termos do art. 277, §§ 3º e 4º, do CPC.

2.1.2. Parcialmente líquido

Continuando, pode ainda o credor deparar-se como favorecido de título executivo judicial que imponha ao devedor mais de uma prestação, sendo uma obrigação líquida, suscetível de imediato cumprimento; e outra ilíquida, que demandará fase de liquidação.

O título executivo judicial pode, por exemplo, condenar o Réu a entregar ao Autor veículo modelo "X", marca "Y", zero Km, tendo em vista o defeito insolúvel do produto adquirido por taxista, além de reparar o credor pelos dias de serviços parados, cujo montante será apurado em fase de liquidação.

Na hipótese em estudo, o CPC esclarece, pelos termos do art. 475-I, § 2º, do CPC, que quando no título executivo judicial, decorrente de etapa de cognição de processo de conhecimento, houver uma parte líquida e outra ilíquida, ao credor é lícito promover simultaneamente a execução daquela e, em autos apartados, a liquidação desta.

Em verdade, o que pretende o legislador é que a etapa de cumprimento e a liquidação não corram nos mesmos autos, daí por que indica que o credor deve cumprir a parte líquida do título executivo judicial, nos autos em que correram a etapa de cognição do processo de conhecimento e, em apartado, a liquidação.

Porém, se a parte líquida impõe obrigação de pagar ao devedor e o credor optou por cumprir o título no juízo, onde o Réu possua bens penhoráveis (art. 475-P, parágrafo único, do CPC), não há nenhum óbice para que a liquidação da obrigação de fazer ocorra nos próprios autos, onde se desenvolveu a etapa de cognição do processo de conhecimento.

3. Objeto da liquidação

A fase de liquidação deve ter, necessariamente, como objeto apenas a quantificação, e, se for o caso, a qualificação da obrigação imposta ao devedor, devidamente inserida em título executivo judicial, obrigação esta que o credor objetiva levar a cumprimento judicial forçado.

Assim, é defeso, veementemente, pelos termos do art. 475-G do CPC, ao credor, na fase liquidação, discutir de novo a lide ou modificar a sentença que a julgou.

3.1. Espécies de Liquidação

O título executivo judicial ilíquido pode ser liquidado mediante fase de liquidação que pode desenvolver-se através de dois procedimentos distintos:

a) por arbitramento, onde, para quantificação e, se for o caso, a qualificação da obrigação constante no título executivo judicial, far-se-á uso de perícia; ou
b) por artigos, onde, para quantificação e, se for o caso, a qualificação da obrigação constante no título executivo judicial, far-se-á necessária a demonstração de fato novo, porém desde que isso não implique discutir novamente a lide ou modificar a sentença que a julgou.

Quando o título executivo judicial for liquidável por cálculos, para apuração do montante devido pelo devedor, basta a elaboração de planilha de cálculo por parte do credor, não havendo propriamente uma fase processual revestida de contraditório e ampla defesa voltada para liquidação.

A partir desse panorama podemos afirmar que existem duas espécies de liquidaçao, quais sejam: por arbitramento e por artigos.

4. Natureza Jurídica da Fase de Liquidação

A exemplo do que fez no que tange à autonomia, da outrora ação executiva de título judicial, incorporando-a ao processo de conhecimento, o legislador reformador desenhou a liquidação como fase preparatória da etapa de cumprimento, a ser procedimentalizada no bojo do dito processo de conhecimento, após a formação da coisa julgada ilíquida e antes do início da referida etapa de cumprimento propriamente dita.

Antes da edição da Lei Federal nº 11.232/2005, que modificou a execução do título executivo judicial, criando a etapa de cumprimento no processo de conhecimento, já havia dissenso doutrinário e jurisprudencial quanto à natureza jurídica da liquidação, alguns capitulando-a como um prolongamento do processo de conhecimento, outros considerando-a como ação autônoma.

Não obstante as recentes modificações legislativas, também, introduzidas na liquidação de título executivo judicial, a resposta não é tão fácil assim, e como veremos abaixo, dependendo da espécie de liquidação necessária, ela aparecerá como mera fase ou verdadeiro exercício do direito de ação.

Nelson Nery Junior e Rosa Maria de Andrade Nery entendem que a liquidação possui natureza jurídica de ação:

> Mesmo sendo ação, a atual sistemática empreendida pela L 11232/05 simplifica e agiliza a liquidação, de modo a dar-lhe rito procedimental mais expedito, sem a autonomia e independência que havia no regime do revogado CPC 603/611. Mas isso não lhe retira a natureza jurídica de ação, que se exerce, contudo, dentro do mesmo processo, entendido este como sendo o conjunto formado pela cumulação de todas as pretensões e ações que se desenvolvem em *simultaneus processus*, sem instaurar nova relação jurídica processual. [9]

A nosso ver, é certo que todas as espécies de liquidação, quais sejam, por arbitramento ou por artigos, aparecem como fase preparatória da etapa de cumprimento, implicando porém verdadeiro exercício do direito de ação por parte do interessado.

Isso porque em relação à fase de liquidação aparece muito claramente a aplicação do princípio da inércia da jurisdição vinculado ao princípio dispositivo do direito de ação, insculpido nos arts 5º, XXXV, da CF, combinado com o art. 2º, do CPC, ou seja, caso o interessado não provoque o Poder Judiciário para que aplique tutela jurisdicional de modo a liquidar o título executivo judicial, isso não ocorrerá *ex officio*.

5. Competência

A fase de liquidação deverá ser iniciada pelo credor do título executivo judicial ou legitimado para tanto, nos termos da lei processual, como veremos adiante, e terá seu trâmite perante juízo competente para tanto.

Contudo, diferentemente do que faz o legislador em relação à etapa de cumprimento, no que tange à fase de liquidação, o CPC nada fala em relação ao órgão jurisdicional competente para sua análise.

---

[9] *Código de Processo Civil comentado e legislação extravagante*, cit., p. 720.

Como vimos anteriormente, a fase de liquidação é preparatória ao início da etapa de cumprimento. A partir desse enfoque, poderíamos afirmar que inexiste cumprimento de título executivo judicial total ou parcialmente ilíquido, sem prévio manejo da fase de liquidação, sendo certo que no mesmo sentido não há que se falar em liquidação de título executivo judicial sem que haja pretensão por parte do credor de vê-lo no futuro submetido à etapa de cumprimento.

Assim, não há como dissociarmos cumprimento de título executivo judicial ilíquido de sua prévia liquidação, o que nos permite afirmar que a fase de liquidação deve seguir as mesmas regras de competência, que vimos acima, em relação à etapa de cumprimento.

Exemplificativamente, podemos indagar, onde será submetida à fase de liquidação a sentença penal condenatória que imponha obrigação de pagar? A resposta será: no juízo cível, que, em tese, seria competente para análise de eventuais lides que envolvessem o direito material que deu origem ao referido título executivo judicial, nos termos do art. 475-P, inciso III, do CPC.

6. Condições da Ação, Pressupostos Processuais e Sucumbênciais

Continuando, é importante ressaltar que todas as considerações apresentadas anteriormente, relativamente à etapa de cumprimento, no que concerne às condições da ação, pressupostos processuais e honorários advocatícios são aplicáveis à fase de liquidação de título executivo judicial.

Assim, quanto ao tema condições da ação, para dar início à fase de liquidação, poderá promovê-la o espólio do credor inserido no título executivo judicial ilíquido, nos termos do art. 567, I, do CPC, por exemplo, em face do novo devedor, que assumiu, com o consentimento do credor falecido, a obrigação resultante do mencionado título (art. 568, III, do CPC).

Cabe destacar, também, que o devedor que pretende cumprir voluntariamente a obrigação contida no título executivo judicial ilíquido terá legitimidade e interesse de agir para dar início à fase de liquidação, desde que esclareça tal intuito na apresentação do seu pleito liquidatório, como forma de viabilizar o cumprimento voluntário da obrigação.

No mesmo sentido, no que concerne aos pressupostos processuais, seguindo o nosso exemplo, o inventariante dos bens do credor falecido deverá apresentar de forma apta (art. 282, cumulado com o art. 295, I e seu parágrafo único, todos do CPC), por exemplo, a petição inaugural da fase de liquidação por artigos.

Por fim, na fase de liquidação, no que tange à condenação do vencido nas verbas de sucumbência, dada sua natureza jurídica de ação, poderíamos afirmar que não só as despesas e custas processuais devem ser carreadas ao perdedor, mas também os honorários advocatícios.

O STJ tem precedente, já sob o enfoque da nova sistemática da fase de liquidação adotada pela Lei Federal nº 11.232/2005, entendendo pela necessidade de fixação de verba honorária, em sede de liquidação por arbitramento. O venerando acórdão é da lavra da eminente Min. Nancy Andrighi, da 3ª Turma do STJ, Recurso Especial nº 978.253/SE, julgado em 16/09/2008 e publicado no *DJE* em 03/10/2008, cuja ementa assim esclarece:

> Processual civil. Recurso especial. Honorários advocatícios. Liquidação de sentença por arbitramento. Caráter contencioso. Cabimento. Fixação. Incidência do art. 20, § 4º, do CPC. Nítido exagero. Redução – Assumindo, a liquidação por arbitramento, nítido caráter contencioso, devem ser fixados honorários advocatícios, à semelhança do que ocorre com a liquidação por artigos;
> – Nas causas onde não há condenação, os honorários devem ser fixados com base no art. 20, § 4º, do CPC. Precedentes;
> – O *quantum* arbitrado pelas instâncias ordinárias a título de honorários advocatícios somente comporta redução quando fixado de forma exagerada;
> – Na espécie, os honorários devem ser fixados de acordo com as regras do art. 20, § 4º, do CPC e tendo como parâmetro as disposições do § 3º, alíneas "*a*", "*b*" e "*c*". Recurso especial conhecido e parcialmente provido.

A única observação a ser feita é que o valor dos honorários advocatícios deve ser fixado de forma ponderada, nos termos do art. 20, § 4º, do CPC, de modo a não se tornar excessivo o montante a ser percebido pelo advogado do vencedor, como observa a insígne Min. Nancy Andrighi no julgado *supra* referido:

> Acrescente-se que os advogados já foram remunerados com honorários na fase de conhecimento e, muito provavelmente, também serão ao término da fase executiva. Desta forma, atenta às regras do art. 20, § 4º, e seguindo como parâmetro as disposições do art. 20, § 3º, alíneas "a", "b" e "c", ambos do CPC, arbitro os honorários advocatícios em R$ 60.000,00 (sessenta mil reais), corrigidos a partir da publicação desta decisão."

7. Sistema Recursal

O juiz de primeiro grau de jurisdição, como sujeito da relação jurídica processual, pratica vários atos denominados judiciais que, segundo o art. 162 do CPC, são: sentenças, decisões interlocutórias e despachos de mero expediente.

Porém, a atuação do juiz no processo não se restringe a estes atos, sua atividade é mais ampla, eis que além disso o magistrado promove também a tentativa de conciliação, pratica atos instrutórios, preside a audiência, tem o exercício do poder de polícia e reprime atos contrários à dignidade da justiça.

Pela dicção do art. 162, do CPC, temos que:

a) Sentença é o ato do juiz que implica alguma das situações previstas nos arts. 267 e 269 do CPC;
b) Decisão interlocutória é o ato pelo qual o juiz, no curso do processo, resolve questão incidente; e

c) Despachos de mero expediente são todos os demais atos do juiz praticados no processo, de ofício ou a requerimento da parte, sem contudo possuir conteúdo resolutório algum.

O legislador processual, quanto ao desenho do sistema recursal, partiu das espécies de atos do juiz descritos no art. 162, do CPC, a saber: sentença, decisões interlocutórias e despachos de mero expediente; e a partir daí tipificou o recurso cabível, respectivamente: apelação (art. 513 do CPC), agravo (art. 522 do CPC) irrecorrível.

Ocorre que, na fase de liquidação, o objetivo do legislador reformador foi simplificá-la ao máximo, adotando o recurso de agravo de instrumento como único inconformismo possível de ser manejado pela parte que se sente prejudicada, seja qual for a espécie do ato do juiz praticado neste momento processual, suscetível de impugnação via recursal: sentença ou decisão interlocutória.

Assim, determina o art. 475-H, do CPC:

> *Art. 475-H. Da decisão de liquidação caberá agravo de instrumento.*

Dessa forma, totalmente desnecessária a discussão quanto à espécie do ato do juiz prolatado com conteúdo de resolução na fase de liquidação (sentença ou decisão interlocutória), pois sempre será cabível exclusivamente o agravo de instrumento.

Obviamente que no trâmite do agravo de instrumento em segundo grau de jurisdição será aplicável o regime jurídico próprio dessa espécie recursal, ou seja, do venerando acórdão que julgar o agravo caberá a interposição de embargos de declaração, recurso especial ou recurso extraordinário.

Observe-se, por fim, que em relação aos recursos especiais e extraordinários não se aplicará a regra da retenção prevista no art. 542, § 3º, do CPC, ainda que incidente a hipótese descrita no dispositivo legal em comento, pois como não há possibilidade de manejo de recurso de apelação futuro, quanto ao mérito propriamente dito da liquidação, que tornar viável o cumprimento do título executivo judicial.

8. Liquidação Provisória

Quando o recurso apresentado acerca da sentença ou acórdão, base do título executivo judicial a ser futuramente formado naquele feito judicial, não tiver efeito suspensivo, é possível, por expressa disposição legal, que o credor, desde já, dê início à fase de liquidação.

A leitura do art. 475-A, § 1º, nos leva à conclusão descrita no parágrafo anterior, quando assim observa:

> *Art. 475-A. Quando a sentença não determinar o valor devido, procede-se à sua liquidação.*
>
> *§ 2º A liquidação poderá ser requerida na pendência de recurso, processando-se em autos apartados, no juízo de origem, cumprindo ao liquidante instruir o pedido com cópias das peças processuais pertinentes.*

Para que não haja tumulto processual, o legislador reformador exige que essa liquidação seja procedimentalizada em primeiro grau de jurisdição perante o juízo onde tramitou a etapa de cognição do processo de conhecimento, concernente à sentença ou acórdão sobre o qual paira recurso sem efeito suspensivo.

A partir desse panorama, para viabilizar a liquidação provisória, deverá o credor providenciar cópias dos principais atos praticados durante a etapa de cognição do processo de conhecimento; e em especial do título executivo judicial em formação, o qual se pretende liquidar provisoriamente, apresentando tais documentos ao juízo competente para liquidação definitiva

O juízo de primeiro grau de jurisdição competente para análise da liquidação, seja ela definitiva ou provisória, receberá o pedido em questão, instruído com as cópias das principais peças do processo de conhecimento, em que foi prolatada a sentença ou acórdão sobre o qual paira recurso com efeito apenas devolutivo, devendo autuá-lo, dando início ao procedimento em apreço.

Ou seja, se estivermos diante de sentença desafiada por apelação sem efeito suspensivo, o pedido de liquidação provisória será apresentado perante o primeiro grau de jurisdição.

Por fim, devemos lembrar que não é possível a liquidação provisória de sentença penal condenatória, sentença arbitral e sentença estrangeira homologada pelo STJ, pois tais títulos executivos judiciais exigem imutabilidade prévia e concreta para viabilizar o cumprimento forçado.

9. Liquidação Igual a Zero ou Negativa

Por fim, antes de passarmos a analisar pormenorizadamente as espécies de liquidação existentes no ordenamento jurídico processual, a saber: arbitramento e artigos, cabe-nos observar que, apesar de incomum, nem sempre o resultado da liquidação pode gerar ao credor efetiva qualificação, se for o caso, e quantificação da obrigação a ser prestada pelo devedor.

Isso porque ao final da liquidação pode-se chegar, excepcionalmente, à conclusão de que o devedor nada deve ao suposto credor, ou ainda é o próprio credor quem deve ao devedor.

Imaginemos, por exemplo, a hipótese onde o título executivo judicial impõe obrigação à seguradora que dê perda total ao veículo do consumidor, indenizando-o pelo valor de mercado do automóvel, descontadas eventuais multas de trânsito. Se na liquidação chega-se à conclusão de que sobre o carro pairam infrações cujo valor supera o montante de comércio da coisa, podemos nos deparar com situação *sui generis*, típica de liquidação negativa, gerando a nosso ver crédito em favor do devedor contra o credor, suscetível de ser objeto de perseguição em etapa de cumprimento.

10. Liquidação por Arbitramento

10.1. Conceito

A liquidação por arbitramento é aquela em que para quantificar, ou qualificar se for o caso, a obrigação de pagar, fazer, não fazer ou de dar a ser prestada pelo executado em favor do exequente, contida no título executivo judicial, faz-se necessária a realização de perícia.

10.1.1. Cabimento

A liquidação por arbitramento terá cabimento, nos termos do art. 475-C do CPC, quando, em tese:

- determinado pela sentença ou convencionado pelas partes; e
- o exigir a natureza do objeto da liquidação.

Dessa forma, serão submetidos à liquidação por arbitramento os títulos executivos judiciais, quando

a) houver previsão expressa para tanto na sentença ou acórdão, base da coisa julgada, ao resolver o mérito da lide com fundamento no art. 269, I, do CPC, o que ocorre, por exemplo, quando o juiz da causa julga antecipadamente a lide, versando sobre direito de vizinhança, reconhecendo o dever de reparar do vizinho (réu) que, ao não providenciar conserto do ramal de água de seu apartamento, gerou inúmeros danos constatados em sede de medida cautelar de produção antecipada de provas (arts. 846 a 851 do CPC) na unidade condominial que se encontra imediatamente abaixo da sua (Autor), danos estes a serem quantificados em dinheiro em sede de liquidação por arbitramento;

b) as partes na etapa de cognição resolveram pôr fim à lide por transação (art. 269, III, do CPC), e, nos termos transacionados, para evitar maiores delongas e discussões quanto ao montante devido, convencionaram que tal valor será apurado em sede de liquidação por arbitramento, tudo devidamente homologado por sentença, por exemplo a seguradora (Ré), em sede de ação indenizatória, reconhece por transação que indenizará o consumidor (Autor) em 80% do valor de mercado de todos os móveis que guarneciam o imóvel sinistrado por incêndio, descritos na petição inicial, montante esse a ser apurado em liquidação por arbitramento; e desde que tal opção, tenha sido homologada por sentença; e por fim

c) a obrigação prevista na sentença ou acórdão, base da coisa julgada, assim o exigir, dada a sua natureza, ainda que não haja previsão no título para tanto; ou, ainda que não tenha sido transacionado pelas partes, terá cabimento a liquidação por arbitramento, ou seja, se o título necessita ser liquidado por realização de perícia judicial tendo em vista a natureza da obrigação contida no seu bojo, mesmo não tendo ele assim determinado ou as partes convencionado, obrigatoriamente, o arbitramento será realizado;

   c.1) por exemplo, em ação indenizatória por acidente de trabalho movida por empregado contra empregador, por falta de condições de segurança de trabalho, se o título executivo judicial determinar que o réu deve pagar pensão mensal correspondente ao percentual de perda da capacidade de trabalho suportada pelo autor, utilizando-se como paradigma o último salário percebido pelo credor, devidamente atualizado, ainda que a sentença ou acórdão tenham silenciado quanto ao arbitramento, mister apresentar-se-á a realização de fase de liquidação por arbitramento, a fim de que seja realizada perícia para apuração de dita perda da capacidade laborativa, dada a natureza da obrigação que, necessariamente, exige a fase processual ora em debate, a fim de viabilizar seu cumprimento.

Em relação ao inciso II, do art. 475-B, do CPC, devemos recordar os ensinamentos de Paulo Henrique Lucon, que observa:

> O arbitramento pode decorrer da natureza do objeto da liquidação. Sendo a perícia o meio adequado para se chegar ao valor da obrigação, não há como se deixar de realizar o arbitramento. Em outras palavras: se a fixação do quanto devido depender de conhecimento especial, científico ou técnico, deve ser realizado o arbitramento[10].

Neste último caso, é de observar, ainda, que mesmo que a coisa julgada determine a liquidação por artigos ela se fará por arbitramento, sem o qual nunca não se viabilizará a possibilidade de cumprimento do título ilíquido, em decorrência da natureza da obrigação objeto do título executivo judicial.

Essa conclusão pode ser observada no voto da insígne ministra Nancy Andrighi, da 3ª Turma do STJ, proferido no bojo do Agravo Regimental no Recurso Especial nº 987.375/DF, julgado em 02/10/2008 e publicado no DJE em 15/10/2008, cuja ementa assim esclarece:

> Processo civil. Agravo no recurso especial. Indenização. Alteração da forma de liquidação de sentença. Possibilidade. Ofensa à coisa julgada. Inocorrência. Súmula n. 344/STJ.
> – A liquidação por forma diversa da estabelecida na sentença não ofende a coisa julgada. Aplicação da Súmula n. 344, STJ.
> Agravo no Recurso Especial improvido.

10.1.2. Objeto

A liquidação por arbitramento, como fase processual viabilizadora do cumprimento de título executivo judicial que imponha obrigação de pagar, para quantificação do montante devido, como na de fazer, não fazer ou dar, para qualificação da prestação a ser adimplida pelo devedor, terá como objeto a realização de perícia judicial para tanto.

É certo que, por intermédio da liquidação por arbitramento, não há falar em discussão de fato novo, que é preocupação da liquidação por artigos. De qualquer forma, é defeso na liquidação, seja por arbitramento, seja por artigos, discutir novamente a lide tratada para a formação do título executivo judicial ou modificar a sentença ou o acórdão que a julgou, segundo o que determina o art. 475-G, do CPC.

Nessa medida, podemos afirmar que a liquidação por arbitramento girará exclusivamente em torno da realização de uma perícia para a viabilização do cumprimento do título executivo judicial. É certo que se a cognição da fase em questão exigir qualquer outra providência, além da perícia, não há falar em arbitramento, mas sim em liquidação por artigos.

---

[10] *Código de Processo Civil Interpretado*, 3. ed. rev. e atual. São Paulo: Atlas, 2008, p.1569.

10.2. Rito

10.2.1. Considerações Iniciais

Do ponto de vista procedimental, a liquidação por arbitramento terá o mesmo rito ou fórmula, aplicável a uma realização de perícia na etapa de cognição do processo de conhecimento.

Assim, aqui será aplicável o mesmo regime jurídico da perícia judicial previsto nos arts. 420 a 439 do CPC, obviamente com as peculiaridades e finalidades inerentes à fase em questão, ou seja, com o escopo de tornar líquido título executivo judicial, de modo a qualificar ou quantificar a obrigação nele contida.

10.2.2. Requerimento Inicial

Na liquidação por arbitramento não há necessidade de o requerimento inaugural seguir rigorosamente os passos da petição inicial, previstos no art. 282 do CPC, porém, também, não é o caso da confecção de petição simples.

A fase de liquidação por arbitramento deve ser iniciada mediante petição fundamentada, encerrando silogismo jurídico, ou seja, expondo fatos e fundamentos jurídicos que concluam pelo cabimento da liquidação na modalidade elegida pelo legitimado ativo.

10.2.2.1. Modelo

EXCELENTÍSSIMO SENHOR DOUTOR JUIZ DE DIREITO DA _____VARA _____________ DO FORO _________________ DA COMARCA DE _______________,

Processo nº ____________________

(Liquidante:______________________________), por seu advogado, que a esta subscreve, nos autos do processo da AÇÃO DE INDENIZAÇÃO DE RITO SUMÁRIO, que move em face de (Liquidado:_____________________________), vem, respeitosamente, à presença de Vossa Excelência, com fundamento no art. 475-C, I, do CPC, requerer seja dado início à FASE DE LIQUIDAÇÃO POR ARBITRAMENTO, pelos motivos de fato e de direito a seguir expostos:

I – BREVE RESUMO DO FEITO

1 – Trata-se de ação indenizatória de rito sumário proposta pelo Liquidante, tendo em vista a ocorrência de danos causados por vazamento de água advindos da unidade condominial do Liquidado, com medida cautelar antecedente de produção antecipada de provas.

2 – A ação foi julgada procedente determinando a quantificação e qualificação dos danos causados, em sede de liquidação por arbitramento.

3 – O Liquidado, não se conformando com a r. sentença de fls. apresentou recurso de apelação, o qual foi improvido pelo Egrégio Tribunal de Justiça, ocorrendo o trânsito em julgado.

II – DO DIREITO

4 – O art. 475-C, I, do CPC, dispõe que:

"Art. 475-C. Far-se-á a liquidação por arbitramento quando:

I – determinado pela sentença ou convencionado pelas partes;"

5 – Ora, no caso dos autos é exatamente o que ocorre, pois a r. sentença de primeiro grau de jurisdição confirmada pelo Egrégio Tribunal de Justiça, que serviu de base para a formação da coisa julgada e do título executivo judicial, que ora se pretende liquidar, determina que tal liquidação seja feita por arbitramento, de modo que, através da realização de perícia judicial, sejam qualificados e quantificados os danos ocasionados no imóvel do Liquidante perpetrados pelo vazamento advindo do apartamento do Liquidado.

6 – Assim, para ver cumprida futuramente a obrigação de pagar em questão, outra alternativa não resta ao credor que não a apresentação deste pedido, para que se dê início à fase de liquidação por arbitramento.

III – DO PEDIDO

7 – Isto posto, é a presente para requerer seja:

a) deferido o início da fase de liquidação por arbitramento do título executivo judicial formado nestes autos;
b) nomeado perito judicial da confiança do juízo para realização dos trabalhos necessários para liquidação que ora se objetiva, a fim de que sejam qualificados e quantificados os danos existentes no imóvel do Liquidante objeto do presente feito, fixando-lhe prazo razoável para apresentação do laudo;
c) a intimação das partes para apresentação de quesitos e indicação de assistente técnico, no prazo de 5 (cinco) dias, nos termos do art. 421, § 1º, do CPC, devendo no mesmo ato manifestar-se o Liquidado sobre o presente pedido de liquidação por arbitramento, conforme determina o art. 475-A, § 1º, do CPC.

Nestes termos,
pede deferimento.
São Paulo, ___ de ____________ de __________.
Nome:_______________
Advogado
OAB/___ nº _______

10.2.3. Decisão Inicial

Recebido o pedido de liquidação por arbitramento deve o juiz da causa, antes de mais nada, constatar se é realmente hipótese de liquidação; e mais ainda, se o é sob a modalidade de arbitramento. Além disso, deve a Autoridade Judiciária verificar se presentes condições da ação e pressupostos processuais.

Caso uma das respostas às indagações colocadas no parágrafo anterior seja negativa, deve o juiz da causa determinar que o liquidante regularize eventual defeito, nos termos do art. 284, do CPC, sob pena de indeferimento do pedido de liquidação por arbitramento, sem prejuízo da reapresentação do pedido, uma vez regularizado o óbice indicado pela Autoridade Judiciária.

Por outro lado, se houver pertinência e fundamentação no pedido de liquidação por arbitramento, preenchidas as condições da ação e pressupostos processuais, deverá o juiz nomear perito judicial (art. 145 c/c art. 475-D, *caput*, do CPC), fixando-lhe honorários provisórios em favor do profissional e prazo razoável para a entrega do laudo, determinando que as partes apresentem, no prazo de 5 (cinco) dias, quesitos e assistente técnico (art. 421, § 1º, do CPC).

É certo que o liquidado, além de ser intimado para apresentação de quesitos e assistente técnico, no prazo de 5 (cinco) dias, pela mesma intimação deverá ser cientificado do dever de manifestar-se acerca da pertinência do pedido de liquidação por arbitramento propriamente dito (art. 475-A, § 1º, do CPC), também no prazo de 5 (cinco) dias.

10.2.4. Resposta do Liquidado

O liquidado, por sua vez, ao receber a intimação para manifestar-se em 5 (cinco) dias sobre a pertinência da liquidação por arbitramento, e oportunizando-lhe a apresentação de quesitos e assistente técnico, poderá assumir várias posturas, a saber:

a) quedar-se inerte, esclarecendo-se que nesse caso não haverá efeitos da revelia, pois a viabilização do cumprimento do título executivo judicial ilíquido, na hipótese, exige necessariamente a realização da perícia;
b) contestar a pertinência da liquidação por arbitramento, quando, portanto, em obediência ao princípio da eventualidade, deverá apresentar quesitos e assistente técnico, sob pena de preclusão;
c) concordar com a realização da liquidação por arbitramento, apresentando ou não quesitos e assistente técnico;
d) apresentar exceção de incompetência relativa, em especial, por exemplo, na liquidação de sentença penal condenatória pela ocorrência de crime ambiental, assim como exceção de suspeição e impedimento; e
e) impugnar os benefícios da Justiça Gratuita, se pleiteado conjuntamente com o pedido de liquidação.

Saliente-se que em sede de liquidação por arbitramento é descabido o manejo de reconvenção, ação declaratória incidental e impugnação ao valor da causa, em face da inocorrência dos requisitos legais necessários para tanto.

É certo, pois, que ao liquidado cabe a escolha de quais respostas apresentará ao pedido de liquidação por arbitramento, observado o princípio da concentração da defesa, ou seja, que todas devem ser apresentadas em protocolo no mesmo momento, observada a preclusão lógica.

10.2.4.1. Modelo

EXCELENTÍSSIMO SENHOR DOUTOR JUIZ DE DIREITO DA _____VARA _______________ DO FORO ____________________ DA COMARCA DE _________________,

Processo nº ____________________

(Liquidado:______________________________), por seu advogado, que a esta subscreve, nos autos do processo da AÇÃO DE INDENIZAÇÃO DE RITO SUMÁRIO, ora em fase de LIQUIDAÇÃO POR ARBITRAMENTO, que lhe move (Liquidante:______________________________), vem, respeitosamente, à presença de Vossa Excelência, tendo em vista a r. decisão de fls. ___que intimou o devedor para manifestação acerca do pedido de liquidação formulado pelo credor, assim como para ofertar quesitos e indicação de assistente técnico, apresentar RESPOSTA, pelos motivos de fato e de direito a seguir expostos:

1 – Inicialmente, cumpre esclarecer que nada tem a opor ao pedido de liquidação por arbitramento formulado pelo liquidante.

2 – O Liquidado valer-se-á dos préstimos do engenheiro civil, Sr. ______________________, inscrito no CREA/___ nº __________, com domicílio profissional na Rua ________________, telefone: ____________, que acompanhará os trabalhos do perito judicial e ofertará parecer.

3 – O Liquidado oferta, neste ato, os seguintes quesitos a serem respondidos pelo Ilmo. Sr. Perito Judicial visando a liquidação do título executivo judicial, objeto do presente arbitramento:

3.1 – quais danos descritos às fls.___ dos autos da medida cautelar de produção antecipada de provas podem ser integralmente atribuídos aos vazamentos advindos do apartamento do Liquidante?

3.2 – qual seria o custo da reparação, utilizando-se do parâmetro de qualidade construtiva existente, dos danos descritos às fls.___ dos autos da medida cautelar de produção antecipada de provas, que podem ser integralmente atribuídos aos vazamentos advindos do apartamento do Liquidante?

4 – Isto posto, requer-se:

a) o acolhimento da indicação do assistente técnico do Liquidado;
b) o deferimento de respostas pelo Ilmo. Sr. Perito Judicial dos quesitos *supra* formulados pelo Liquidado; e
c) o deferimento de formulação de quesitos suplementares e elucidativos, respectivamente, com fulcro nos arts. 425 e 435, ambos do CPC.

Nestes termos,
pede deferimento.
São Paulo, ___ de ____________ de __________.
Nome:________________
Advogado
OAB/___ nº _______

10.2.5. Desenvolvimento Posterior do Procedimento

No mais, a liquidação por arbitramento segue o mesmo rito da perícia judicial, cuja realização é prevista na etapa de cognição do processo de conhecimento, nos arts. 420 a 439, do CPC.

Ou seja, o perito deverá entregar o laudo no prazo fixado pelo juiz, sob pena de ser substituído, podendo ter que pagar multa e responder pelos prejuízos decorrentes do atraso do processo (art. 424 do CPC).

As despesas e honorários do perito com a perícia correrão por conta do liquidado, ressalvando-se que a antecipação delas cabe à parte que requereu a liquidação por arbitramento.

Durante a realização do laudo e até a sua entrega, as partes podem formular quesitos suplementares, além dos inicialmente apresentados nos termos do art. 425, do CPC, assim como quesitos elucidativos após a entrega do laudo (art. 435 do CPC), podendo ouvir o *expert* em audiência (art. 475-D, parágrafo único, do CPC).

Entregue o laudo pericial, pode, ainda, o juiz *ex officio* ou a requerimento da parte determinar a realização de uma segunda perícia, quando a primeira se mostrar insuficiente para esclarecer os fatos (arts. 437 a 439 do CPC).

Finalmente, o juiz emitirá decisão homologando o laudo apresentado com as devidas ressalvas que entender pertinentes de modo (art. 436 do CPC) a qualificar, se for o caso, e quantificar a obrigação ilíquida contida no título executivo judicial, impondo as custas e despesas processuais ao liquidado, assim como a verba honorária respectiva, com as devidas observações constantes do item 6 *supra*.

11. Liquidação por Artigos

11.1. Conceito

A liquidação por artigos é aquela em que para se quantificar, ou qualificar se for o caso, a obrigação de pagar, fazer, não fazer ou dar a ser prestada pelo executado em favor do exequente, contida no título executivo judicial, faz-se necessária a prova de fatos novos, utilizando-se para tanto do procedimento comum ordinário do processo de conhecimento.

11.1.1. Cabimento

A liquidação por artigos terá cabimento quando, para tornar viável o cumprimento do título executivo judicial, ou seja, para qualificar, se for o caso e quantificar a obrigação nele inserida, for necessário, nos termos do art. 475-E do CPC, alegar e provar fato novo não debatido, durante a etapa de cognição do processo de conhecimento que deu origem à coisa julgada embasadora do título; ou ainda no processo que deu origem a sentença penal condenatória, sentença arbitral ou sentença estrangeira homologada pelo STJ.

Fato novo, segundo Patrícia Pizzol[11], "não será necessariamente um fato superveniente, podendo ser um fato anterior à sentença, desde que seja novo para o processo de liquidação, em virtude de não ter servido de 'fundamentação à condenação'".

Dessa forma, por exemplo, o credor que possuir título executivo judicial, consistente em sentença penal transitada em julgado que tenha condenado o devedor por homicídio, deverá necessariamente valer-se da liquidação por artigos para tornar líquido o título judicial em questão na seara cível.

[11] Patrícia Miranda Pizzol. *Liquidação nas ações coletivas*. São Paulo: Lejus, 1998, p. 46.

Ora, a sentença penal condenatória transitada em julgado somente viabiliza etapa de cumprimento no cível, impondo ao ofensor a obrigação de indenizar os herdeiros da vítima pelos danos decorrentes da morte do ente querido, caso submetida a liquidação por artigos, pois a extensão, qualificação e quantificação desses danos são todos fatos novos, na medida em que não foram objeto de preocupação do juízo criminal, que não os analisou.

Agora, é certo que o juízo criminal não adentrará na análise dos fatos que envolvem tais danos, até porque foge da competência daquele juízo criminal.

Contudo, o brilhante e jovem doutrinador, Procurador do Estado de São Paulo, Arthur da Motta Trigueiros Neto, analisando a recente reforma do CPP (Lei Federal nº 11.719, de 20 de junho de 2008) que gerou impacto no ordenamento jurídico processual no que tange ao cumprimento da sentença penal condenatória, esclarece:

> Quando a sentença condenatória transitar em julgado, o ofendido, o seu representante legal ou os seus herdeiros poderão promover a sua execução no juízo cível para obter a reparação dos danos causados pela prática do crime, tendo em vista o disposto nos arts. 63, do CPP e 475-N, II, do CPC (com a alteração promovida pela Lei nº 11.232, de 22 de dezembro de 2005).

Assim, a sentença penal condenatória transitada em julgado é título executivo judicial, que poderá ser executado pelo rol de legitimados firmado no já citado art. 63, do CPP.

Até a reforma, embora a lei processual civil já conferisse eficácia executiva à sentença proferida no processo-crime, inevitável era que se procedesse à apuração do *quantum debeatur*, ou seja, imprescindível à deflagração da execução forçada que se apurassem os danos (materiais ou morais) causados à vítima pelo crime perpetrado pelo condenado. Somente com a liquidação dos danos é que a sentença penal condenatória gozaria de todos os requisitos exigíveis para uma execução: certeza, exigibilidade e liquidez.

Na esteira da celeridade e da efetividade processuais, a Lei nº 11.719, de 20 de junho de 2008, incluiu ao art. 63, do CPP, um parágrafo único, com a seguinte redação:

> Transitada em julgado a sentença condenatória, a execução poderá ser efetuada pelo valor fixado nos termos do inciso IV do *caput* do art. 387 deste Código sem prejuízo da liquidação para a apuração do dano efetivamente sofrido.

E o art. 387, IV, do CPP, dispondo sobre a prolação de sentença penal condenatória pelo juiz competente, dispõe que, entre outros, "fixará valor mínimo para reparação dos danos causados pela infração, considerando os prejuízos sofridos pelo ofendido".

Trata-se de inovação promovida pela lei em comento, que determina ao magistrado sentenciante, ao condenar o réu, fixar em sentença um "valor mínimo" para a reparação dos danos resultantes da infração, levando em conta os prejuízos suportados pela vítima.

A novidade inserida nos arts. 63 e 387, ambos do CPP, tem por escopo a facilitação e aceleração de futura ação civil *ex delicto*, evitando-se, com isso, que se realize prévia fase de liquidação dos danos suportados pelo ofendido quando estes forem facilmente apuráveis pelo juízo criminal.

Guilherme de Souza Nucci já defendia a ideia de o magistrado, podendo, condenar o réu acerca dos prejuízos causados ao sujeito passivo da infração penal. Nesse sentido:

> (...) Para quem já sofreu a lentidão da Justiça no processo criminal, trata-se da segunda via-crúcis enfrentada pelo ofendido ou por seus familiares, agora para receber reparação civil. Por isso, o ideal seria autorizar o juiz penal a proceder, sempre que possível e havendo prova nos autos, à condenação também pelo prejuízo sofrido na esfera civil.[12]

Tal como previsto no sistema antigo, não seria dado ao juízo criminal ingressar no campo da responsabilidade civil pelo cometimento de ilícitos penais, cuja discussão, ao menos no tocante ao *quantum debeatur*, deveria ser suscitada na sede própria (fase de liquidação da obrigação).

Pela atual sistemática, caberá ao juiz que prolatar a sentença penal condenatória fixar o valor correspondente aos prejuízos causados ao ofendido, acelerando-se, com isso, a formação do título executivo judicial, até então incompleto pela ausência de quantificação dos danos decorrentes da infração penal.

Todavia, preocupa-nos a redação do já transcrito parágrafo único do art. 63 do CPP, inserido pela Lei nº 11.719/2008:

> "Transitada em julgado a sentença condenatória, a execução *poderá* ser efetuada pelo valor fixado nos termos do inciso IV do *caput* do art. 387 deste Código *sem prejuízo da liquidação para a apuração do dano efetivamente sofrido*" (grifamos).[13]

Ora, ao que tudo indica, quis o legislador determinar ao juízo criminal que fixe um "valor inicial" de indenização, que poderá ser efetivamente apurado em liquidação da obrigação.

Assim os credores, no nosso caso os herdeiros da vítima, em regra, viúvo(a) e filhos(as), deverão dirigir-se ao juízo cível competente, não obstante o montante inicial de indenização fixado pelo juízo criminal, nos termos do art. 387, IV, do CPP; e proceder a liquidação por artigos da sentença penal condenatória transitada em julgado, quando então deverão trazer a debate, indicando e provando todos os danos que sofreram, em decorrência da morte do ente querido, por exemplo, diminuição da renda familiar, trauma psicológico pela perda do pai etc., ou seja, haverá de se discutir uma série de fatos novos, na acepção trazida pela ilustre doutrinadora Patricia Pizzol, que não foram objeto de análise pelo juízo criminal, donde originou-se o título executivo judicial ilíquido, de modo a individualizar o valor devido pelo ofensor-devedor aos credores.

11.1.2. Objeto

Como já dito anteriormente, a liquidação por artigos autoriza a discussão de fato novo para fins de qualificar, se for o caso, e quantificar a obrigação imposta ao devedor contida no título executivo judicial.

---

[12] *Código de Processo Penal comentado*, 6. ed., São Paulo: RT, p. 177.

[13] *Comentários Às Recentes Reformas do Código de Processo Penal e Legislação Extravagante Correlata*, p. 48 e 49.

Contudo, não há que se falar em discutir novamente a lide resolvida e tratada para a formação do título executivo judicial ilíquido ou modificar a sentença ou o acórdão que a julgou, segundo o que determina o art. 475-G, do CPC.

Daí, por exemplo, no caso da sentença penal condenatória, é defeso ao liquidado rediscutir a sua responsabilidade pelos danos causados pelo ilícito penal, mas tão somente lhe é viável debater a extensão, qualificação e quantificação dos danos causados, em decorrência da prática do tipo penal.

11.2. Rito

A liquidação por artigos, como fase preparatória para viabilizar o cumprimento do título executivo judicial, deverá ser procedimentalizada da mesma maneira que o procedimento comum ordinário, observando-se eventuais regras específicas atinentes à liquidação constantes nos arts. 475-A, 475-E, 475-F, 475-G, 475-H e 475-N, parágrafo único, todos do CPC.

O art. 475-F, do CPC é bem claro nesse sentido determinando:

> *Art. 475-F. Na liquidação por artigos, observar-se-á, no que couber, o procedimento comum (art. 272).*[14]

Desta forma, para se dar início à liquidação por artigos deve o credor formular petição inicial, de acordo com os arts. 282 e 283 do CPC, indicando os fatos novos necessários para tornar líquido o título executivo judicial.

Ato contínuo, o liquidado será intimado na pessoa do seu advogado (art. 475-A, § 1º, do CPC) ou citado pessoalmente (art. 475-N, parágrafo único, do CPC), se se tratar de sentença penal condenatória transitada em julgado, sentença arbitral ou sentença estrangeira homologada pelo STJ, como título executivo judicial.

No mais, o procedimento seguirá até o final pelos termos constantes no CPC, aplicáveis ao procedimento comum ordinário, ou seja, feita a intimação ou citação (art. 241 do CPC) iniciará o prazo para respostas do réu (arts. 261 e 297 do CPC), aplicando-se no caso de contumácia (inércia) do liquidado a revelia e seus efeitos.

O liquidado poderá apresentar contestação, exceções e impugnações, mas não reconvenção e ação declaratória, pois a análise dessas últimas refogem ao objeto de discussão da fase de liquidação, que é viabilizar o futuro cumprimento do título executivo judicial ilíquido.

Apresentadas as respostas do Réu abre-se, se for o caso, prazo para réplica do liquidante (arts. 326, 327 e 328 do CPC) à contestação ofertada pelo liquidado; e manifestação acerca das impugnações e exceções.

Feito isso, o juiz da causa passará a julgar o processo de acordo com o seu estado, conforme observam os arts. 329, 330 e 331, todos do CPC, sendo que caso chegue à conclusão de que o feito deve ser saneado, fixará os pontos controvertidos da demanda, deferindo as provas a serem produzidas.

---

[14] Comentários às recentes reformas do Código de Precesso Penal e Legislação Extravagante Correlata, p. 144 a 149.

Finalmente, produzidas as provas, a liquidação deve ser resolvida, impondo, também, as custas e despesas processuais ao liquidado, assim como a verba honorária respectiva, com as devidas observações constantes do item 6 *supra*, em decisão judicial que tem natureza de sentença, não obstante impugnável pelo sucumbente, como vimos anteriormente, por intermédio do recurso de agravo de instrumento (art. 475-H do CPC).

11.3. Modelos

A seguir apresentaremos modelos de petição inicial e contestação em liquidação por artigos, sendo certo que o leitor poderá encontrar todos os demais modelos relativos à etapa de cognição do processo de conhecimento, que segue pelo procedimento comum ordinário estudado no volume I deste Manual.

11.3.1. Modelo de Petição Inicial de Liquidação por Artigos

EXCELENTÍSSIMO SENHOR DOUTOR JUIZ DE DIREITO DA ____VARA CÍVEL DO FORO ________________ DA COMARCA DE ______________,

(nome do(a) Autor(a)), brasileiro(a), viúvo(a), do lar, RG nº ______________ e CPF/MF sob nº______________, residente e domiciliada na Rua ______________, nº ____, ap. _____, Centro, São Paulo – SP – CEP_______, representada por seu advogado (procuração em anexo) que a esta subscreve, vem, respeitosamente, à presença de Vossa Excelência, propor a presente LIQUIDAÇÃO POR ARTIGOS DE SENTENÇA PENAL CONDENATÓRIA TRANSITADA EM JULGADO em face de (nome da(o) Ré(u)), brasileiro, casado, empresário, RG nº ________________ e CPF/MF nº ______________________, atualmente recolhido na Penitenciária __________________, situada na Rua ______________________, nº ____, cidade de ______________ – SP, pelos motivos de fato e de direito a seguir expostos:

I – DOS FATOS

1 – O Liquidado, em ___ de ____________ de 2003, durante desavença decorrente de acidente de trânsito, sacou revólver de calibre 38 (trinta e oito) e desferiu 8 (oito) tiros contra o cônjuge da liquidante, levando-o à óbito, sem deixar filhos menores ou maiores (certidão de óbito anexa).

2 – O Liquidado foi processado criminalmente e condenado por sentença penal transitada em julgado, por homicídio doloso (cópias anexas).

3 – A Liquidante era esposa do falecido, sendo certo que o lar conjugal era provido pelo *de cujus* que exercia a atividade de profissional liberal, como advogado, percebendo à época remuneração mensal, que corrigida monetariamente corresponde a R$ __________ (imposto de renda anexo).

4 – Nesse sentido, como a Liquidante não exercia, à época, atividade laborativa remunerada, com o óbito de seu marido, passou e vem passando por sérias dificuldades financeiras.

5 – Não bastasse isso, tendo em vista o trauma pela morte repentina de ente querido, vem a Liquidante, desde então, tendo que se submeter a tratamento psiquiátrico com ingestão constante de medicação controlada (laudo e receituário anexos).

II – DO DIREITO

6 – O art. 475-N, II, do CPC elenca como espécie de título executivo judicial a sentença penal condenatória transitada em julgado, que é exatamente o que embasa a obrigação do Liquidado em favor da Liquidante.

7 – Ora a Liquidante exibe neste feito sentença penal condenatória transitada em julgado, onde o juízo criminal reconheceu a culpabilidade do Liquidado pela morte do cônjuge da Liquidante, surgindo daí a obrigação do devedor em reparar todos os danos causados à credora. É certo que o juízo criminal fixou montante inicial de indenização no valor de R$ 50.000,00 (cinquenta mil reais), porém insuficientes para a efetiva reparação da credora, como veremos no transcorrer deste feito.

8 – Ocorre que a sentença penal condenatória, descrita no item 2, *supra*, não qualifica, nem tampouco quantifica os danos causados à Liquidante, que devem ser debatidos aqui no juízo cível competente, como fatos novos, necessitando-se para tanto da utilização do presente procedimento de liquidação por artigos, nos termos do art. 475- E, do CPC, a fim de viabilizar o futuro cumprimento do título executivo judicial que se pretende liquidar.

III – DO PEDIDO

9 – Diante do exposto, requer-se:

a) a citação do Liquidante no endereço *supra* fornecido, para que, no prazo legal, apresente resposta, sob pena de revelia;
b) seja julgada procedente a presente liquidação, com a quantificação da obrigação do Liquidado de pagar danos materiais à Liquidante, no montante correspondente a pensão mensal de R$ __________, valor equivalente à última remuneração percebida pelo falecido, desde a data de seu óbito, além de danos morais no importe não inferior a R$ __________________, correspondente a 500 (quinhentos) salários mínimos atuais;
c) seja o Liquidado condenado ao pagamento das custas e despesas processuais, além de honorários advocatícios correspondentes a 20% do valor da quantificação dos danos causados à Liquidante;
d) seja o Liquidado citado por mandado, a ser cumprido por Oficial de Justiça, com a aplicação dos benefícios do art. 172 e seus parágrafos do CPC.

IV – DAS PROVAS

10 – Protesta provar o alegado por todos os meios de prova em direito admitidos: especialmente pelos documentos que ora instruem a presente; oitiva de testemunhas, a serem oportunamente arroladas em juízo; depoimento pessoal do Liquidado, sob pena de confesso; perícia contábil; documentos novos; assim como todas as demais, que se fizerem necessárias, no transcorrer do presente feito.

V – DO VALOR DA CAUSA

11 – Atribui-se à presente causa o valor de R$ ____________, correspondente à soma dos danos matériais e morais *supra* elencados.

Nestes termos,
pede deferimento.
São Paulo, __ de__________ de 20___.
Nome:________________
Advogado
OAB/___ nº ________

11.3.2. Modelo de Contestação em Liquidação por Artigos

EXCELENTÍSSIMO SENHOR DOUTOR JUIZ DE DIREITO DA _____VARA CÍVEL DO FORO __________________ DA COMARCA DE ________________,

Processo nº _____________________

(Liquidado:_______________________________), por seu advogado (procuração anexa), que esta subscreve, nos autos do processo da LIQUIDAÇÃO POR ARTIGOS DE SENTENÇA PENAL CONDENATÓRIA TRANSITADA EM JULGADO, que lhe move (liquidante:_______________________), tendo em vista o recebimento de citação para resposta aos termos da presente liquidação, vem, respeitosamente, à presença de Vossa Excelência, com fundamento nos arts. 300 e seguintes do Código de Processo Civil, apresentar CONTESTAÇÃO, pelos motivos de fato e de direito que passa a expor:

I – BREVE RELATO DA INICIAL

1 – Trata-se de liquidação por artigos, onde a Liquidante, apresentando-se como credora de sentença penal condenatória transitada em julgado, como título executivo judicial, pretende a sua liquidação por artigos, com a responsabilização do Liquidado ao pagamento de danos materiais e morais, em seu favor.

2– Ocorre que, como veremos a seguir, a presente liquidação não procede nos termos apresentados pela Liquidante.

II – DO MÉRITO

A – DOS DANOS MATERIAIS

3 – Inicialmente, devemos ressaltar que a quantificação dos danos materiais apresentados pela Liquidante mostra-se exagerada, isso porque como bem sabemos, a remuneração do profissional liberal é variável e incerta, de modo que não há falar em fixação de pensão mensal no importe de R$ ______________, tomando-se como base o último rendimento mensal percebido pelo Liquidado.

4 – Ademais, presume-se que dos rendimentos percebidos pelo falecido, metade deles era revertido em favor próprio, em especial por tratar-se de casal sem filhos.

5 – Assim, o montante razoável da pensão mensal seria o de R$ ______________, correspondente a 50% do piso salarial da categoria dos advogados.

B – DOS DANOS MORAIS

6 – No mesmo sentido, o valor de R$____________ pleiteado pela Liquidante a título de danos morais mostra-se descompassado com a atual realidade vivida pelo Liquidado, que encontra-se privado de sua liberdade, vendo-se impossibilitado de laborar e administrar sua empresa.

7 – É certo que o dano moral deve gerar compensação àquele que suporta o sofrimento, mas deve levar em conta a possibilidade do ofensor de suportar os ônus pecuniários necessários para tanto.

8 – Desta forma, propõe-se como montante razoável de danos morais o valor de R$____________, correspondente a 50 (cinquenta) salários mínimos atuais.

III – DO PEDIDO

9 – Ante o exposto, requer seja julgada parcialmente procedente a presente liquidação, com a fixação dos danos materiais e morais pleiteados pela Liquidante, nos montantes descritos nos itens 5 e 8 desta, compensando-se os ônus da sucumbência entre as partes, nos termos do art. 21 do CPC.

IV – DAS PROVAS

10 – Protesta o Liquidado em provar o alegado por todos os meios de prova em direito admitidos, especialmente juntada de documentos; depoimento pessoal da Liquidante, sob pena de confesso, o que ora se requer; oitiva de testemunhas, abaixo arroladas; e as demais que se fizerem necessárias no curso da demanda.

Nestes termos,
pede deferimento.
São Paulo, __ de__________ de 20___.
Nome:________________
Advogado
OAB/___ nº _______

Capítulo 3

Cumprimento de Obrigação de Pagar

1. Considerações Iniciais

Vimos nos capítulos anteriores, num primeiro momento, o que poderíamos designar como teoria geral do cumprimento de sentença, passando depois ao estudo da fase de liquidação; e agora adentraremos a análise das espécies procedimentais de cumprimento de sentença, a saber: obrigação de pagar, fazer e não fazer e dar.

Iniciaremos pela análise do procedimento do cumprimento da obrigação de pagar, ao depois passaremos ao estudo do procedimento do cumprimento da obrigação de fazer e não fazer, assim como de dar.

2. Conceito

O cumprimento de obrigação de pagar é o meio processual adequado para a prestação jurisdicional de coerção por parte do Poder Judiciário, pleiteada por quem se intitula credor de título executivo judicial em face daquele que lá consta como devedor de quantia em dinheiro em favor do exequente, através da expropriação judicial de bens penhorados do patrimônio do executado.

2.1. Cumprimento Voluntário

Conforme dito anteriormente, a etapa de cumprimento de título executivo judicial quer dizer cumprimento forçado, através do uso dos meios coercitivos existentes no ordenamento jurídico processual vigente, para que o Poder Judiciário force o executado a prestar a obrigação contida no referido título de forma específica, porém o devedor pode e deve cumpri-la voluntariamente.

Tanto é que, se assim o fizer, não poderá o credor fazer uso do cumprimento forçado, conforme determina o art. 581 do CPC.

No caso específico da obrigação de pagar, uma vez formado o título executivo judicial impondo tal obrigação ao devedor e antes mesmo de ser possível o seu cumprimento forçado por parte do credor, abre-se a possibilidade de cumprimento voluntário por parte do executado.

O cumprimento voluntário por parte do devedor não pode ser feito a qualquer momento, devendo obedecer ao marco temporal e às condições previstas pelo ordenamento jurídico processual para tanto.

Assim, a partir de uma interpretação a contrário senso do *caput* do art. 475-J, constatamos que o limite temporal para que o devedor proceda ao cumprimento voluntário da obrigação de pagar é a apresentação do pedido de cumprimento forçado por parte do credor.

Ora, por sua vez, o pedido de cumprimento forçado da obrigação de pagar contida em título executivo judicial somente pode ser apresentado pelo credor, uma vez escoado *in albis* o prazo para que o devedor proceda ao cumprimento voluntário, sem a imposição da multa de 10% a que se refere o *caput* do art. 475-J do CPC.

Portanto, num primeiro momento, podemos afirmar que o devedor poderá efetuar voluntariamente o cumprimento da obrigação de pagar contida no título executivo judicial, sem a incidência da multa a que se refere o *caput* do art. 475-J do CPC, no prazo de 15 (quinze) dias, contados do trânsito em julgado da sentença ou acórdão que deu sustentação à coisa julgada, base do referido título, ou da imutabilidade da decisão que resolveu a liquidação.

O STJ vem firmando posição no sentido de que ultrapassado o prazo de 15 dias, contados do trânsito em julgado da sentença ou acórdão que deu sustentação à coisa julgada, base do título executivo judicial, ou da imutabilidade da decisão que resolveu a liquidação, independentemente da intimação do devedor ou de seu advogado, passará a incidir a multa de 10% (dez por cento), descrita no *caput* do art. 475-J do CPC.

Nesse sentido, temos o v. acórdão da 3ª Turma do STJ, da lavra do Min. Massami Uyeda, proferido no bojo do Agravo Regimental no Recurso Especial nº 1.018.172/SP, julgado em 04/09/2008 e publicado no *DJE* em 23/09/2008, cuja ementa assim indica:

> Agravo regimental – Cumprimento de sentença – Multa do art. 475-J – Intimação do devedor – Desnecessidade – Sentença com trânsito em julgado posterior à Lei 11.232/2005 – Aplicabilidade – Recurso improvido.

A segunda turma do STJ tem posicionamento idêntico, o que se verifica pela análise do v. acórdão relatado pelo Min. Castro Meira, prolatado no bojo do Agravo Regimental no Recurso Especial nº 1.024.631/SP, julgado em 09/09/2008 e publicado no *DJE* em 10/10/2008, nos seguintes termos:

> Processual civil. Agravo Regimental. Lei 11.232/2005. Artigo 475-J, CPC. Cumprimento da sentença. Multa. Termo inicial. Intimação da parte vencida. Desnecessidade. Súmula 83/STJ.
>
> 1. Transitada em julgado a sentença condenatória, não é necessário que a parte vencida, pessoalmente ou por seu advogado, seja intimada para cumpri-la (REsp 954.859/RS, Rel. Min. Humberto Gomes de Barros, DJU de 27.08.07). O executado

> deve cumprir espontaneamente a obrigação, no prazo de quinze dias, sob pena de multa de 10% sobre o valor da condenação.
> 2. Agravo regimental não provido.

Porém, mesmo ultrapassado o prazo de 15 dias de que trata o art. 475-J, *caput,* do CPC, é possível que o devedor proceda ao cumprimento voluntário da obrigação de pagar contida no título executivo judicial por parte do devedor, desde que o credor ainda não tenha formulado pedido para que se dê início à etapa de cumprimento forçado perante o juízo competente para tanto.

Observe-se que o devedor, em regra, deverá cumprir a obrigação de pagar exatamente como consta no título executivo judicial, sob pena de abrir ao credor a possibilidade de recusar o recebimento da prestação lá estabelecida, se ela não corresponder ao direito ou à obrigação; caso em que o exequente poderá valer-se do cumprimento forçado, quanto à busca pelo excedente que entende devido, ressalvando-se ao executado o direito de apresentar impugnação.

É recomendável que o cumprimento voluntário da obrigação de pagar não seja feito diretamente ao credor, mas sim no bojo do processo de conhecimento, através de depósito judicial do numerário em questão à disposição do juízo, pois se o credor recusar o recebimento da obrigação conforme prestada pelo devedor, a postura de boa fé processual adotada pelo executado estará devidamente formalizada, em todos os seus termos.

É certo que no cumprimento voluntário, como não há resistência por parte do credor, quanto à observância da obrigação de pagar constante do título executivo judicial, não há que se falar em incidência de verba honorária.

O eminente Min. Massami Uyeda, em venerando acórdão da 3ª Turma do STJ, de sua relatoria, no voto prolatado no bojo do Agravo Regimental no Recurso Especial nº 1.026.475/RS, julgado em 21/08/2008 e publicado no *DJE* em 05/09/2008, assim decidiu quanto ao tema ora em análise:

> Agravo regimental no Recurso Especial – Processual civil – Cumprimento de sentença – Espontaneidade – Necessidade do reexame de provas – Incidência da Súmula 7 desta corte – Fixação de honorários advocatícios – Descabimento, na espécie – Recurso improvido.

Por fim, devemos asseverar que o art. 475-J, § 4º, do CPC autoriza o devedor a efetuar o cumprimento voluntário de forma parcial da obrigação, submetendo ao cumprimento forçado do excedente a ser requerido pelo exequente, sendo certo que a multa de 10% (art. 475-J, *caput,* do CPC) incidirá sobre o restante.

3. Requerimento

3.1. Momento

Assim, transcorrendo *in albis* o prazo de que trata o *caput* do art. 475-J do CPC, qual seja, 15 dias, a partir do trânsito em julgado da sentença ou acórdão que deu origem ao título executivo judicial, sem que o devedor proceda ao cumprimento voluntário, abre-se a possibilidade de o credor apresentar perante o juízo competente para tanto pedido de cumprimento forçado do referido título executivo que impôs obrigação de pagar em favor do exequente.

A conclusão em questão pode ser extraída da análise do *caput* do art. 475-J do CPC, que assim observa:

> *Art. 475-J. Caso o devedor, condenado ao pagamento de quantia certa ou já fixada em liquidação, não o efetue no prazo de quinze dias, o montante da condenação será acrescido de multa no percentual de dez por cento e, a requerimento do credor e observado o disposto no art. 614, inciso II, desta Lei, expedir-se-á mandado de penhora e avaliação.*

Ocorre, porém, uma dúvida neste momento, qual seja: e quando o título executivo judicial é ilíquido, a partir de quando conta-se o prazo de 15 dias a que se refere o *caput* do art. 475-J do CPC?

Ora, o prazo em questão terá sempre como termo inicial o momento do trânsito em julgado da decisão, que aparelha integralmente o título executivo judicial para submetê-lo ao cumprimento forçado. Assim se o título executivo judicial tiver que ser submetido à liquidação, o termo inicial da contagem do lapso temporal de 15 (quinze) dias, de que trata o art. 475-J, *caput*, do CPC, contar-se-á do trânsito em julgado da decisão que resolver a fase de liquidação em questão.

Desta forma, passados os 15 (quinze) dias ora debatidos, contados do trânsito em julgado da sentença ou acórdão que deu origem ao título executivo judicial líquido, ou ainda do trânsito em julgado da decisão que resolveu a fase de liquidação de sentença, poderá o credor requerer seja dado início à etapa de cumprimento da obrigação de pagar.

3.1.1. Arquivamento

Sendo viável, do ponto de vista temporal, a apresentação de pedido pelo credor de cumprimento de título executivo judicial que imponha obrigação de pagar ao devedor, o ordenamento jurídico processual incentiva-o a dar início à etapa em questão.

Isso porque, o art. 475-J, determina o quanto segue:

> *Art. 475. J (...)*
>
> *§ 5º Não sendo requerida a execução no prazo de seis meses, o juiz mandará arquivar os autos, sem prejuízo de seu desarquivamento a pedido da parte.*

Como acabamos de ver, o CPC informa ao exequente que aguardará por 6 (seis) meses com os autos do processo em cartório do juízo, onde foi formado o título executivo judicial, contados do trânsito em julgado da sentença ou acórdão que lhe deu origem, ou do trânsito em julgado da decisão que resolveu a fase de liquidação, a fim de que o credor tome a iniciativa de pleitear o início da etapa de cumprimento forçado, sob pena de arquivamento.

Porém, mesmo arquivado o feito, o credor não perde o interesse de agir para apresentar o pleito de cumprimento, bastando tão somente que quando entender pertinente formule pedido nesse sentido, requerendo o desarquivamento dos autos.

No entanto, os autos não poderão ficar eternamente em arquivo, aguardando eventual iniciativa a ser formulada pelo credor, pois como o pedido de cumprimento de título executivo judicial é verdadeiro exercício do direito de ação, sobre ele poderá sobrevir prescrição.

O prazo prescricional neste caso é o mesmo relativo ao debate do direito material posto em juízo para resolução, durante a etapa de cognição do processo de conhecimento, e seu termo inicial aparece a partir do momento de inércia do credor, uma vez transcorrido em aberto o prazo de 15 (quinze) dias do trânsito em julgado do título executivo judicial que se objetiva cumprir, ou da imutabilidade de decisão que resolveu a liquidação (art. 475-J, *caput,* do CPC).

Ou seja, se foi proposta ação de indenização por erro médico e neste mesmo processo foi formado título executivo judicial condenando o Réu ao pagamento de quantia certa, terá o credor o prazo de 03 (três) anos, conforme determina o art. 206, § 3º, V, do Código Civil, contados do trânsito em julgado da sentença ou acórdão que deu base ao referido título, ou do trânsito em julgado da decisão que resolveu a liquidação (art. 202, parágrafo único, do CC) para dar início à etapa de cumprimento, sob pena, na inércia, de restar prescrito o direito à execução.

3.2. Providências Preliminares

Neste esteio, como já afirmado anteriormente, se nos termos do art. 475-B do CPC a determinação do valor da obrigação de pagar depender apenas de cálculo aritmético, o credor requererá que se dê início à etapa de cumprimento do título executivo judicial, na forma do art. 475-J do CPC, através de petição, devidamente instruída com a memória discriminada e atualizada do débito.

Nesse contexto, poderíamos num primeiro momento afirmar que, quando a liquidação do título executivo judicial determina obrigação de pagar realizável mediante mero cálculo aritmético, não existe uma fase procedimental propriamente dita destinada à liquidação em questão, pois deve o credor unilateralmente apresentar a planilha do débito com o pedido inicial da etapa de cumprimento, planilha esta que será submetida ao contraditório e ampla defesa, quando intimado o devedor da penhora e avaliação, com a abertura de seu prazo para impugnação nos termos do art. 475-J, § 1º, última parte, do CPC.

Constatamos, desta maneira, que na hipótese em estudo é ônus do credor instruir o pedido de cumprimento de título executivo judicial, com a planilha atualizada do débito, porém algumas intercorrências podem aparecer exigindo providências processuais, que devem ser antes viabilizadas para possibilitar a apresentação do cálculo em questão por parte do exequente, conforme veremos abaixo.

A primeira providência de destaque aparece, pois a elaboração da planilha de cálculo exige, em regra, a intervenção de contador de confiança do exequente para sua confecção, contratado pela parte para tanto e a suas expensas, já que o contador judicial não tem o mister de fazê-la.

Ora, neste momento surge um problema, pois a parte beneficiária da Justiça Gratuita, ou seja, aquela que está isenta do pagamento das despesas e custas processuais, nos termos do art. 3º da Lei nº 1.060/1950, por certo não terá condições financeiras de fazer a contratação de contador para elaboração da planilha de cálculo.

Nesta medida, o legislador mediante a regra contida no art. 475-B, § 3º, última parte, do CPC, prevendo tal dificuldade, permite que o credor hipossuficiente financeiro valha-se do contador judicial para realização do cálculo em questão; e assim, feita a conta pelo *Expert* do Juízo, o exequente poderá apresentar petição para dar início à etapa de cumprimento, fazendo menção à planilha, confeccionada pelo profissional do Poder Judiciário.

Outrossim, uma vez instruído o pedido de cumprimento de título executivo judicial, com planilha de cálculo elaborada por contador particular de confiança do exequente, porém manifestadamente errônea, ou seja, quando aparentemente exceder os limites da decisão exequenda, tanto para mais como para menos, deve o juiz da execução, também com fulcro no art. 475-B, § 3º, primeira parte, do CPC, determinar a remessa dos autos ao *Expert* Judicial para conferência.

Isso porque, não obstante inerte a jurisdição, tudo tem um limite dentro da razoabilidade, não podendo o Poder Judiciário servir de escudo para que a coerção jurisdicional incida sobre os bens do devedor, com a penhora de bens, a partir de valor referencial totalmente diverso daquele que consta no título executivo judicial, tanto faz se o erro beneficiaria o credor ou o devedor.

Feita a verificação do cálculo do contador da parte pelo contador do juízo (notem que, como vimos acima, o executado não se manifesta nesse procedimento), se houver dissonância entre as planilhas e o exequente discordar da conta judicial, deveremos nos valer da saída preconizada pelo § 4º, do art. 475-B, do CPC.

O dispositivo legal em comento permite que o credor apresente o pedido de cumprimento com fulcro na sua planilha, porém a coerção jurisdicional com a penhora de bens terá como base o cálculo do contador judicial, esperando que quando o executado for intimado da constrição judicial e da avaliação de seus bens, ao exercer o contraditório e ampla defesa com a impugnação, apontará os equívocos da conta originariamente ofertada pelo credor, nos termos do art. 475-L, inciso V, do CPC.

O problema todo aparece quando o devedor, não obstante intimado da penhora e avaliação, mantém-se inerte. Nesse caso, deve o juiz da causa decidir sobre qual cálculo deverá ser consolidada a execução, se a partir da planilha apresentada pelo credor ou pelo cálculo do contador judicial.

Por fim, devemos ressaltar que, em determinadas situações, para que ocorra a elaboração da memória do cálculo por parte do credor, há necessidade de acesso a dados existentes em poder do devedor ou de terceiro, quando então, nos termos do art. 475-B, § 1º, do CPC, o juiz, a requerimento do exequente, deverá requisitá-los, fixando prazo de até trinta dias para o cumprimento da diligência.

Vamos imaginar uma demanda que envolva processo de conhecimento, com etapa de cognição relativa a dirimir lide que envolva discussão de dano moral pelo uso indevido da imagem do autor por parte do réu, em jornal de grande circulação, e o título executivo judicial determine obrigação de pagar, por parte do Réu, equivalente ao montante obtido pelo valor de capa de todos os jornais tirados no dia da divulgação depreciativa das fotos do credor.

Neste caso, formada a coisa julgada, o credor deverá requerer ao juiz da causa que intime os distribuidores do jornal (terceiros na relação jurídica processual) para que informem, no prazo de até 30 (trinta) dias, quantos exemplares receberam naquele dia para distribuição.

Depois disso, sim, de posse de tais informações o credor elaborará planilha de cálculo para instruir o pedido de cumprimento.

O art. 475-B, § 2º, do CPC adverte apenas que se os dados não forem injustificadamente apresentados pelo devedor, reputar-se-ão corretos os cálculos apresentados pelo credor, e, se não o forem pelo terceiro, configurar-se-á a situação prevista no art. 362 do CPC.

Verificamos que quanto à necessidade da requisição de informações ao devedor ou terceiros pelo devedor, o ordenamento jurídico processual confere a tal incidente o mesmo regime jurídico da exibição de documentos previsto nos arts. 355 a 363 do CPC.

Assim, se o devedor de posse das informações não as apresenta em juízo, mesmo depois de requisitadas, isso o prejudicará, pois serão reputados como corretos eventuais dados estimados ofertados pelo credor, sem que depois, em sede de impugnação, o executado possa voltar-se contra eles.

Por outro lado, se o terceiro, sem justo motivo, se recusar a prestar as informações, o juiz lhe ordenará que proceda ao respectivo depósito da documentação comprobatória das referidas informações em cartório, no prazo de 5 (cinco) dias; se o terceiro descumprir a ordem, o juiz expedirá mandado de apreensão, requisitando, se necessário, força policial, para tentativa de obtenção dos dados, tudo sem prejuízo da responsabilidade por crime de desobediência.

Repita-se, tudo isso ocorre sem a instauração de procedimento revestido do contraditório e ampla defesa, com a participação do executado, tendo como objeto a correção ou não da planilha de cálculo a ser apresentada pelo credor, junto com o pedido de cumprimento de título executivo judicial.

Tal discussão só ocorrerá quando da oferta de impugnação por parte do devedor, no prazo de 15 dias contados da sua intimação, acerca da penhora e avaliação de seus bens (art. 475-L, V, do CPC).

3.3. Forma

O pedido de cumprimento de obrigação de pagar imposta ao executado por título executivo judicial deve ser formulado pelo credor perante o juízo competente para tanto, necessariamente, por petição escrita.

É certo que tal pedido, não obstante tenha natureza jurídica de petição inicial, não precisa ser apresentado, observando-se estritamente os requisitos previstos nos arts. 282 e 283 do CPC, bastando pura e simplesmente formulá-lo mediante petição fundamentada, encerrando silogismo jurídico.

Ou seja, a petição deverá expor os fatos e fundamentos jurídicos que concluam pelo cabimento do pleito do cumprimento, sob o rito da obrigação de pagar, com o uso da coerção visando a expropriação de bens do devedor para fazer frente ao crédito do exequente.

3.4. Conteúdo

Assim verificaremos adiante que a petição inaugural do pleito de cumprimento de obrigação de pagar deve observar uma série de providências em seu conteúdo para viabilizar o aparelhamento da coerção jurisdicional, com o intuito de expropriar bens do devedor para saldar o crédito do exequente.

3.4.1. Endereçamento e Preâmbulo

A petição inaugural do cumprimento de obrigação de pagar deve ser endereçado ao juízo competente para tanto, conforme vimos no Capítulo I deste título.

Logo, após o endereçamento, o exequente deverá redigir o preâmbulo da petição inaugural do cumprimento da obrigação de pagar, sendo certo que, em princípio, não há necessidade de nova qualificação das partes, desde que exequente e executado correspondam, respectivamente, a credor e devedor do título executivo judicial, objeto do cumprimento, assim como não tenha ocorrido modificação na qualificação pessoal de cada um deles.

Dessa forma, se credor ou devedor, por exemplo, mudaram de estado civil ou domicílio, na petição inaugural de cumprimento da obrigação de pagar, deverá o exequente apresentar a qualificação atualizada das partes.

Outrossim, se o pedido de cumprimento da obrigação de pagar for formulado por ou movido em face de legitimado extraordinário (arts. 567 e 568 do CPC), por exemplo, o espólio do credor ou do devedor, através de seu inventariante, mister a indicação de qualificação deste por parte do exequente na petição inaugural do cumprimento.

3.4.2. Descrição Fática e Jurídica do Título Executivo Judicial

Formulado o preâmbulo, deve o exequente apresentar resumidamente os fatos que deram origem à relação de débito e crédito existente entre exequente e executado inserta no título executivo judicial que se pretende levar a cumprimento, demonstrando, ainda, que tal título é certo, líquido e exigível.

Assim, deve noticiar o exequente na petição inaugural do cumprimento da obrigação de pagar, por exemplo, que se submeteu a procedimento arbitral, que deu origem a sentença arbitral, esta que, por sua vez, impôs ao devedor a obrigação de pagar R$ 500.000,00 (quinhentos mil reais) ao credor, e que o executado não honrou o pagamento, gerando a necessidade de submeter o título executivo judicial a cumprimento forçado.

Feito isso, deve o exequente indicar a fundamentação jurídica para a espécie de coerção que pretende obter do Poder Judiciário, ou seja, que o título executivo judicial deu origem a prestação que deve ser observada pelo devedor, através do exercício da coerção jurisdicional, no caso da obrigação de pagar, dando margem a expropriação de bens do patrimônio do executado, pela penhora de bens, visando saldar o débito deste com o credor.

3.4.3. Indicação de Bens Penhoráveis do Devedor

Dessa forma, o exequente ao apresentar o pedido de cumprimento da obrigação de pagar deve indicar, preferencialmente, quais bens do executado devem ser submetidos a expropriação por penhora.

Isso é o que podemos extrair da dicção do § 3º, do art. 475-J, do CPC, que assim indica:

> *Art. 475-J. (...)*
>
> ***§ 3º O exequente poderá, em seu requerimento, indicar desde logo os bens a serem penhorados.***

Poderíamos, numa interpretação literal do dispositivo legal em apreço, concluir, num primeiro momento, que a necessidade de indicação de bens do devedor a serem penhorados, por parte do credor, na petição inaugural do cumprimento da obrigação de pagar não é uma imposição legal, mas apenas uma faculdade do exequente para facilitar a expropriação do patrimônio do executado, porém numa análise sistemática do ordenamento processual civil vigente não chegaremos a tal conclusão.

Ora, na Lei Federal nº 11.232/2005, que modifica radicalmente o exercício da coerção jurisdicional, no que concerne à obrigação de pagar, verifica-se uma mudança radical na principiologia que rege a execução, que, anteriormente, tinha uma preocupação exacerbada com a prevalência do princípio da menor onerosidade e dignidade humana do devedor sobre a satisfação do crédito do exequente, mas que agora sobrepõe este sobre aqueles.

Isso não significa que os princípios da menor onerosidade e dignidade humana do devedor foram esquecidos; não, tanto é que continua em vigor ordem de preferência de penhora dos bens do executado (art. 655 do CPC) e a impenhorabilidade de outros (art. 649 do CPC), porém o devedor não tem mais a prerrogativa de indicação de qual parte de seu patrimônio deverá sofrer constrição judicial, uma vez que ele somente se manifestará na etapa de cumprimento da obrigação de pagar, depois de expropriado e avaliado o seu ativo.

Ora, se não é o devedor que deve indicar bens a penhora, a outra conclusão não podemos chegar de que tal mister agora é do credor, interpretando que o art. 475-J, § 3º, impõe dever ao exequente, e não apenas faculdade.

O Min. José Delgado, da 1ª Turma do STJ, em acórdão de sua lavra, em julgamento ao Recurso Especial nº 1.031.089/RS, julgado em 06/05/2008 e publicado no *DJE* em 04/06/2008, assim observa quanto ao tema em debate:

> O artigo 475-J do CPC não exime o credor de indicar bens do devedor suscetíveis de penhora. A dicção do referido artigo é no sentido de que, já na inicial do cumprimento de sentença, poderá indicar quais os bens que pretende sejam penhorados. Portanto, mais uma vez, não está dispensado o credor de realizar as buscas necessárias para satisfação de seu crédito.
>
> (...)
>
> 3. Muito embora o art. 475-J do CPC determine a expedição de mandado de penhora e avaliação, caso o devedor não efetue o pagamento do montante da condenação no prazo de 15 (quinze dias), não dispensa o credor, diante da singularidade do caso concreto, de realizar buscas necessárias à satisfação do seu crédito.

Dessa forma, deve o exequente indicar bens do executado, a serem penhorados, já na petição inaugural do cumprimento da obrigação de pagar; ou, caso os desconheça, pleiteará diligências para localização de patrimônio do devedor, a ser objeto de expropriação, como expedição de ofício à Receita Federal para remessa de declaração de IR do executado; ao DETRAN para localização de automóveis etc.

Por fim, devemos ressaltar que ao exequente não basta tão somente a indicação dos bens do devedor, objeto de penhora, mas deve, também, nos termos do art. 668, do CPC, observar:

a) quanto aos bens imóveis, indicar as respectivas matrículas e registros, situá-los e mencionar as divisas e confrontações;
b) quanto aos móveis, particularizar o estado e o lugar em que se encontram;
c) quanto aos semoventes, especificá-los, indicando o número de cabeças e o imóvel em que se encontram;
d) quanto aos créditos, identificar o devedor e qualificá-lo, descrevendo a origem da dívida, o título que a representa e a data do vencimento; e
e) atribuir valor aos bens indicados à penhora.

3.4.4. Averbação do Cumprimento

Aqui, na petição inaugural do cumprimento de obrigação de pagar, é possível também que o credor venha a valer-se do disposto no art. 615-A do CPC, pleiteando a expedição de certidão comprobatória do ajuizamento da execução, com identificação das partes e valor da causa, para fins de averbação no registro de imóveis, registro de veículos ou registro de outros bens sujeitos a penhora ou arresto.

O exequente deverá comunicar ao juízo as averbações efetivadas, no prazo de 10 (dez) dias de sua concretização, sendo que depois de formalizada penhora sobre bens suficientes para cobrir o valor da dívida, durante o trâmite do cumprimento da obrigação de pagar, será determinado o cancelamento das averbações realizadas pelo credor relativas àqueles bens que não tenham sido penhorados.

Contudo, se o exequente promover averbação manifestamente indevida, indenizará o executado nos termos do § 2º do art. 18 do CPC, processando-se o incidente para apuração de perdas e danos em autos apartados.

As despesas decorrentes das averbações realizadas pelo exequente devem ser por ele adiantadas e acrescidas ao débito do executado (art. 19, c/c o art. 710, ambos do CPC).

Aqui, porém, aparece uma deficuldade ao exequente, beneficiário da Justiça Gratuita, relacionada ao suporte das despesas de averbação. Isso porque tais averbações são efetivadas perante órgãos extrajudiciais; e, em tese, a isenção de pagamento ao credor, hipossuficiente financeiro, na acepção jurídica do termo, incluiria somente as custas e despesas judiciais, em face do que consta do art. 3º da Lei Federal nº 1.060/1950.

Contudo, ainda que a Lei Federal nº 1.060/1950 não fale expressamente de que despesas extraprocessuais o beneficiário da Justiça Gratuita fica isento, isso decorre do texto constitucional, constante no art. 5º, LXXIV, da CF, que esclarece:

> *Art.5º (...)*
> *LXXIV – o Estado prestará assistência jurídica integral e gratuita aos que comprovarem insuficiência de recursos;"*

O texto constitucional é bem claro em não limitar a isenção de custas e despesas, sejam elas processuais ou extraprocessuais para o hipossuficiente financeiro, desde que isso decorra de assistência jurídica gratuita, de postulação judicial ou eventual assessoria jurídica. Ademais, na hipótese em estudo, o gasto com a averbação viabilizará a efetividade de dispositivo legal processual, em favor do beneficiário da Justiça Gratuita.

Nesse sentido, decidiu a segunda turma do STJ, em venerando acórdão de relatoria da Min. Eliana Calmon, proferido no Recurso Ordinário em Mandado de Segurança nº 26.493, julgado em 19/08/2008 e publicado no *DJE* em 23/09/2008, que assevera:

> Processual civil – Mandado de segurança – Gratuidade judiciária – Atos extrajudiciais relacionados a processo judicial – Isenção – Art. 3º, ii, da Lei nº 1.060/1950 – Extensão – Atos necessários ao exercício da cidadania – Legalidade do ato.
> 1. A gratuidade da justiça estende-se aos atos extrajudiciais relacionados à efetividade do processo judicial em curso, mesmo em se tratando de registro imobiliário.
> 2. A isenção contida no art. 3º, II, da Lei n. 1.060/50 estende-se aos valores devidos pela extração de certidões de registro de imóveis, necessárias ao exercício do direito de ação.

3. Legalidade do ato.
4. Recurso ordinário não provido."

3.4.5. Honorários Advocatícios

Como vimos anteriormente, na etapa de cumprimento é cabível a fixação de honorários advocatícios, por conta disso deve o credor ao apresentar a sua petição inaugural requerer seja fixada verba honorária em seu favor.

Agora, o problema que aparece é o montante a ser requerido de verba honorária pelo credor em desfavor do devedor.

O legislador processual, nos termos do art. 20, § 4º, do CPC, inibe a fixação dos honorários advocatícios na execução, assim englobada a etapa de cumprimento, no percentual de 10% a 20% do valor da condenação (art. 20, § 3º, do CPC), regra esta a ser observada, somente, na etapa de cognição do processo de conhecimento.

O ordenamento processual vigente exige que a fixação da verba honorária leve em conta a dificuldade que o advogado do credor terá para conduzir a etapa de cumprimento da obrigação de pagar, que é com certeza mais singela que a atuação deste durante a etapa de cognição do processo de conhecimento, por isso percentual razoável seria o de 10% do valor em dinheiro que se busca receber, em decorrência do título executivo judicial.

Ocorre que as opiniões sobre o tema são, ainda, dissonantes. Nesse sentido vejamos a ementa do venerando acórdão da terceira turma do STJ, no Agravo Regimental no Agravo de Instrumento nº 1.034.880/RJ, Relator Min. Sidnei Beneti, julgado em 07/10/2008 e publicado no *DJE* em 28/10/2008, que fixa a verba honorária em valor certo e não em percentual relativo ao crédito que se busca perante o Poder Judiciário, a saber:

> Processual civil. Fixação de honorários na fase de cumprimento da sentença. Cabimento. Fundamento legal para sua fixação. Valor razoável.
> 1.- Muito embora o capítulo do cumprimento de sentença seja omisso quanto à fixação da verba honorária, a interpretação sistemática e teleológica da norma conduz ao entendimento de que é cabível arbitramento de honorários.
> 2.- Verba de sucumbência que deve ser fixada com base no artigo 20, § 4º, do Código de Processo Civil.
> 3.- Na hipótese dos autos, não se reputa desarrazoado o valor de R$ 1.000,00 (mil reais) estabelecido a título de honorários advocatícios.
> Agravo improvido.

3.4.6. Planilha de Cálculo

Por fim, o exequente deve encerrar a sua petição inaugural do cumprimento de obrigação de pagar, instruindo-a com a planilha de demonstrativo do débito atualizado até a data da apresentação do pleito de cumprimento, conforme consta do art. 475-J, *caput,* do CPC.

Assim, tal planilha deve apresentar o valor do principal da obrigação de pagar, constante do título executivo judicial, com os devidos acréscimos referenciados no referido título, em especial correção monetária, juros moratórios, custas e despesas processuais, honorários advocatícios da etapa de cognição e cumprimento, dentre outros.

Além disso, a necessidade da etapa de cumprimento forçado para viabilizar a obrigação carreada ao devedor em favor do credor, constante no título executivo judicial, faz incidir também a multa de 10% a que se refere o *caput* do art. 475-J, do CPC.

Como vimos anteriormente, essa multa vai incidir ultrapassado o prazo de 15 dias contados do trânsito em julgado da sentença ou acórdão que deu sustentação à coisa julgada, base do título executivo judicial, ou da imutabilidade da decisão que resolveu a liquidação, independentemente da intimação do devedor ou de seu advogado, conforme determina o *caput* do art. 475-J do CPC.

Contudo, nos indagamos neste momento se a multa em questão incidiria sobre os títulos executivos judiciais firmados antes da edição da Lei Federal nº 11.232/2005, que introduziu a etapa de cumprimento no processo de conhecimento, dando nova redação ao CPC, com a introdução dos arts. 475-A e seguintes em seu bojo.

Ora, estamos falando aqui de questão vinculada à aplicação da lei processual no tempo, donde aplica-se o princípio do "tempo rege o ato", ou seja, se quando do trânsito em julgado do título executivo judicial ainda não vigente a Lei Federal nº 11.232/2005, não há que se falar na incidência da multa de 10%, a que se refere o *caput* do art. 475-J do CPC, que inexistia naquele momento.

Nesse sentido, temos venerando acórdão da 3ª Turma do STJ, da lavra do Min. Humberto Gomes de Barros, prolatado no bojo do Recurso Especial nº 962.362/RS, julgado em 06/03/2008 e publicado no *DJE* 24/03/2008, que assim entendeu:

> Cumprimento de sentença – Multa do art. 475-J – Sentença com Trânsito em julgado anterior à Lei 10.232/2005 – Inaplicabilidade.
> – A multa do Art. 475-J do CPC não se aplica às sentenças condenatórias transitadas em julgado antes da vigência da Lei 10.232/2005 por simples falta de previsão legal à época. As leis processuais têm aplicação imediata, mas não incidem retroativamente.

3.5. Modelo

EXCELENTÍSSIMO SENHOR DOUTOR JUIZ DE DIREITO DA ____ª VARA CÍVEL DA COMARCA DA CAPITAL DO ESTADO DE SÃO PAULO,

Processo nº ____________________

Procedimento Ordinário

______________________________, por seu advogado, que esta subscreve, nos autos do processo da AÇÃO DE COBRANÇA, que move em face de ______________________, vem, respeitosamente, à presença de Vossa Excelência, nos termos do art. 475-J, do CPC, apresentar o presente pedido de CUMPRIMENTO DE OBRIGAÇÃO DE PAGAR, pelos motivos de fato e de direito a seguir expostos:

1 – A r. sentença prolatada nestes autos, confirmada pelo v. acórdão da apelação, que transitou em julgado, servindo como base do título executivo judicial, condenou o Executado ao pagamento:

a) do principal, assim estabelecido no valor de R$ 200.000,00 (duzentos mil reais);
b) acrescido de correção monetária, a partir do vencimento da prestação, que ocorreu em 10/05/2005; assim como
c) juros moratórios de 0,5% ao mês a partir da citação ocorrida em 17/04/2006; além de
d) custas e despesas processuais devidamente corrigidas monetariamente, quais sejam: R$ 4.025,00 (quatro mil e vinte e cinco reais) desembolsados pelo Exequente em 05/02/2006; e
e) honorários advocatícios, da etapa de cognição, fixados em 10% do valor da condenação.

02 – É certo que, transcorridos muito mais de 15 dias do trânsito em julgado do v. acórdão da apelação, o devedor até a presente data não cumpriu voluntariamente a obrigação contida no título executivo judicial, ora em etapa de cumprimento.

03 – Assim, sobre o montante descrito no item 1 desta, deve ser acrescida a multa de 10%, a que se refere o *caput* do art. 475-J, do CPC, e honorários advocatícios da etapa de cumprimento em 10% do valor final exequendo.

04 – Isto posto, requer seja:

a) deferido por Vossa Excelência o início da etapa de cumprimento da obrigação de pagar do título executivo judicial, formado nestes autos;
b) fixado o valor dos honorários advocatícios da etapa de cumprimento em 10% do montante exequendo;
c) feita a penhora de dinheiro, através do bloqueio *on-line* de valores constantes em conta bancária do devedor, até o limite do montante constante na planilha de cálculo em anexo, conforme determina o art. 655-A, do CPC;
d) a intimação do executado, acerca da penhora em questão, na pessoa de seu advogado, via Diário Oficial eletrônico, conforme determina o art. 475-J, § 1º, do CPC; e
e) finalmente, seja adjudicado o valor penhorado em favor do Exequente, expedindo-se guia de levantamento em seu favor para tanto.

Nestes termos,
pede deferimento.

São Paulo, __ de__________ de 20___.

Nome:________________

Advogado

OAB/___ nº ________

PLANILHA DE CÁLCULO

ATUALIZAÇÃO PELA TABELA DO
TRIBUNAL DE JUSTIÇA ATÉ 11/2008

Valor principal em	10/05/2005	R$ 200.000,00
Correção Monetária	Mai/05 – Nov/08	R$ 33.990,64
		R$ 233.990,64
Juros Moratórios	Abr/06 – Nov/08	R$ 36.268,55
		R$ 270.259,19

Custas	05/02/2006	R$ 4.025,00
Correção Monetária	Fev/06 – Nov/08	R$ 560,33
		R$ 4.585,33

Subtotal (1)		R$ 274.844,52
10% Honorários Advocatícios	etapa de cognição	R$ 27.484,45
Subtotal (2)		R$ 302.328,97
Multa de 10%		R$ 30.232,90
Subtotal (3)		R$ 332.561,87
10% Honorários Advocatícios	etapa de cumprimento	R$ 33.256,19
TOTAL GERAL		R$ 365.818,06

4. Decisão Inicial

4.1. Conteúdo

Apresentada a petição inaugural do pedido de cumprimento de obrigação de pagar, como vimos anteriormente, tendo em vista a sua natureza de ação, antes de analisar e determinar a penhora dos bens do devedor indicados pelo exequente, deve o juiz da causa tomar algumas providências, que veremos adiante.

Assim, o juiz da causa deverá, antes de determinar a penhora de bens, verificar se a petição inaugural está apta para conduzir o processo ao exercício da coerção e o pagamento do credor ao seu final, para resolução definitiva da lide, com o efetivo acertamento contido no título executivo judicial.

O art. 295 do CPC enumera as hipóteses que permitem o indeferimento da petição inicial, sendo as principais causas a inépcia; falta de uma das condições da ação ou ausência de pressupostos processuais.

A petição inaugural do cumprimento será considerada inepta quando lhe faltar, por exemplo, planilha de cálculo atualizada, indicação dos bens do devedor a serem penhorados, dentre outras situações que inviabilizem o exercício imediato da coerção jurisdicional, com a penhora de bens.

Caso, na decisão inicial do cumprimento, o juiz da causa verifique que é hipótese de indeferimento da petição inaugural, concederá prazo para que o exequente a regularize em 10 dias, sob pena de indeferimento da mesma. Findo tal prazo, permanecendo o vício, o magistrado rejeitará o pedido de cumprimento, determinando o arquivamento dos autos, nos termos do art. 475-J, § 5º, do CPC.

O juiz pode, ainda, reconhecer de ofício a prescrição da pretensão executiva, no momento da decisão inicial, quando então extinguirá o cumprimento da obrigação de pagar, nos termos do art. 269, IV, do CPC.

Por outro lado, verificada a regularidade da petição inaugural do cumprimento de obrigação de pagar, o juiz da causa irá:

a) deferir o início da etapa de cumprimento da obrigação de pagar;
b) fixar os honorários advocatícios da etapa de cumprimento;
c) determinar a penhora de bens do devedor, a partir do elenco apresentado pelo credor, devendo o senhor Oficial de Justiça avaliá-los, quando for o caso; e que
d) em ato contínuo seja intimado ou citado (art. 475-N, parágrafo único, do CPC) o executado da penhora e avaliação realizada.

4.2. Efeitos

Um dos principais efeitos da decisão inicial na etapa de cumprimento é a interrupção da prescrição da pretensão executiva.

É isso o que se extrai da leitura do art. 617 do CPC, que neste caso específico está em compasso com a redação atual do art. 202, do Código Civil.

Dessa forma, a decisão inicial da etapa de cumprimento, deferindo o seu início, irá gerar, como efeito imediato, a interrupção da prescrição da pretensão executiva, desde que ocorra a intimação ou citação (art. 475-N, parágrafo único, do CPC) do devedor, acerca da penhora de seu patrimônio e respectiva avaliação realizada pelo senhor Oficial de Justiça, nos termos determinados pelo art. 475-J, § 1º, do CPC.

5. Penhora e Avaliação

No caso do cumprimento da obrigação de pagar, a penhora será feita a partir:

a) da indicação de bens do devedor, apresentados pelo credor na petição inaugural do cumprimento da obrigação de pagar, que deverá referenciar o valor de avaliação da coisa a ser penhorada;
b) caso não localizados bens pelo credor, das diligências realizadas pelo senhor Oficial de Justiça, que avaliará a coisa penhorada; ou
c) uma vez frustradas as hipóteses anteriores, dos bens indicados pelo devedor, intimado para tanto, nos termos do art. 652, § 3º, do CPC, que deverá apresentar o valor de avaliação da coisa a ser penhorada.

Realizada a penhora, deverá ser formalizada da mesma maneira que já estudamos, em relação ao procedimento da execução por quantia certa contra devedor solvente do processo de execução, em especial no que concerne ao depósito dos bens penhorados.

O auto de penhora deverá conter, assim, nos termos do art. 665 do CPC:

a) a indicação do dia, mês, ano e lugar em que foi feita;
b) os nomes do credor e do devedor;
c) a descrição dos bens penhorados, com as suas características e avaliação; e
d) a nomeação do depositário dos bens.

Contudo, na hipótese da penhora concretizada através de diligências realizadas pelo senhor Oficial de Justiça, caso ele não possa proceder à avaliação, por depender de conhecimentos especializados, o juiz da causa, de imediato, nomeará avaliador, assinando-lhe breve prazo para a entrega do laudo (art. 475-J, § 2º, do CPC).

Nessa hipótese, deverá ser lavrado o auto de penhora sem constar o valor de avaliação da coisa penhorada, que posteriormente será definida, com a vinda do parecer do avaliador nomeado para tanto.

6. Intimação ou Citação do Executado

Feita a penhora do patrimônio do executado, que servirá como base de pagamento do exequente com a respectiva avaliação da coisa penhorada, deverá ser cientificado o devedor da expropriação de seu patrimônio, oportunizando lhe o prazo de 15 (quinze) dias para apresentação de defesa, através da oferta de impugnação.

É certo que, neste momento, não analisaremos o regime jurídico da impugnação, o que faremos mais adiante. Dedicar-nos-emos apenas ao estudo da forma como será efetivada a cientificação do executado, para, querendo, apresente resistência ao cumprimento.

A regra é que a cientificação do executado, acerca da penhora e avaliação do seu patrimônio expropriado, seja realizada mediante intimação, via diário oficial eletrônico, dirigida ao seu advogado atuante nos autos, conforme preleciona o art. 475-J,

§ 1º, do CPC, oportunizando-lhe o prazo de 15 (quinze) dias para a apresentação de impugnação.

Porém, se por qualquer motivo o executado tenha sido assistido por curador especial na etapa de cognição do processo de conhecimento; ou, caso feita a penhora e avaliação de seu patrimônio expropriado na etapa de cumprimento, naquele momento, não tiver patrono constituído nos autos, pois, por exemplo, o advogado que atuou na etapa de cognição do processo de conhecimento veio a falecer ou renunciou, dentre outras hipóteses, deverá o devedor ser intimado pessoalmente, seja por mandado ou pelo correio, da constricção realizada, oportunizando-lhe o prazo de 15 (quinze) dias para a apresentação de impugnação.

Finalmente, por inexistir processo de conhecimento previamente iniciado, ou seja, o Poder Judiciário cível brasileiro não se manifestou em etapa de cognição sobre a lide posta em juízo, a saber, nos casos de sentença penal condenatória, sentença estrangeira homologada pelo STJ e sentença arbitral, o ordenamento jurídico processual, através de seu art. 475-N, parágrafo único, do CPC, exigirá eventual liquidação se for o caso, e que o executado seja citado para apresentação de impugnação, devendo contratar advogado para tanto, sendo que em caso de hipossuficiência financeira deverá valer-se de defensor público.

7. Procedimento Ulterior até a Extinção

Feita a intimação ou citação do executado, quanto aos termos da penhora e avaliação do patrimônio expropriado do devedor, o procedimento do cumprimento de obrigação de pagar seguirá os mesmos termos aplicáveis ao processo de execução, no que concerne ao procedimento da execução por quantia certa contra devedor solvente.

Assim, após a intimação ou citação do devedor, passará o procedimento à efetiva expropriação dos bens penhorados, através da adjudicação (arts. 685-A e 685-B, do CPC), alienação por iniciativa particular (art. 685-C do CPC), alienação judicial em hasta pública (arts. 686 a 707, do CPC) ou usufruto de móvel ou imóvel (art. 716 a 724 do CPC), elegendo-se sempre a melhor opção que leve à satisfação do crédito do exequente, e seja menos onerosa ao executado.

Por fim, realizado o patrimônio penhorado do executado, será feito o pagamento do exequente, extinguindo-se a execução com fundamento no art. 794, I, do CPC.

8. Cumprimento de Obrigação de Pagar Indenização que Envolva Obrigação Alimentar

Acabamos de ver como se processará, em regra, o cumprimento da obrigação de pagar, contida em título executivo judicial, porém existe uma hipótese desta modalidade de prestação que comporta procedimento excepcional.

O procedimento excepcional a que nos referimos é o previsto no art. 475-Q, do CPC, que regulamenta a hipótese em que o título executivo judicial decorre de etapa de cognição, onde se discutiu indenização por ato ilícito, com a imposição ao executado de obrigação de prestação de alimentos, por exemplo, quando procedente ação de reparação de danos por erro médico, que tenha incapacitado o paciente para o trabalho, sendo o réu condenado a pagar-lhe pensão mensal equivalente ao salário recebido pela vítima à época do cometimento da imperícia.

Nesse caso, para aplicação do determinado no art. 475-Q, do CPC, o título executivo judicial deverá determinar que a obrigação de prestar alimentos seja realizada pelo devedor, mediante constituição de capital, cuja renda assegure o pagamento do valor mensal da pensão.

Esse capital será representado por imóveis, títulos da dívida pública ou aplicações financeiras em banco oficial, que serão objeto de penhora e ficarão à disposição do Poder Judiciário, revertendo-se seus frutos ao pagamento da pensão mensal.

Assim, apresentado pelo exequente petição inaugural de cumprimento da obrigação de pagar alimentos, devidos pelo executado decorrentes de ato ilícito, a penhora de bens do devedor será realizada para a constituição do capital assecuratório da pensão mensal, desde que conste tal determinação no título executivo judicial, capital esse que será inalienável e impenhorável, em relação a outros feitos, enquanto durar a obrigação do devedor.

Intimado o devedor da penhora e avaliação para fins de constituição de capital para pagamento de alimentos devidos, em razão de indenização por ato ilícito, caso o executado for entidade de direito público ou empresa de direito privado de notória capacidade econômica, poderá requerer a substituição da constituição do capital pela inclusão do beneficiário da prestação em folha de pagamento.

No mesmo sentido, seja qual for o *status* do devedor, seja pessoa física ou jurídica, ou pública ou privada etc., poderá esta, recebida a intimação quanto à penhora e avaliação de seus bens para fins de constituição de capital, requerer a substituição da constricção judicial por fiança bancária ou garantia real, em valor a ser arbitrado de imediato pelo juiz da causa.

Uma vez implementado o pagamento da pensão mensal, cumpre ressaltar que o ordenamento jurídico processual, expressamente, reconhece a condição de mutabilidade do título executivo judicial que imponha obrigação alimentar, decorrente de ato ilícito, permitindo durante a etapa de cumprimento a redução ou aumento da prestação alimentar, a requerimento de qualquer das partes, caso sobrevier modificação das condições econômicas do exequente ou do executado, cuja alteração poderá tomar como base o salário mínimo.

Por fim, cessada a obrigação de prestar alimentos, o juiz da causa mandará liberar o capital, cessar o desconto em folha ou cancelar as garantias prestadas.

CAPÍTULO 4

Cumprimento de Obrigação de Fazer, Não Fazer ou de Dar

1. Considerações iniciais

Vimos nos capítulos anteriores, num primeiro momento, o que poderíamos designar como teoria geral do cumprimento de sentença, passando depois ao estudo da fase de liquidação; adentramos a análise das espécies procedimentais de cumprimento de sentença, iniciando pela obrigação de pagar; e agora apreciaremos conjuntamente o procedimento do cumprimento da obrigação de fazer e não fazer, assim como de dar.

É certo que se optou pelo estudo conjunto do cumprimento atinente às obrigações de fazer e não fazer, reguladas pelo art. 461, do CPC e da obrigação de dar, regrada pelo art. 461-A, do CPC. Isto porque, em tais espécies de cumprimento, os meios coercitivos a serem utilizados pelo Poder Judiciário para impor ao devedor a observância da prestação na sua forma específica são os mesmos, quais sejam: multa diária pelo descumprimento, aliada à aplicação de eventuais medidas de apoio, tais como: busca e apreensão, remoção de pessoas e coisas, desfazimento de obras e impedimento de atividade nociva, se necessário com requisição de força policial, dentre outras.

Nesse sentido é o entendimento do STJ, o que podemos verificar pelo venerando acórdão proferido no bojo do Recurso Especial nº 759.790/RS, relatado pelo ínclito Min. Francisco Falcão, da 1ª Turma do STJ, julgado em 16/03/2006 e publicado no *DJ* em 10/04/2006, que assevera:

> Administrativo e processual civil. Fornecimento de medicamento. Omissão no acórdão. Inocorrência. Fixação de multa diária. Obrigações de dar e de fazer. Previsão legal.
>
> I – Não houve a alegada violação ao art. 535, II, do CPC, eis que o Tribunal *a quo* julgou satisfatoriamente a lide, pronunciando-se sobre o tema proposto, que restou prequestionado.
>
> II – A recorrente insurge-se contra o *decisum* do Tribunal *a quo*, sustentando que a hipótese (fornecimento de medicamento) é de obrigação de dar e não de fazer, afirmando que não é permitido pela lei o estabelecimento de astreintes como meio de coerção para o cumprimento de obrigação de dar.

III – Sucede que, por força do art. 461-A, § 3º, do CPC, o estabelecimento de multa pecuniária também tem aplicação nos casos de obrigações de dar, não devendo ser acolhido, dessa forma, o pleito formulado pela recorrente, ficando patente que o CPC autoriza a fixação das astreintes como meio coercitivo de cumprimento das prestações de qualquer das espécies de obrigações (fazer, não fazer e dar).
IV – Recurso especial improvido.

Essa igualdade de medidas coercitivas leva a uma quase identidade procedimental do cumprimento das obrigações de fazer, não fazer e de dar, o que justifica o estudo conjunto de tais procedimentos, o que faremos em seguida.

Interessante que o cumprimento da obrigação de fazer e não fazer, assim como de dar, não sofreu qualquer alteração substancial pela edição das Leis Federais nº 11.232/2005 e 11.382/2006, que, respectivamente, introduziram no sistema processual pátrio o cumprimento de sentença da obrigação de pagar e reformularam o processo de execução de título executivo extrajudicial.

Assim, a última modificação estrutural do cumprimento da obrigação de fazer e não fazer, assim como de dar, ocorreu, em verdade, com a edição da Lei Federal nº 10.444/2002, ou seja, já não é tão recente, porém hodiernamente a doutrina, a jurisprudência e a prática forense são, ainda, extremamente dissonantes quanto à interpretação do procedimento a ser observado pelo cumprimento de tais obrigações.

2. Conceito

O cumprimento de obrigação de fazer, não fazer ou de dar é o meio processual adequado para a prestação jurisdicional de coerção por parte do Poder Judiciário, pleiteada por quem se intitula credor de título executivo judicial em face daquele que lá consta como devedor, a fim de que este cumpra especificamente a prestação de fazer, não fazer ou de dar em favor do exequente, mediante a imposição de multa diária e eventuais medidas de apoio, se necessárias.

2.1. Cumprimento Voluntário

Conforme dito anteriormente, a etapa de cumprimento de título executivo judicial quer dizer cumprimento forçado, através do uso dos meios coercitivos existentes no ordenamento jurídico processual vigente, para que o Poder Judiciário force o executado a prestar a obrigação contida no referido título de forma específica, porém o devedor pode e deve cumpri-la voluntariamente.

Tanto é que, se assim o fizer, não poderá o credor fazer uso do cumprimento forçado, conforme determina o art. 581 do CPC.

No caso específico das obrigações de fazer, não fazer e de dar, uma vez formado o título executivo judicial impondo tal obrigação ao devedor, abre-se a possibilidade de cumprimento voluntário por parte do executado.

O cumprimento voluntário por parte do devedor não pode ser feito a qualquer momento, devendo obedecer ao marco temporal e às condições previstas pelo ordenamento jurídico processual para tanto.

Contudo, diferentemente do que ocorre com o cumprimento da obrigação de pagar, em que o legislador aponta ao devedor um marco de mora processual, qual seja a incidência da multa de 10% prevista no *caput* do art. 475-J do CPC, como paradigma para o cumprimento voluntário em relação à obrigação de fazer, não fazer e de dar, não existe tal marco.

Assim, no cumprimento da obrigação de pagar, fica claro que o devedor não estará ainda em mora processual, ou seja, o executado poderá efetuar voluntariamente o cumprimento de dita obrigação de pagar contida no título executivo judicial, sem a incidência da multa a que se refere o *caput* do art. 475-J do CPC, no prazo de 15 (quinze) dias, contados do trânsito em julgado da sentença ou acórdão que deu sustentação à coisa julgada, base do referido título, ou da imutabilidade da decisão que resolveu a liquidação.

Ocorre que em relação ao cumprimento da obrigação de fazer, não fazer e de dar, o ordenamento jurídico não estabelece um marco de mora processual pela sua não-observância por parte do executado, eis que surge a indagação de até quando poderá o devedor efetuar o cumprimento voluntário da obrigação de fazer, não fazer e de dar, sem a incidência dos meios coercitivos existentes para forçá-lo a observar a prestação contida no título executivo judicial.

Nessa medida, ante a inexistência de marco legal para caracterização da mora processual, mister apresenta-se necessária a intimação prévia do devedor para que cumpra voluntariamente a obrigação de fazer, não fazer ou de dar, em prazo razoável compatível com a natureza da prestação que se busca, aí sim, sob pena de pagamento de multa diária e aplicação de eventuais medidas de apoio.

Nesse sentido, encontramos venerando acórdão proferido pela 3ª Turma do STJ, relatado pelo Min. Massami Uyeda, no Agravo Regimental no Agravo de Instrumento nº 952.833/RS, julgado em 06/05/2008 e publicado no *DJE* em 13/06/2008, nos seguintes termos:

> Agravo regimental – contrato de participação financeira em empresa de telefonia – Fixação de multa para o caso de descumprimento de obrigação de fazer ou não fazer – Intimação prévia do devedor – Necessidade – Precedentes da 3ª Turma – Agravo improvido.

Ressalve-se, por fim, que o devedor não precisa aguardar a intimação a que nos referimos nos parágrafos anteriores para cumprir voluntariamente a obrigação de fazer, não fazer ou de dar, podendo, a qualquer momento, assim proceder, após a formação do título executivo judicial, ou a imutabilidade da decisão que resolveu a liquidação, porém o termo final para observá-la, sem a incidência da multa diária, é no último dia do lapso temporal conferido pelo juiz da causa, quando da referida intimação.

3. Requerimento

3.1. Momento

A possibilidade do credor do título executivo judicial que imponha obrigação de fazer, não fazer ou de dar apresentar pedido de cumprimento aparece logo após o trânsito em julgado da sentença ou acórdão, que serviram de base para a formação da coisa julgada, ou da imutabilidade da decisão que resolveu a liquidação.

Saliente-se aqui que o pedido de cumprimento formulado pelo credor deverá necessariamente, num primeiro momento, pleitear ao Poder Judiciário que propicie ao devedor lapso temporal para que cumpra voluntariamente a prestação, daí sim, escoado *in albis* tal prazo, é que passarão a incidir as medidas coercitivas de cumprimento forçado, quais sejam, multa diária pelo descumprimento da obrigação de fazer, não fazer ou de dar, aliada à aplicação de medidas de apoio.

3.1.1. Arquivamento

Agora, caso não haja cumprimento voluntário por iniciativa do devedor, nem tampouco pedido de cumprimento formulado pelo credor, o juiz da causa não poderá de ofício determinar o cumprimento da obrigação de fazer, não fazer ou de dar, intimando o executado para tanto; deve, sim, remeter os autos ao arquivo, aplicando-se subsidiariamente os termos do art. 475-J, § 5º, do CPC.

Isso porque, como vimos anteriormente, no cumprimento da obrigação de fazer, não fazer e de dar, deverá, também, haver exercício de direito de ação por parte do credor, com a apresentação da petição inaugural, sem a qual deverá o feito ser encaminhado ao arquivo, aguardando provocação do exequente.

Porém, mesmo arquivado o feito, o credor não perde o interesse de agir para apresentar o pleito de cumprimento, bastando tão somente que, quando entender pertinente, formule pedido nesse sentido, requerendo o desarquivamento dos autos.

No entanto, os autos não poderão ficar eternamente em arquivo, aguardando eventual iniciativa a ser formulada pelo credor, pois como o pedido de cumprimento de título executivo judicial é verdadeiro exercício do direito de ação, sobre ele poderá sobrevir prescrição.

O prazo prescricional neste caso é o mesmo relativo ao debate do direito material posto em juízo para resolução, durante a etapa de cognição do processo de conhecimento, e seu termo inicial aparece, a partir do momento de inércia do credor, uma vez transitado em julgado o título executivo judicial que se objetiva cumprir, ou da imutabilidade da decisão que resolveu a liquidação.

3.2. Forma

O pedido de cumprimento de obrigação de fazer, não fazer ou de dar imposta ao executado por título executivo judicial deve ser formulado pelo credor perante o juízo competente para tanto, necessariamente, por petição escrita.

É certo que tal pedido, não obstante tenha natureza jurídica de petição inicial, não precisa ser formulado observando-se estritamente os requisitos previstos no arts. 282 e 283, do CPC, bastando pura e simplesmente que o exequente formule mediante petição fundamentada, encerrando silogismo jurídico, de forma ainda mais singela que a relativa ao cumprimento da obrigação de pagar.

A petição inaugural a ser apresentada pelo exequente deverá expor os fatos e fundamentos jurídicos que concluam pelo cabimento do pleito de cumprimento, sob o rito da obrigação de fazer, não fazer ou dar, com a indicação de prazo para observância voluntária da prestação por parte do devedor, que se escoado em branco, deverá propiciar o uso da coerção jurisdicional contra ele, com a aplicação de multa diária e medidas de apoio.

3.3. Conteúdo

Assim, verificaremos adiante que a petição inaugural do pleito de cumprimento de obrigação de fazer, não fazer ou de dar deve apresentar uma série de providências em seu conteúdo para viabilizar o aparelhamento da coerção jurisdicional, com o intuito de aplicar-se multa diária e eventuais medidas de apoio, de modo a impor ao executado que observe a prestação na forma específica contida no título executivo judicial.

3.3.1. Endereçamento e Preâmbulo

A petição inaugural do cumprimento de obrigação de fazer, não fazer ou de dar deve ser endereçada ao juízo competente, conforme vimos no Capítulo I deste título.

Logo, após o endereçamento, o exequente deverá redigir o preâmbulo da petição inaugural do cumprimento da obrigação de fazer, não fazer ou de dar, sendo certo que, em princípio não há necessidade de nova qualificação das partes, desde que exequente e executado correspondam, respectivamente, a credor e devedor do título executivo judicial, objeto do cumprimento, assim como não tenha ocorrido modificação na qualificação pessoal de cada um deles.

Dessa forma, se credor ou devedor, por exemplo, mudaram de estado civil ou domicílio, na petição inaugural de cumprimento da obrigação de fazer, não fazer ou de dar deverá o exequente apresentar a qualificação atualizada das partes.

Outrossim, se o pedido de cumprimento da obrigação de fazer, não fazer ou de dar for formulado por ou movido em face de legitimado extraordinário (arts. 567 e 568 do CPC), por exemplo, o espólio do credor ou do devedor, através de seu inventariante, mister a indicação de qualificação deste por parte do exequente na petição inaugural do cumprimento.

3.3.2. Descrição Fática e Jurídica do Título Executivo Judicial

Formulado o preâmbulo deve o credor apresentar resumidamente os fatos que deram origem à obrigação de fazer, não fazer ou de dar devida pelo executado em favor do exequente inserta no título executivo judicial, que se pretende levar a cumprimento, demonstrando ainda que tal título seja certo, líquido e exigível.

Assim, deve o exequente noticiar na petição inaugural do cumprimento da obrigação de fazer, por exemplo, que obteve procedência, com formação de título executivo judicial, em demanda que discutia direito de vizinhança, em que o réu foi condenado a abster-se de desviar as águas de chuva advindas de seu imóvel para o terreno onde se localiza a casa do autor, devendo, para tanto, realizar as obras necessárias, o que não ocorreu espontaneamente; e daí requerer a concessão de prazo ao devedor para cumprimento voluntário, sob pena de incidência de multa diária e eventual aplicação de medidas de apoio.

Por fim, deve o exequente indicar a fundamentação jurídica para a espécie de coerção que pretende obter do Poder Judiciário, ou seja, que o título executivo judicial deu origem a prestação que deve ser observada pelo devedor, através do exercício da coerção jurisdicional, no caso a obrigação de fazer, não fazer ou de dar, dando margem a aplicação de multa diária e medidas de apoio.

3.3.2.1. Obrigação de Dar Coisa Incerta

Especificamente, quanto ao cumprimento da obrigação de dar, devemos lembrar que, excepcionalmente, a coisa a ser entregue pelo devedor pode ser incerta.

Essa incerteza aparece em duas frentes; na primeira delas, não consta do título executivo judicial o gênero e a quantidade da coisa a ser prestada pelo devedor, quando então o exequente deverá individualizá-la na petição inaugural da etapa de cumprimento, se lhe couber a escolha.

Por outro lado, cabendo ao devedor escolher o gênero e a quantidade a ser prestada, o credor deve fazer constar na petição inaugural pedido para que o executado seja intimado para entregar a coisa de forma individualizada, no prazo fixado pelo juiz da causa, constante no título executivo judicial, ou, na omissão deste, a critério do órgão jurisdicional.

O ilustre doutrinador Alcides Mendonça Lima exemplifica a hipótese concreta relativa a obrigação de entrega de coisa certa e incerta, quanto ao gênero e quantidade da coisa a ser entregue pelo devedor, afirmando:

> 1.618. Coisas determinadas pelo gênero e quantidade. Não há individualização, mas basta atender ao gênero (a marca de um automóvel) e à quantidade (dois, quatro etc.). Quando se trata de coisa certa, a indicação é precisa, como por exemplo: dois automóveis da marca X que hajam participado da corrida pelo campeonato mundial do ano de 1971; ou os automóveis que o volante A usou nas corridas nos anos de 1972 e 1973, ainda que de marcas diferentes."[15]

---

[15] *Comentários ao Código de Processo Civil*. 6. ed., rev. e atual. Rio de Janeiro: Forense, 1990, vol. VI, arts. 566 a 645, p. 644.

Por outro lado, a incerteza pode aparecer não pela indefinição da coisa a ser prestada propriamente dita, no que diz respeito ao seu gênero e quantidade, como acabamos de ver, mas sim porque, muito embora certa a coisa a ser prestada, existe mais de um objeto que pode ser entregue pelo executado ao exequente para se livrar da obrigação.

A hipótese diz respeito àquele título executivo judicial que resolve lide que envolve obrigação alternativa, prevista nos arts. 252 a 256, do CC, qual seja, aquela prestação decorrente de lei ou contrato que pode ser observada pelo devedor de duas ou mais maneiras, envolvendo coisas diversas determinadas, por exemplo, o devedor deve entregar na data aprazada 100 (cem) cabeças de gado nelore ou 100 (cem) sacas de café turmalina.

Neste caso, o art. 571 do CPC dá solução semelhante à primeira situação que analisamos, ou seja, quando a escolha couber ao credor, este a indicará na petição inaugural do pedido de cumprimento de obrigação de dar, porém se a escolha couber ao devedor, o exequente deverá pleitear que o executado seja intimado para exercer a opção e realizar a prestação dentro em 10 (dez) dias, se outro prazo não Ihe foi determinado em lei, no contrato, ou na sentença.

É certo que em ambas as situações, caso o devedor intimado não exercite a opção no prazo marcado pelo juiz da causa, caberá ao credor fazê-lo.

3.3.3. Indicação de Prazo para Cumprimento Voluntário

Apresentados os fatos e a fundamentação jurídica que envolve a necessidade de eventual uso da coerção jurisdicional, objetivando o cumprimento da obrigação de fazer, não fazer ou de dar, constante no título executivo judicial, o exequente deverá indicar o prazo que pretende seja o executado intimado a cumprir voluntariamente a prestação de forma específica.

Num primeiro momento, há que se observar que o prazo para cumprimento voluntário da obrigação de fazer, não fazer ou de dar pode constar expressamente no título executivo judicial, que se pretende ver cumprido judicialmente, caso em que tal lapso temporal servirá de parâmetro para propiciar a observância da prestação de forma voluntária por parte do executado.

Do contrário, caso não haja prazo para cumprimento voluntário da obrigação de fazer, não fazer ou de dar constante do título executivo judicial, deverá o credor na petição inaugural de cumprimento requerer que o executado seja intimado para cumprir a prestação em lapso temporal que guarde relação com a natureza jurídica, complexidade e peculiariedades do dever imposto ao devedor.

Ora, se no título executivo judicial não consta prazo para cumprimento de obrigação de fazer de edificação de obras de adequação do estabelecimento comercial devedor, em níveis aceitáveis de ruídos para a vizinhança, conforme indicado em fase de liquidação, o prazo para cumprimento voluntário da obrigação de fazer, obviamente, não pode ser de 05 (cinco) dias, mas sim de lapso temporal razoável para execução de tais reformas, por exemplo, 90 (noventa) dias.

3.3.4. Opção pelo Cumprimento Específico da Obrigação ou Conversão em Perdas e Danos

O exequente deverá eleger, também, indicando na petição inaugural de cumprimento, qual a postura coercitiva pretendida do Poder Judiciário, uma vez não cumprida voluntariamente a obrigação de fazer, não fazer e de dar, por parte do devedor.

A regra é que, não cumprida voluntariamente a obrigação de fazer, não fazer ou de dar por parte do executado, que se busque o exercício de coerção jurisdicional, mediante a aplicação de multa diária, aliada às medidas de apoio, visando o cumprimento específico de referida obrigação.

O cumprimento específico da obrigação de fazer, não fazer ou de dar pressupõe a sua prestação pelo devedor exatamente da mesma maneira como consta do título executivo judicial, ou seja, se no título está que o executado deverá dar ao exequente um veículo novo com tais características, é assim que o devedor deverá proceder para se desincumbir da condenação em relação ao credor; e não de outra forma por melhor que lhe pareça.

No entanto, excepcionalmente, nos termos do art. 461, § 1º, do CPC, poderá o credor optar pela conversão em perdas e danos da obrigação de fazer, não fazer ou de dar, caso o devedor não a cumpra voluntariamente, decorrido o prazo concedido pela autoridade judiciária para tanto.

Assim, já na petição inaugural, quando for o caso, deverá o exequente manifestar sua vontade na conversão por perdas e danos, dada a inércia do executado no cumprimento voluntário da obrigação, quando então o procedimento de cumprimento de obrigação de fazer, não fazer ou de dar, será convertido em fase de liquidação, preparatória de futuro cumprimento de obrigação de pagar.

Certamente que durante o trâmite do cumprimento da obrigação de fazer, não fazer ou de dar, o credor poderá optar pela conversão em perdas e danos, por exemplo, quando após a imposição de multa diária e medidas de apoio, ainda há resistência do devedor para cumprir especificamente a prestação.

Outra hipótese para conversão da obrigação de fazer, não fazer ou de dar em perdas e danos aparece quando for impossível o cumprimento específico da prestação ou a obtenção de resultado prático equivalente.

Tal hipótese aparece quando, por exemplo, na prestação infungível, caracterizada pela obrigação de fazer de pintar um retrato do credor pelo devedor, que é um famoso pintor, este vem a falecer, inviabilizando o cumprimento específico da dita obrigação ou a obtenção de resultado prático equivalente, pois de nada adiantaria a contratação de outro profissional para tanto por parte do espólio do executado, por melhor que fosse.

Aliás, quando for impossível o cumprimento específico da prestação ou a obtenção de resultado prático equivalente, ficando tal situação caracterizada já antes mesmo da apresentação do pedido de cumprimento, poderá o credor na petição inaugural informar o ocorrido, requerendo imediatamente a conversão da obrigação de fazer, não fazer ou de dar em perdas e danos, com o início da fase de liquidação, com o intuito de aparelhar futuro pleito de cumprimento de obrigação de pagar, sem que haja necessidade de intimar o devedor para observar voluntariamente a prestação.

Outrossim, a verificação da inviabilidade da prestação específica da obrigação de fazer, não fazer ou de dar, ou de obtenção de resultado prático equivalente, pode ocorrer durante o trâmite do cumprimento judicial, quando então tanto o credor poderá requerer a conversão em perdas e danos como o juiz da causa poderá determinar tal conversão *ex officio*.

3.3.5. Montante Pecuniário da Multa

Tendo o exequente feito opção pelo uso de coerção jurisdicional por intermédio da imposição de multa diária, em desfavor do executado, aliada à aplicação de medidas de apoio, em face a do descumprimento da obrigação de fazer, não fazer ou de dar, cabe ao credor indicar na petição inaugural de cumprimento o montante pecuniário de referida multa, que entende eficaz para obter do devedor a prestação em sua forma específica.

Ora, o montante pecuniário da multa pode estar, expressamente, inserido no bojo do título executivo judicial que impõe obrigação de fazer, não fazer ou de dar, caso em que este será o valor de multa diária a ser requerido na petição inaugural do cumprimento pelo exequente, de modo a incidir após escoado *in albis* o prazo de cumprimento voluntário por parte do executado.

Por outro lado, caso não haja valor de multa diária inserido no título executivo judicial, deverá o credor na petição inaugural de cumprimento requerer seja fixado montante de multa pelo descumprimento da obrigação de fazer, não fazer ou de dar, utilizando como parâmetro o princípio da razoabilidade para indicar o seu valor em dinheiro.

Assim, o valor de multa a ser pleiteado pelo credor em desfavor do devedor deve se pautar pelo princípio da razoabilidade, de modo que o montante seja eficaz para impor ao devedor o cumprimento específico da obrigação de fazer, não fazer ou de dar.

Ocorre que essa co-relação entre eficácia da multa e razoabilidade, do montante pecuniário a ser fixado, varia de caso a caso, devendo ser pragmaticamente avaliada em cada hipótese concreta, conforme entendimento jurisprudencial. É o que se verifica do venerando acórdão prolatado pela 6ª Turma do STJ, de relatoria do eminente Min. Nilson Naves, proferido no bojo do Recurso Especial nº 700.245/PE, julgado em 26/05/2008 e publicado no *DJE* em 04/08/2008, cuja ementa assim preleciona:

Obrigação de fazer (execução). Multa diária (imposição). Excesso (caso). Recurso especial (cabimento).
1. Há precedente nos arquivos do Superior Tribunal segundo o qual não é lícito possa alguém utilizar-se do processo para obter pretensão abusiva.
2. Ao se impor multa diária ao réu, há de se proceder com moderação, em atenção a alguns princípios, entre os quais o da razoabilidade.
3. Há, também na jurisprudência do Superior Tribunal, precedentes que, em casos tais, admite-se o Recurso Especial; isto é, que se não trata de caso da Súmula 7.
4. Recurso especial pela alínea *a*: conhecido e provido com o intuito de se reduzir o valor da multa.

3.3.6. Medidas de Apoio

Na petição inaugural de cumprimento da obrigação de fazer, não fazer ou de dar apresentada, deve o exequente apresentar, preferencialmente, as medidas de apoio, que entende viáveis serem utilizadas como meio de coerção jurisdicional, caso a multa diária mostre-se ineficaz para obtenção da prestação específica da referida obrigação.

Antes de mais nada, há que esclarecer que o rol de medidas de apoio elencadas no art. 461, § 5º, do CPC, quais sejam, busca e apreensão, remoção de pessoas e coisas, desfazimento de obras e impedimento de atividade nociva, se necessário com requisição de força policial, é meramente exemplificativo, podendo a autoridade judiciária utilizar-se de quaisquer outras formas de coerção, desde que lícitas, para impor o cumprimento específico da obrigação de fazer e não fazer.

Dessa forma, poderá, por exemplo, a autoridade judiciária determinar seja lacrado (coerção lícita) um estabelecimento comercial, que se recusa a instalar revestimento acústico adequado, obrigação esta imposta por título executivo judicial; porém, por outro lado, não poderá determinar que o executado preste trabalhos forçados (coerção ilícita) ao exequente, até que se digne a cumprir a obrigação de fazer ou não fazer.

O STJ, através de sua 1ª Turma, já reconheceu o caráter exemplificativo do rol do art. 461, § 5º, do CPC, em venerando acórdão relatado pelo ínclito Min. Luiz Fux, prolatado no Recurso Especial nº 836.913/RS, julgado em 08/05/2007 e publicado no *DJ* em 31/05/2007, que assevera:

> (...)
> 6. Depreende-se do art. 461, § 5º, do CPC, que o legislador, ao possibilitar ao juiz, de ofício ou a requerimento, determinar as medidas assecuratórias como a "imposição de multa por tempo de atraso, busca e apreensão, remoção de pessoas e coisas, desfazimento de obras e impedimento de atividade nociva, se necessário com requisição de força policial", não o fez de forma taxativa, mas sim exemplificativa, pelo que, *in casu*, o sequestro ou bloqueio da verba necessária à aquisição de medicamento objeto da tutela indeferida, providência excepcional

> adotada em face da urgência e imprescindibilidade da prestação dos mesmos, revela-se medida legítima, válida e razoável.
> 7. Deveras, é lícito ao julgador, à vista das circunstâncias do caso concreto, aferir o modo mais adequado para tornar efetiva a tutela, tendo em vista o fim da norma e a impossibilidade de previsão legal de todas as hipóteses fáticas. (...)

Nesse passo, deve o exequente na petição inaugural do cumprimento da obrigação de fazer e não fazer indicar, a partir da análise da situação concreta, qual seria a melhor medida de apoio à multa diária que levaria ao cumprimento específico da prestação pelo executado.

Em relação às medidas de apoio à multa diária na obrigação de dar, em regra, o legislador, no art. 461-A, § 1º, do CPC, salienta que, não observada a prestação no prazo estabelecido para o cumprimento voluntário, expedir-se-á em favor do credor mandado de busca e apreensão ou de imissão na posse, conforme se tratar de coisa móvel ou imóvel, pressupondo que o executado está na posse da coisa a ser entregue ao exequente.

Ocorre que, excepcionalmente, o bem móvel a ser entregue pode não estar na posse do devedor, por exemplo, quando o executado, concessionário de veículos, é condenado por título executivo judicial a entregar veículo zero Km de determinada marca e modelo ao exequente, porém não possui tal automóvel em seu estoque.

Assim, caso o bem móvel objeto da obrigação de dar não esteja na posse do devedor, terá o exequente de indicar na petição inaugural do cumprimento outras medidas de apoio (art. 461-A, § 3º, c/c o art. 461, § 5º, ambos do CPC), diversas da busca e apreensão, como forma de coerção jurisdicional viabilizadora da obtenção da prestação de forma específica.

Saliente-se, por fim, que o exequente não precisa, necessariamente, na petição inaugural do cumprimento da obrigação de fazer, não fazer ou de dar, indicar, desde já, eventuais medidas de apoio que pleiteia utilizar, isso porque, dadas as peculiariedades do caso concreto, poderá ser melhor definir tais meios coercionais, após escoado o prazo voluntário de cumprimento, e mesmo com a incidência da multa diária permanecer inerte o devedor.

3.3.7. Honorários advocatícios

Como vimos anteriormente, na etapa de cumprimento é cabível a fixação de honorários advocatícios, por conta disso deve o credor ao apresentar a sua petição inaugural e requerer seja fixada verba honorária em seu favor.

É certo, porém, que no cumprimento da obrigação de fazer, não fazer ou de dar, os honorários advocatícios somente serão devidos caso não haja o cumprimento voluntário da prestação por parte do executado. Uma vez que este, intimado para tanto, quedar-se inerte, ou seja, a partir do momento que passar a incidir a multa diária, ficará responsável por arcar com a verba honorária do cumprimento.

Aqui, novamente o problema que aparece é o montante a ser requerido de verba honorária pelo credor em desfavor do devedor.

O legislador processual, nos termos do art. 20, § 4º, do CPC, inibe a fixação dos honorários advocatícios na execução, assim englobada a etapa de cumprimento, no percentual de 10% a 20% do valor da condenação (art. 20, § 3º, do CPC), regra esta a ser observada somente na etapa de cognição do processo de conhecimento.

O ordenamento processual vigente exige que a fixação da verba honorária leve em conta a dificuldade que o advogado do credor terá para conduzir a etapa de cumprimento da obrigação de fazer, não fazer ou dar, que é sem dúvida mais singela que a atuação deste durante a etapa de cognição do processo de conhecimento.

Por outro lado, no cumprimento da obrigação de fazer, não fazer ou de dar, em regra não se sabe ao certo a sua correspondência em montante pecuniário, por isso, o razoável seria pleitear honorários advocatícios em montante fixo, por exemplo R$ 5.000,00 (cinco mil reais), analisando-se caso a caso as peculiaridades descritas no parágrafo anterior.

3.4. Modelo

EXCELENTÍSSIMO SENHOR DOUTOR JUIZ DE DIREITO DA ____ª VARA CÍVEL DA COMARCA DA CAPITAL DO ESTADO DE SÃO PAULO,

Processo nº ________________

Procedimento Ordinário

____________________________, por seu advogado, que esta subscreve, nos autos do processo da AÇÃO DECLARATÓRIA DE INADIMPLEMENTO CONTRATUAL CUMULADA COM OBRIGAÇÃO DE FAZER, que move em face de ______________________, vem, respeitosamente, à presença de Vossa Excelência, nos termos do art. 475-I, combinado com o art. 461, do CPC, apresentar o presente pedido de CUMPRIMENTO DE OBRIGAÇÃO DE FAZER, pelos motivos de fato e de direito a seguir expostos:

1 – A r. sentença prolatada nestes autos, confirmada pelo v. acórdão da apelação, que transitou em julgado, servindo como base do título executivo judicial, condenou o Executado a edificar, conforme memorial descritivo de fls. ___, piscina na área de lazer do edifício-autor.

2 – É certo que o devedor até a presente data não cumpriu voluntariamente a obrigação contida no título executivo judicial, ora em etapa de cumprimento.

03 – Isto posto, requer:

a) seja deferido por Vossa Excelência o início da etapa de cumprimento da obrigação de fazer do título executivo judicial, formado nestes autos;

b) a intimação do executado, para que, conforme consta no título executivo judicial, cumpra a obrigação de fazer no prazo de 120 (cento e vinte) dias, sob pena de incidência de multa diária de R$ 1.000,00 (hum mil reais); e
c) sejam fixados os honorários advocatícios da etapa de cumprimento em R$ 5.000,00 (cinco mil reais), devidos uma vez transcorrido o prazo descrito na alínea anterior.

Nestes termos,
pede deferimento.
São Paulo, __ de_________ de 20___.
Nome:_______________
Advogado
OAB/___ nº _______

4. Decisão Inicial

4.1. Conteúdo

Apresentada a petição inaugural do pedido de cumprimento de obrigação de fazer, não fazer ou de dar, tendo em vista a sua natureza de ação, antes de determinar prazo para observância voluntária da prestação por parte do executado, sob pena de imposição de multa diária em determinado valor em dinheiro, deve o juiz da causa tomar algumas providências, conforme veremos adiante.

Assim, o juiz da causa deverá, antes de qualquer determinação quanto ao cumprimento da obrigação de fazer, não fazer ou de dar propriamente dita por parte do devedor, verificar se a petição inaugural está apta para conduzir o processo ao exercício da coerção jurisdicional com a imposição de multa diária ao executado pelo descumprimento da prestação, aliada à aplicação de eventuais medidas de apoio, para resolução definitiva da lide executiva, com o efetivo acertamento contido no título executivo judicial.

O art. 295 do CPC enumera as hipóteses que permitem o indeferimento da petição inicial, sendo as principais causas a inépcia; falta de uma das condições da ação ou ausência de pressupostos processuais.

A petição inaugural do cumprimento será indeferida, por exemplo, quando aquele que se apresenta como exequente não é parte legítima para requerer seja dado início à etapa de cumprimento, pois o credor da obrigação de fazer, não fazer ou de dar é falecido, e a referida petição inaugural foi apresentada individualmente pelo herdeiro do *de cujus*, e não por seu espólio.

Caso, na decisão inicial do cumprimento, o juiz da causa verifique que é hipótese de indeferimento da petição inaugural, seja por inépcia, seja por falta de condições da ação ou, ainda, por ausência de pressupostos processuais, concederá prazo para que o exequente a regularize em 10 dias, sob pena de indeferimento da mesma. Findo tal prazo, permanecendo o vício, o magistrado rejeitará o pedido de cumprimento, determinando o arquivamento dos autos, aplicando-se, subsidiariamente, os termos do art. 475-J, § 5º, do CPC.

O juiz pode ainda reconhecer de ofício a prescrição da pretensão executiva, no momento da decisão inicial, quando então extinguirá o cumprimento da obrigação de pagar, nos termos do art. 269, IV, do CPC.

Por outro lado, verificada a regularidade da petição inaugural do cumprimento de obrigação de fazer, não fazer ou de dar, o juiz da causa irá:

a) deferir o início da etapa de cumprimento da obrigação de fazer, não fazer ou de dar;
b) determinar prazo ao executado para cumprimento voluntário da obrigação de fazer, não fazer ou de dar;
c) fixar multa diária em dinheiro, para que o executado venha a suportar, caso não cumpra voluntariamente a obrigação de fazer, não fazer ou de dar, no prazo assinalado pelo juiz da causa; e
d) fixar os honorários advocatícios da etapa de cumprimento, a incidirem caso não haja cumprimento voluntário da obrigação por parte do devedor.

Por fim, devemos ressaltar que na decisão inicial o juiz da causa não fixará, num primeiro momento, eventuais medidas de apoio à multa diária, como instrumento de coerção ao devedor. Estas deverão ser determinadas e utilizadas no momento em que se verificar que mesmo já incidindo a multa diária o executado permaneça inerte quanto ao cumprimento da obrigação de fazer, não fazer ou de dar.

4.1.1. Parâmetros para a Fixação de Prazo para Cumprimento Voluntário e Multa Diária

A seguir veremos os parâmetros que o juiz da causa deve utilizar para fixar o prazo para cumprimento voluntário da obrigação de fazer, não fazer ou de dar, por parte do executado, assim como para determinação do valor de multa diária a incidir, a partir da inércia do devedor, transcorrido o lapso temporal.

Inicialmente, quanto ao prazo para cumprimento voluntário da obrigação de fazer, não fazer ou de dar, o juiz da causa deve determinar que o executado seja intimado para cumprir a prestação em lapso temporal que guarde relação com a natureza jurídica, complexidade e peculiariedades do dever imposto ao devedor.

Assim, por exemplo, repita-se, se a obrigação de fazer consiste em edificação de obras de adequação do estabelecimento comercial devedor, a níveis aceitáveis de ruídos para a vizinhança, conforme indicado em fase de liquidação, o prazo para cumprimento voluntário da obrigação de fazer, obviamente não pode ser de 5 (cinco) dias, mas sim de lapso temporal razoável para execução de tais reformas, por exemplo, 90 (noventa) dias.

No mesmo sentido, o valor da multa a ser fixado pelo juiz da causa em desfavor do devedor deve se pautar pelo princípio da razoabilidade, de modo que o montante seja eficaz para impor ao devedor o cumprimento específico da obrigação de fazer, não fazer ou de dar, sendo certo que essa co-relação entre eficácia da multa e razoabilidade do montante pecuniário a ser fixado varia de caso a caso, devendo ser pragmaticamente avaliada em cada hipótese concreta.

Dessa forma, verificamos que não há, tanto para a fixação do prazo para cumprimento voluntário, como para o estabelecimento do valor pecuniário da multa diária, parâmetros objetivos que devam inspirar o Poder Judiciário, devendo o juiz da causa concretamente em cada lide executiva que lhe é colocada a julgamento:

- a partir da natureza jurídica, complexidade e peculiariedades da obrigação de fazer, não fazer e de dar, fixar prazo razoável para o cumprimento voluntário por parte do executado; e
- a partir da co-relação entre eficácia da multa e razoabilidade do montante pecuniário a ser fixado, para impor ao devedor o cumprimento específico da obrigação de fazer, não fazer ou de dar, fixar o valor em dinheiro da reprimenda em questão.

4.1.1.1. Discricionariedade

A partir do panorama *supra* traçado, verificamos que o juiz da causa tem ampla discricionariedade para fixação do prazo para cumprimento voluntário a ser conferido ao executado, assim como em relação ao valor pecuniário da multa diária.

Nessa medida, os *caputs* dos arts. 461 e 461-A, do CPC, conferem ao juiz da causa o poder de manejo *ex officio*, tanto para a concessão ao devedor de prazo para cumprimento voluntário, como para a fixação do valor pecuniário da multa, não ficando ele vinculado a eventuais parâmetros já constantes no título executivo judicial ou indicados na petição inaugural pelo credor.

É certo que o Poder Judiciário não pode de ofício dar início ao cumprimento, prevalecendo o princípio dispositivo, ou seja, deve haver provocação do credor nesse sentido, mas uma vez instaurada a etapa em questão, passa a incidir o princípio do impulso oficial (art. 262 do CPC), ou seja, o juiz da causa deve utilizar-se de todos os meios coercitivos possíveis e na medida que entender pertinentes para gerar a satisfação da obrigação devida pelo executado ao exequente.

Assim, pode o juiz da causa fixar a multa diária em montante superior ao que consta na petição inaugural, se, por exemplo, entender que dentro do binômio eficácia – razoabilidade o montante da reprimenda em questão não será suficiente para levar ao cumprimento da obrigação em favor do exequente.

Nesse sentido, encontramos precedente do STJ, no Recurso Especial nº 780.567/PR, cujo acórdão foi relatado pelo eminente Min. Luiz Fux, da 1ª Turma, julgado em 15/05/2007 e publicado no *DJ* em 04/06/2007, cuja ementa assim observa:

1. As astreintes têm como escopo vencer a obstinação do devedor ao cumprimento da obrigação e incide a partir da ciência do obrigado e da sua recalcitrância.
2. O julgamento *ultra petita* não se verifica quando o juízo fixa a multa diária cominatória (*astreinte*) em valor superior ao postulado pela parte na petição inicial, máxime porquanto poderia fixá-la até mesmo *ex officio*, independente de requerimento, consoante expressamente previsto no Código de Ritos (precedentes: REsp 781.400 – RS, decisão monocrática desta relatoria, DJ de 16 de maio de 2006; REsp 149.297-RS, Relator Min. Fernando Gonçalves, Quarta Turma, DJ de 1º de fevereiro de 2006; REsp 507.966-RS, Relator José Arnaldo da Fonseca, Quinta Turma, DJ de 08 de março de 2004).

4.2. Efeitos

Um dos principais efeitos da decisão inicial na etapa de cumprimento é a interrupção da prescrição da pretensão executiva.

É isso o que se extrai da leitura do art. 617, do CPC, que neste ponto específico está em compasso com a redação atual do art. 202 do Código Civil.

Dessa forma, a decisão inicial da etapa de cumprimento, deferindo o seu início, irá gerar como efeito imediato a interrupção da prescrição da pretensão executiva, desde que ocorra a intimaçao do devedor para cumprmento voluntário da obrigação de fazer, não fazer ou de dar.

5. Intimação do Executado

Após a prolação da decisão inicial do cumprimento da obrigação de fazer, não fazer ou de dar, deferindo o seu início, o executado deverá ser intimado para cumprir voluntariamente a obrigação, sob pena de multa diária, no lapso temporal, e valor pecuniário, devidamente indicados na referida decisão inicial.

A regra é que a cientificação do executado seja realizada mediante intimação, via Diário Oficial eletrônico, dirigida ao seu advogado, aplicando-se subsidiariamente o que preleciona o art. 475-J, § 1º, do CPC.

Porém, se por qualquer motivo o executado tiver sido assistido por curador especial na etapa de cognição; ou no momento da intimação, via *Diário Oficial* eletrônico, não tiver patrono constituido nos autos, pois, por exemplo, o advogado que atuou na etapa de cognição do processo de conhecimento veio a falecer ou renunciou, dentre outras hipóteses, deverá o devedor ser intimado pessoalmente, seja por mandado ou pelo correio.

Finalmente, por inexistir processo de conhecimento previamente iniciado, ou seja, o Poder Judiciário cível brasileiro não se manifestou em etapa de cognição sobre a lide posta em juízo, a saber, nos casos de: sentença penal condenatória, sentença estrangeira homologada pelo STJ e sentença arbitral, o ordenamento jurídico processual, através de seu art. 475-N, parágrafo único, do CPC, exigirá eventual liquidação se for o caso, e que o executado seja citado para cumprir a obrigação de fazer, não fazer ou de dar.

6. Posicionamento do Executado

Realizada a cientificação do executado, seja por intimação ou citação, o devedor poderá cumprir voluntariamente a obrigação de fazer, não fazer ou dar; prestá-la parcialmente ou manter-se inerte.

Caso o executado cumpra a obrigação parcialmente ou mantenha-se inerte, o juiz da causa deverá *ex officio* ou a requerimento do exequente verificar se o prazo fixado para cumprimento voluntário ou o valor fixado de multa mostrou-se apropriado para o fim a que se destina, qual seja: levar o devedor a cumprir a obrigação de fazer, não fazer ou de dar, especificamente.

Saliente-se, quanto ao prazo para cumprimento voluntário, que o próprio executado pode requerer fundamentadamente ao juiz da causa que amplie o prazo em questão, pois o fixado prefacialmente mostrou-se insuficiente para tanto.

7. Variação da Multa Fixada

Entende-se que o art. 461, § 6º, do CPC, vem reforçar o poder discricionário do juiz da causa quanto ao manejo do prazo para cumprimento voluntário e valor da multa diária, permitindo ao Poder Judiciário, obviamente, desde que haja fundamento para tanto: a majoração ou a diminuição do valor de multa diária, ou até mesmo a sua suspensão ampliando o prazo para cumprimento voluntário.

Quanto à possibilidade de majoração ou diminuição da multa diária, temos a jurisprudência do STJ, o que se verifica pela leitura do venerando acórdão proferido no Recurso Especial nº 708.290/RS, da 5ª Turma, relatado pelo ínclito Min. Arnaldo Esteves Lima, julgado em 26/06/2007 e publicado no *DJ* em 06/08/2007, nos seguintes termos:

> (...)
> 2. A multa prevista no art. 461 do CPC, por não fazer coisa julgada material, pode ter seu valor e periodicidade modificados a qualquer tempo pelo juiz, quando for constatado que se tornou insuficiente ou excessiva. Precedentes.
> 3. Recurso especial conhecido e improvido.

No que tange à possibilidade da ampliação do prazo para cumprimento voluntário da obrigação de fazer, de não fazer ou de dar, por parte do devedor, com a suspensão da multa diária, o STJ, pela sua 2ª Turma, na análise do Recurso Especial nº 776.922/SP, relatado pela insígne Min. Eliana Calmon, julgado em 27/03/2007 e publicado no *DJ* em 13/04/2007, assim se posicionou:

> 1. O art. 461 do CPC prevê a cominação de multa para cumprimento da obrigação de fazer e não fazer, podendo ser fixada de ofício ou a requerimento da parte.

2. O juiz, também de ofício ou a requerimento da parte, conforme autorizado pelo § 6º do mesmo dispositivo legal, está autorizado a modificar o valor ou a periodicidade da multa, caso verifique que se tornou insuficiente ou excessiva.
3. Não obstante inexistir previsão expressa, o magistrado pode sobrestar ou suspender a pena imposta, ainda que sem requerimento da parte. Inteligência do art. 461 do CPC. Nessas circunstâncias, não há que se falar em julgamento "*ultra petita*".
4. Entretanto, qualquer decisão deve ser fundamentada, o que não ocorreu na hipótese dos autos, ensejando negativa de vigência ao art. 128 do CPC.

8. Aplicação das Medidas de Apoio

Feita a verificação da pertinência do prazo para cumprimento voluntário concedido ao executado e da propriedade do valor da multa diária, poderá o juiz da causa, agora também *ex officio* ou a requerimento do exequente, aplicar eventuais medidas de apoio para forçar o executado a cumprir a obrigação de fazer, não fazer ou de dar.

O rol de medidas de apoio estão elencadas no art. 461, § 5º, do CPC, quais sejam: busca e apreensão, remoção de pessoas e coisas, desfazimento de obras e impedimento de atividade nociva, se necessário com requisição de força policial; é meramente exemplificativo, podendo a autoridade judiciária utilizar-se de quaisquer outras formas de coerção, desde que lícitas, para impor o cumprimento específico da obrigação de fazer e não fazer.

Dessa forma, a autoridade judiciária deverá determinar, dentre as medidas coercitivas que se mostrem lícitas ao seu alcance, aquela que se mostra mais apropriada, impondo a sua aplicação ao executado, com vistas ao cumprimento da obrigação, levando-se em conta, no caso concreto, novamente o binômio eficácia-razoabilidade para elegê-las.

Assim, por exemplo, se o exequente busca em cumprimento a cessação de atividade poluidora por parte do executado, uma medida de apoio pertinente seria a lacração do estabelecimento, porém, se o que se pretende é a edificação de um muro divisório de arrimo entre as propriedades vizinhas, de nada adiantará a determinação pelo juiz da causa de desfazimento de obras, pois inexiste a obra, e muito ao contrário ele deve ser edificado.

Nesse passo, deve o exequente na petiçao inaugural do cumprimento da obrigação de fazer e não fazer indicar, a partir da análise da situação concreta, qual seria a melhor medida de apoio à multa diária que levaria ao cumprimento específico da prestação pelo executado.

Em relação às medidas de apoio à multa diária na obrigação de dar, em regra, o legislador, no art. 461-A, § 1º, do CPC, salienta que não observada a prestação no prazo estabelecido para o cumprimento voluntário, o juiz da causa deverá determinar a expedição em favor do credor de mandado de busca e apreensão ou de imissão na posse, conforme se tratar de coisa móvel ou imóvel, pressupondo que o executado está na posse da coisa a ser entregue ao exequente.

Ocorre que, excepcionalmente, o bem móvel a ser entregue pode não estar na posse do devedor, por exemplo, quando o executado, concessionário de veículos, é condenado por título executivo judicial a entregar veículo zero Km de determinada marca e modelo ao exequente, porém não possui tal automóvel em seu estoque, quando então o juiz da causa deve determinar outras medidas de apoio (art. 461-A, § 3º, c/c com o art. 461, § 5º, ambos do CPC), diversas da busca e apreensão, como forma de coerção jurisdicional viabilizadora da obtenção da prestação de forma específica.

9. Termo Final de Incidência da Multa Diária e Possibilidade de Execução

Entende-se por termo final de incidência da multa e possibilidade de execução quando, mesmo com a imposição de multa diária e aplicação de medidas de apoio, ainda assim o executado fica inerte, sem cumprir a obrigação de fazer, não fazer ou de dar, podendo o exequente executar a multa diária, mediante cumprimento por obrigação de pagar, antes de optar pela conversão em perdas e danos.

É importante ressaltar que muito embora a multa diária, em regra, literalmente não conste como título executivo judicial no rol do art. 475-N, do CPC, tanto doutrina como jurisprudência entendem que a decisão interlocutória em questão equiparar-se-ia a sentença e, como tal, impondo obrigação de pagar ao devedor, seria enquadrável no inciso I, do art. 475-N, do CPC.

A 3ª Turma do STJ, analisando o tema em questão, através do venerando acórdão prolatado no Agravo Regimental no Recurso Especial nº 724.160/RJ, relatado pelo Min. Ari Pargendler, julgado em 04/12/07 e publicado no *DJ* em 01/02/2008, destaca:

> Processo civil. Multa cominada em decisão interlocutória. Execução.
> A decisão interlocutória que fixa multa diária por descumprimento de obrigação de fazer é título executivo hábil para a execução definitiva. Agravo regimental não provido.

E mais, a multa diária é executável de plano através de cumprimento de obrigação de pagar, independentemente da finalização do procedimento de cumprimento da obrigação de fazer, não fazer ou de dar.

Esse é o entendimento do STJ, através de sua 1ª Turma, constante do v. acórdão prolatado no bojo do Recurso Especial nº 885.737/SE, relatado pelo Min. Francisco Falcão, julgado em 27/02/2007 e publicado no *DJ* em 12/04/2007, nos seguintes termos:

> (...)
> I – Trata-se de Recurso Especial interposto contra o acórdão que manteve decisão interlocutória que determina a imediata execução de multa diária pelo descumprimento da ordem Judicial.

> II – Considerando-se que a "(...) função das astreintes é vencer a obstinação do devedor ao cumprimento da obrigação de fazer ou de não fazer, incidindo a partir da ciência do obrigado e da sua recalcitrância" (REsp nº 699.495/RS, Rel. Min. LUIZ FUX, DJ de 05.09.05), *é possível sua execução de imediato, sem que tal se configure infringência ao artigo 475-N, do então vigente Código de Processo Civil.*

Outrossim saliente-se que não há limite temporal de incidência da multa diária, quando então o exequente deverá seguir a via das perdas e danos, ou seja, enquanto o executado não cumprir a obrigação de forma específica, incidirá a reprimenda pecuniária, a não ser que o exequente prefira optar pelo caminho da conversão em perdas e danos.

Essa é a visão do STJ no acórdão exarado no Recurso Especial nº 890.900/SP, pela 3ª Turma, relatado pelo eminente Min. Humberto Gomes de Barros, julgado em 17/03/2008 e publicado no *DJ* eletrônico em 13/05/2008, que assim nos ensina:

> (...)
> – É lícito ao juiz modificar o valor e a periodicidade da astreinte (CPC, art. 461, § 6º). Não é possível, entretanto, fixar-lhe termo final, porque a incidência da penalidade só termina com o cumprimento da obrigação.

No mesmo sentido, não há que se falar em limitação do montante devido pelo devedor a título de multa diária, podendo inclusive superar o correspondente em dinheiro da obrigação fazer, não fazer ou de dar, que se busca cumprir, isso porque, como é sabido, a multa tem natureza punitiva pelo descumprimento da determinação judicial, e não o escopo de propiciar indenização ao exequente.

O STJ, pela sua 1ª Turma, através do venerando acórdão proferido no bojo do Recurso Especial nº 770.753/RS, relatado pelo Min. Luiz Fux, julgado em 27/02/2007 e publicado no *DJ* em 15/03/2007, salienta:

> (...)
> 5. O valor da multa cominatória pode ultrapassar o valor da obrigação a ser prestada, porque a sua natureza não é compensatória, porquanto visa persuadir o devedor a realizar a prestação devida.
> 6. Advirta-se, que a coerção exercida pela multa é tanto maior se não houver compromisso quantitativo com a obrigação principal, obtemperando-se os rigores com a percepção lógica de que o meio executivo deve conduzir ao cumprimento da obrigação e não inviabilizar pela bancarrota patrimonial do devedor.

10. Extinção ou Conversão em Perdas e Danos

Por fim, uma vez prestada a obrigação de fazer, não fazer ou de dar de forma específica por parte do executado, em favor do exequente, deve o juiz da causa declarar extinto cumprimento com base no art. 794, I, do CPC.

Contudo, se não foi prestada voluntariamente pelo devedor a obrigação, assim como os meios coercitivos ordinários, aplicáveis ao cumprimento da obrigação de fazer, não fazer ou de dar, ou seja, se multa diária aliada a medidas de apoio forem inócuas para levar o executado a cumprir especificamente a prestação constante no título executivo judicial, o art. 461, § 1º, do CPC, permite que o credor faça opção pela conversão em perdas e danos da dita obrigação que se busca.

O art. 461, § 1º, do CPC nada mais faz do que aplicar, no âmbito do cumprimento da obrigação de fazer, não fazer ou de dar, a regra geral prevista no art. 569 do CPC, que coloca ao credor, como prerrogativa, o manejo dos meios coercitivos existentes para chegar à realização efetiva da prestação imposta ao devedor, autorizando que o exequente desista de um em detrimento de outro.

Dessa forma, ao credor é permitido, tanto na petição inaugural, como no momento que agora estudamos, qual seja, durante o transcorrer do procedimento do cumprimento da obrigação de fazer, não fazer ou de dar, que desista da busca da prestação de forma específica e, abandonando o caminho da multa diária aliada às medidas de apoio, passe a pleitear o equivalente em dinheiro da referida obrigação em aberto.

Quando ocorrer o pleito de conversão em perdas e danos, o cumprimento passará a ter seguimento como fase de liquidação para se apurar a quantificação em dinheiro da obrigação de fazer, não fazer ou de dar, que se deixou para trás; assim, apurado o montante pecuniário em questão, terá início a etapa de cumprimento de obrigação de pagar.

É certo que toda essa procedimentalização dar-se-á nos mesmos autos, onde teve início o primitivo cumprimento da obrigação de fazer, não fazer ou de dar, não sendo menos certo que a conversão em perdas em danos não prejudica a execução da multa diária durante todo o tempo de inadimplemento processual do executado.

Por fim, o art. 461, § 1º, do CPC prevê outra hipótese de conversão em perdas e danos que independente de manifestação expressa por parte do credor; ou seja, quando aparecer, durante o transcorrer do procedimento, como impossível o alcance da tutela específica da obrigação de fazer, não fazer ou de dar; ou, ainda, a obtenção do resultado prático correspondente.

Dessa forma, por exemplo, se no transcorrer do cumprimento da obrigação de fazer infungível o estilista famoso que foi condenado pelo título executivo judicial a confeccionar um vestido de festa em favor da exequente vem a falecer, não há como insistir na busca da prestação de forma específica, sendo que neste caso mesmo que a credora não pleiteie a conversão em perdas e danos, deve o juiz da causa determinar de ofício tal procedimento, pois não faz sentido continuar a perseguir um mister que se mostra impossível de ser atingido.

11. Obrigação de Declaração de Vontade

Por fim, não podemos olvidar os títulos executivos judiciais que envolvem a declaração de vontade por parte do executado.

A primeira hipótese é a prevista no art. 466-A do CPC, que assim determina: *"Condenado o devedor a emitir declaração de vontade, a sentença, uma vez transitada em julgado, produzirá todos os efeitos da declaração não emitida.*

O art. 466-A do CPC trata da hipótese em que o exequente obteve em seu favor título executivo judicial, sendo o executado condenado a emitir declaração de vontade em seu favor, por exemplo, autorização para casamento de menor relativamente incapaz (art. 1.517 do CC) ou outorga uxória para prestação de fiança (art. 1.647, III, do CC).

Quanto à situação prevista no art. 466-A do CPC, o Prof. Henrique Lucon esclarece:

> O conteúdo da sentença de procedência de demanda preordenada a obter do órgão jurisdicional declaração de vontade faltante do demandado é prevalentemente constitutivo. Isso porque o provimento ao fim concedido outorga exatamente o que o demandante almeja: a manifestação de vontade que lhe faltava, ato de vontade esse que provoca modificações no plano de fatos.
> A tutela jurisdicional constitutiva objetiva conceder efetividade ao direito da parte à modificação de certa situação jurídico-material que lhe é desfavorável.(...).[16]

Enfim, o que se quer dizer é que, na situação de que trata o art. 466-A do CPC, o título executivo judicial que condenou o devedor a emitir declaração de vontade em favor do exequente tem natureza constitutiva, ou seja, a própria sentença ou acórdão que foi base da coisa julgada e, por consequência, do referido título executivo judicial, por si só já é auto-executável.

Assim, da mesma forma como ocorre com a investigação de paternidade, usucapião e renovatória de aluguel, na hipótese do art. 466-A do CPC, não há necessidade de se promover cumprimento de título executivo judicial, bastando:

a) levar a sentença ou acórdão que reconheceu a paternidade do réu em relação ao autor, por mandado, para inscrição junto ao cartório de registro civil das pessoas naturais, de modo a constar o nome do réu como pai no assento de nascimento do autor;
b) levar a sentença ou acórdão que reconheceu a usucapião, por mandado, para inscrição junto ao cartório de registro de imóveis, a fim de constar a propriedade em nome do autor;
c) a sentença ou acórdão ser utilizada como o próprio novo contrato de locação entre autor e réu; e
d) nas hipóteses de condenação do réu a emitir declaração de vontade em favor do autor, como na autorização de casamento, que a sentença ou acórdão seja levado, por mandado, ao cartório de registro civil das pessoas naturais para celebração do matrimônio; ou

[16] *Código de Processo Civil interpretado*, cit., p. 1515.

d.1) a sentença ou acórdão seja utilizada como a própria outorga uxória para a prestação da fiança.

A segunda hipótese é a do art. 466-B do CPC, que prevê:

> *Art. 466-B. Se aquele que se comprometeu a concluir um contrato não cumprir a obrigação, a outra parte, sendo isso possível e não excluído pelo título, poderá obter uma sentença que produza o mesmo efeito do contrato a ser firmado.*

Novamente vamos nos socorrer dos ensinamentos do mestre Paulo Henrique Lucon, agora sobre o art. 466-B do CPC:

> (...) O art. 466-B tem aplicação no contrato preliminar quando um dos contraentes se recusa a celebrar o contrato definitivo com o inadimplemento da prestação de manifestar a sua vontade.
>
> Exemplo claro do que se afirma é a promessa de compra e venda (ou opção de compra), historicamente designada de "adjudicação compulsória", consoante dispõe o art. 22 do Decreto-lei nº 58, de 10 de dezembro de 1937. Mas, por força de forte corrente jurisprudencial, não há necessidade de inscrição do contrato preliminar no registro de imóveis. Mas existem outras situações em que o aludido dispositivo tem espaço: na remissão de imóvel hipotecado (CC, art. 1.481); na demanda visando à obtenção de quitação regular (CC, art. 319); na exoneração de fiança (CC, art. 835).

Em ambas as hipóteses que acabamos de apreciar, o título executivo judicial condena o devedor a declarar vontade em favor do credor, porém na situação descrita no art. 466-A do CPC, essa vontade que se busca suprir não demanda a existência de contrato prévio travado entre as partes, o que se exige para caracterização do disposto no art. 466-B do CPC.

Por fim, devemos esclarecer que, na hipótese de título executivo judicial enquadrável nos termos do art. 466-B do CPC, também não haverá etapa de cumprimento, pois ele é auto-executável.

Por exemplo, se firmei contrato de compromisso de compra e venda (contrato preliminar) e ao final quitei o preço, mas o promitente vendedor recusa-se a outorgar escritura definitiva (contrato definitivo), poderei ajuizar demanda obtendo título executivo judicial que produzirá o mesmo efeito, como se o devedor externasse a sua vontade para conclusão do negócio jurídico; e assim levarei a sentença ou acórdão ao tabelionato de notas, que lavrará a escritura definitiva, suprindo a presença do réu ao ato em questão.

Capítulo 5

Cumprimento Provisório

1. Conceito

Veremos adiante o chamado cumprimento provisório, que pode assim ser conceituado como aquele que tem base em sentença ou acórdão, pendente de recurso sem efeito suspensivo, prolatada em etapa de cognição de processo de conhecimento cível, a ser realizado de forma precária, por conta e risco do exequente, sujeito à ratificação futura pelo resultado definitivo dos inconformismos posteriores apresentados, que, não ocorrendo, gerará responsabilidade objetiva ao exequente e indenização nos próprios autos em favor do executado.

1.1. Cabimento

É certo que acabamos de ver as espécies de cumprimento de obrigação de pagar, assim como de obrigação de fazer, não fazer ou de dar, enfocados a partir do pressuposto do manejo por parte do exequente de título executivo judicial, ou seja, onde há imposição ao devedor de prestação de caráter imutável, quando então o cumprimento é definitivo.

Porém, é possível que a prestação exequenda tenha sido fixada de forma precária em desfavor do executado, pois a sentença ou acórdão que a impôs ao devedor foi impugnada mediante recurso ao qual não foi atribuído efeito suspensivo.

Nesse caso, o art. 475-I, § 1º, do CPC permite ao credor que dê início provisoriamente ao cumprimento do julgado, quando então teremos cumprimento provisório da sentença ou acórdão, cuja validade procedimental de uso da coerção jurisdicional ficará clausulada à confirmação de dita sentença ou acórdão pelos recursos apresentados pelas partes, até a formação da coisa julgada.

Saliente-se, porém, que se a obrigação está inserida em sentença ou acórdão impugnado por recurso com efeito suspensivo, não há falar na possibilidade de cumprimento provisório.

Cumpre esclarecer, ainda, que o cumprimento provisório deve ter como base sentença ou acórdão, pendente de recurso sem efeito suspensivo, decorrente de etapa de cognição em processo de conhecimento cível, excluindo, assim, a possibilidade de cumprir provisoriamente a sentença penal condenatória, sentença arbitral ou a sentença estrangeira, a ser homologada pelo STJ.

Por fim, cabe lembrar que também serão objeto de cumprimento provisório todas as decisões interlocutórias que, porventura, venham a conceder tutela de urgência, em especial antecipação de tutela (art. 273, § 3º; art. 461, § 3º e art. 461-A, § 3º, todos do CPC).

Interessante notar que o art. 273, § 3º, do CPC, que trata do regime de cumprimento da tutela antecipada, como provisório, faz referência ao art. 588 do CPC, hoje revogado, quando o correto seria referir-se ao art. 475-O do CPC, porém a Lei Federal nº 11.232/2005 não se preocupou em atualizar-lhe a redação.

2. Regime Jurídico Específico

O cumprimento provisório está regulado pelo art. 475-O do CPC, sendo a ele aplicáveis como base procedimental as mesmas regras utilizáveis para o cumprimento definitivo, com as peculiaridades descritas nos incisos do dispositivo legal em comento.

Dessa forma, a seguir iremos verificar o regime jurídico específico que baliza o cumprimento provisório de sentença, pendente de recurso sem efeito suspensivo.

2.1. Petição Inaugural

A petição inaugural do cumprimento provisório deve ser apresentada necessariamente perante o juízo de primeiro grau de jurisdição, onde correu a etapa de cognição do processo de conhecimento, e foi emitida a sentença ou acórdão, desafiada por recurso sem efeito suspensivo, que se pretende cumprir.

O art. 475-O, § 3º, do CPC determina que o credor, ao requerer o cumprimento provisório, deverá instruir a petição inaugural com cópias autenticadas das seguintes peças do processo:

- sentença ou acórdão exequendo;
- certidão de interposição do recurso não dotado de efeito suspensivo;
- procurações outorgadas pelas partes;
- decisão de habilitação, se for o caso;
- facultativamente, outras peças processuais que o exequente considere necessárias.

Tais peças processuais devem ser apresentadas devidamente autenticadas ao juízo da execução, juntadas na petição inaugural do pedido de cumprimento provisório, podendo o advogado declará-las como autênticas, nos termos da parte final do art. 544, § 1º, do CPC.

Conclui-se, assim, que não é necessário que o credor peça a expedição de carta de sentença ao juízo, onde corre o recurso sem efeito suspensivo, nos moldes anteriormente exigidos pelo ordenamento processual vigente, antes da reforma introduzida pela Lei Federal nº 11:232/2005.

Antes da reforma do ordenamento jurídico processual, a carta de sentença, assim entendida como a certidão emanada pelo juiz da causa atestando a existência de sentença ou acórdão, desafiado por recurso sem efeito suspensivo, suscetível de ser executada provisoriamente, autuada como tal e instruída com as principais peças do processo, era usada como instrumento para viabilizar a dita execução provisória.

Agora, porém, isso não ocorre, pois, como acabamos de ver, basta que o credor apresente a petição inaugural do cumprimento provisório, perante o juízo competente para tanto, instruída das peças a que se refere o art. 475-O, § 3º, do CPC.

Nesse sentido já decidiu a 3ª Turma do STJ, através do venerando acórdão do Agravo Regimental na Medida Cautelar nº 14.385/RJ, relatado pela brilhante Min. Nancy Andrighi, julgado em 26/06/2008 e publicado do Diário Oficial eletrônico em 05/08/2008, que assim esclarece:

> (...)
> – A nova sistemática de cumprimento da sentença inaugurada pela Lei nº 11.232/05 aboliu a extração de cartas de sentença, transferindo ao exequente o ônus de instruir o pedido de execução provisória com as peças enumeradas no art. 475-O, § 3º, do CPC.
> – Nos termos do art. 475-P, II, do CPC, o cumprimento da sentença efetuar-se-á perante "o juízo que processou a causa no primeiro grau de jurisdição", de sorte que quaisquer questões atinentes à irregularidades na execução provisória do julgado devem ser primeiramente submetidas à apreciação daquele juízo.

Saliente-se, por fim, que especificamente quanto ao cumprimento provisório de obrigação de pagar não incidirá a multa a que se refere o *caput* do art. 475-J do CPC, nem tampouco honorários advocatícios da execução, pois a incidência de tais verbas pressupõe descumprimento de título executivo judicial por parte do devedor, o que ainda não existe, portanto somente poderão ser exigidas pelo credor no cumprimento definitivo, não devendo tais valores ser inseridos na planilha de cálculo.

2.2. Necessidade de Caução

O regime jurídico específico do cumprimento provisório apresenta, ainda, disposição atinente a obrigação de pagar.

Assim é que o credor de título executivo judicial que contenha obrigação de pagar pode promover o início de seu cumprimento provisório, mas durante o trâmite do procedimento para que ocorram atos que importem alienação de propriedade, levantamento de depósito em dinheiro, ou ainda dos quais possa resultar grave dano ao executado, deverá haver, necessariamente, a prestação de caução suficiente e idônea por parte do exequente, arbitrada pelo juiz.

As situações apresentadas no dispositivo normativo em questão, onde se exige caução do credor para a prática de ato processual, durante o procedimento de cumprimento provisório, aparecem quando:

a) o exequente pretende expropriar definitivamente os bens penhorados do devedor, seja através de adjudicação, alienação particular ou alienação em hasta pública;
b) o exequente pretende levantar quantia em dinheiro, que foi objeto de penhora; ou
c) o ato processual a ser praticado possa gerar grave dano ao executado, por exemplo no caso de instituição de usufruto de bem imóvel (art. 716 do CPC) do devedor em favor do exequente, quando o executado pretendia locá-lo para sua subsistência.

Nas hipóteses que acabamos de ver, para que o ato processual possa ser efetivado no cumprimento provisório, o legislador exige que o exequente preste caução fixada em valor determinado pelo juiz da causa, que nada mais é do que uma garantia prestada pelo credor em favor do devedor, para, no caso de eventual reversibilidade da sentença ou acórdão exequendo, provisoriamente, pelo recurso pendente de julgamento, eventuais prejuízos causados ao executado sejam indenizados, usando como suporte a referida caução.

Por sua vez, a caução pode ser real, pessoal ou em dinheiro, ou seja, pode ser prestada pelo credor, respectivamente, através da oferta de bem imóvel ou direito real sobre ele; fiança ou em pecúnia.

É certo, porém, que a caução pode ser dispensada pelo juiz da causa, nos termos do § 2º do art. 475-O do CPC, nas seguintes hipóteses:

a) quando, nos casos de crédito de natureza alimentar ou decorrentes de ato ilícito, até o limite de sessenta vezes o valor do salário mínimo, hipótese em que o exequente demonstrar situação de necessidade;
b) seja qual for o valor do crédito, quando o recurso pendente de julgamento contra o acórdão cumprido provisoriamente é o agravo de instrumento de despacho denegatório de recurso extraordinário junto ao Supremo Tribunal Federal, ou de Recurso Especial junto ao Superior Tribunal de Justiça, salvo quando da dispensa da caução possa manifestamente resultar risco de grave dano, de difícil ou incerta reparação.

2.3. Reversibilidade

Por fim, cumpre ressaltar que o cumprimento provisório corre por iniciativa, conta e responsabilidade do exequente, que se obriga, se a sentença ou acórdão for reformado, a reparar os danos que o executado haja sofrido (art. 475-O, I, do CPC).

Dessa forma, o credor ressarcirá ao devedor os danos que este sofreu, caso a coisa julgada que sirva definitivamente de base para o título executivo judicial declarar inexistente, no todo ou em parte, a obrigação contida na sentença ou acórdão, que deu lugar à execução provisória (art. 574 do CPC).

Enfim, se houver reversão da sentença ou acórdão que deu origem ao cumprimento provisório, as partes deverão ser restituídas ao estado anterior; sendo certo que se a reversão for parcial, somente nesta ficará sem efeito a execução provisória.

Todos os prejuízos causados ao executado, seja pela reversão total ou parcial da sentença ou acórdão que foi utilizada pelo exequente para dar margem ao cumprimento provisório, deverão ser apurados por liquidação por arbitramento nos mesmos autos, independentemente da apuração de culpa do credor (responsabilidade objetiva), pois saliente-se, a execução provisória foi iniciada por sua conta e risco, perante o Poder Judiciário.

Por último, não podemos olvidar que o valor indenizatório encontrado em liquidação por arbitramento em favor do devedor provisório deverá ser buscado através de cumprimento definitivo de obrigação de pagar, penhorando-se o objeto caucionado em juízo, caso tenha ocorrido caução por parte do credor provisório.

3. Modelo

EXCELENTÍSSIMO SENHOR DOUTOR JUIZ DE DIREITO DA ____ª VARA CÍVEL DA COMARCA DA CAPITAL DO ESTADO DE SÃO PAULO,

Processo nº ________________

______________________________, por seu advogado, que esta subscreve, vem, respeitosamente, à presença de Vossa Excelência, nos termos do art. 475-O, do CPC, apresentar o presente pedido de CUMPRIMENTO PROVISÓRIO DE OBRIGAÇÃO DE PAGAR, em face de ______________________, pelos motivos de fato e de direito a seguir expostos:

1 – O Exequente moveu ação de cobrança de rito ordinário em face do executado, onde houve prolação da r. sentença, confirmada pelo v. Acórdão da apelação, que ora se encontra desafiado por Recurso Especial.

2 – É certo que, como bem sabemos, o recurso especial não tem efeito suspensivo, a teor do art. 542, § 2º, do CPC, dando margem a possibilidade de o Exequente, desde já, dar início ao cumprimento provisório da sentença, conforme autoriza o art. 475-O, do CPC.

3 – Por sua vez, a sentença, que ora se pretende cumprir provisoriamente, condenou o Executado ao pagamento :

a) do principal, assim estabelecido no valor de R$ 200.000,00 (duzentos mil reais);
b) acrescido de correção monetária, a partir do vencimento da prestação, que ocorreu em 10/05/2005; assim como
c) juros moratórios, de 0,5% ao mês, a partir da citação ocorrida em 17/04/2006; além de
d) custas e despesas processuais, devidamente corrigidas monetariamente, quais sejam: R$ 4.025,00 (quatro mil e vinte e cinco reais), desembolsados pelo exequente em 05/02/2006; e
e) honorários advocatícios, da etapa de cognição, fixados em 10% do valor da condenação.

4 – É certo, que transcorridos muito mais de 15 dias da publicação do v. acórdão da apelação, o devedor até a presente data não cumpriu voluntariamente a obrigação contida no título executivo judicial, ora em etapa de cumprimento provisório.

5 – Isto posto, requer:

a) sejam juntados aos autos as cópias das principais peças do processo principal que seguem em anexo;
b) seja deferido o início da etapa de cumprimento provisório da obrigação de pagar contida na sentença confirmada pelo v. Acórdão da apelação, ora impugnado via Recurso Especial pelo devedor;
c) seja feita a penhora de dinheiro, através do bloqueio *on-line* de valores constantes em conta bancária do devedor, até o limite do montante constante na planilha de cálculo em anexo, conforme determina o art. 655-A, do CPC;
d) a intimação do Executado, acerca da penhora em questão, na pessoa de seu advogado, via *Diário Oficial* eletrônico, conforme determina o art. 475-J, § 1º, do CPC; e
e) finalmente, seja adjudicado o valor penhorado em favor do Exequente, expedindo-se guia de levantamento em seu favor para tanto, ofertando o Exequente, desde já, o imóvel cuja matrícula segue em anexo, como caução.

Nestes termos,
pede deferimento.
São Paulo, __ de__________ de 20___.
Nome:_______________
Advogado
OAB/___ nº _______

PLANILHA DE CÁLCULO
ATUALIZAÇÃO PELA TABELA DO TRIBUNAL DE JUSTIÇA ATÉ NOV/08

Valor principal em	10/05/2005	R$ 200.000,00
Correção Monetária	Mai/05 – Nov/08	R$ 33.990,64
		R$ 233.990,64
Juros Moratórios	Abr/06 – Nov/08	R$ 36.268,55
		R$ 270.259,19
Custas	05/02/2006	R$ 4.025,00
Correção Monetária	Fev/06 – Nov/08	R$ 560,33
		R$ 4.585,33
Subtotal (1)		R$ 274.844,52
10% Honorários Advocatícios	etapa de cognição	R$ 27.484,45
TOTAL GERAL		R$ 302.328,97

TÍTULO IV

DEFESAS NA EXECUÇÃO

Capítulo 1

Noções Gerais

1. Considerações Iniciais

Acabamos de estudar a tutela jurisdicional executiva, como exercício dos meios de coerção existentes no ordenamento jurídico processual brasileiro, onde o credor de título executivo extrajudicial ou judicial, respectivamente valendo-se do processo de execução ou da etapa de cumprimento, pleiteia ao Poder Judiciário que imponha ao devedor a prestação da obrigação de pagar, fazer, não fazer ou de dar, tudo em favor do exequente.

Agora, passaremos a analisar como o devedor, seja no processo de execução, seja na etapa de cumprimento, poderá opor resistência adequada à pretensão jurisdicional de coerçao exercida pelo credor, através da propositura da petição inicial da ação executiva ou do pedido de cumprimento.

Para tanto, vamos novamente resgatar o debate sobre a execução usando o marco do advento da Lei Federal nº 11.232/2005.

Antes do advento da Lei Federal nº 11.232/2005, que modificou substancialmente a execução como exercício da coerção pelo Poder Judiciário, tínhamos como único meio de prestação jurisdicional coercitiva o processo de execução, que servia tanto para o título executivo judicial como para o extrajudicial.

Nessa medida, o ordenamento jurídico pátrio, outrora, concebia o processo de execução como único meio adequado para prestação jurisdicional de coerção, processo esse que se dedicava exclusivamente ao exercício do devido processo legal, com seus atributos do contraditório e ampla defesa, focado na efetivação dos meios coercionais.

Assim, no processo de execução não podia o executado opor resistência ao exercício jurisdicional de coerção contra ele pleiteado pelo exequente, mas deveria valer-se de meio processual próprio e autônomo, denominado embargos à execução, onde aí, sim, poderia manifestar qualquer conteúdo de debate sobre o título executivo judicial ou extrajudicial apresentado pelo credor, assim como a pertinência do uso da própria coerção pelo Poder Judiciário.

Desta forma, o ordenamento processual revogado centrava no processo de execução o devido processo legal, com seus atributos do contraditório e ampla defesa, focado apenas na forma e intensidade do uso da coerção pleiteada pelo exequente em face do executado; e não na possibilidade do seu uso propriamente dito pelo Poder Judiciário.

Assim, no processo de execução o executado poderia discutir, por exemplo: a) sobre quais bens de seu patrimônio iria incidir a penhora de bens; b) se o valor da avaliação estava correto ou não; c) se a melhor forma de expropriação efetiva dos seus bens penhorados seria por alienação judicial, através de hasta pública ou adjudicação em favor do exequente, dentre outras manifestações de contraditório e ampla defesa, mas sempre centrado na forma e intensidade do uso da coerção por parte do Poder Judiciário em face do devedor.

Caso o devedor pretendesse opor resistência à viabilidade do uso da coerção por parte do Poder Judiciário em face do executado, pleiteada pelo exequente, atacando o título executivo judicial ou extrajudicial, não poderia fazê-lo no bojo do processo de execução, mas, sim, deveria valer-se dos embargos à execução, onde teria pertinência o debate sobre, por exemplo: a) a validade ou não do título executivo; b) a incompatibilidade entre o valor da obrigação de pagar constante da petição inicial da ação executiva e o constante no título executivo, caracterizando o excesso de execução; c) a inconstitucionalidade da coisa julgada, base do título executivo judicial, dentre outros temas.

Esse era o panorama processual elegido pelo legislador originário do CPC para a execução, centrando a discussão sobre a forma e intensidade do uso da coerção no processo de execução iniciado por iniciativa do exequente; e a resistência ao uso da coerção propriamente dito nos embargos à execução iniciado por provocação do devedor. Diga-se de passagem, esse sistema era bem lógico, científico e eficaz.

O legislador reformador, ao introduzir modificações no ordenamento jurídico processual, num primeiro momento com o advento da Lei Federal nº 11.232/2005, e depois da Lei Federal nº 11.382/2006, não mostrava insatisfação, em especial, com a resistência do executado ao uso, forma ou intensidade da coerção jurisdicional, mas sim com a necessidade de ajuizamento de nova ação por parte do credor, gerando nova citação do devedor, para fazer valer a obrigação em favor do exequente contida em título executivo judicial, o que atrasava incomensuravelmente o seu cumprimento; já em relação ao processo de execução envolvendo título executivo extrajudicial, havia uma prevalência do princípio da menor onerosidade do devedor, em detrimento da satisfação do crédito do credor, o que muitas vezes gerava abusos por parte do executado, levando a morosidade no trâmite da execução.

Dessa forma, a Lei Federal nº 11.232/2005 introduziu a etapa de cumprimento de sentença no processo de conhecimento, transformando-o em sincrético, ou seja, através de uma mesma relação jurídica processual a parte lesada obterá a resolução de sua lide (etapa de cognição), assim como, na hipótese de inércia por parte do, agora, devedor de prestar voluntariamente a obrigação que lhe foi imposta pelo acertamento judicial, a sua obtenção através do uso da coerção (etapa de cumprimento).

Nessa medida, por uma questão de coerência e com o intuito de efetivamente manter sincrético o processo de conhecimento, com a existência de duas etapas, quais sejam, cognição e cumprimento, porém a partir de uma mesma relação jurídica processual, o legislador reformador, especificamente em relação ao título executivo judicial, extinguiu a figura dos embargos à execução, como via processual própria e autônoma para que o devedor opusesse resistência ao uso da coerção jurisdicional requerida pelo credor; e viabilizou tal resistência no próprio bojo da etapa de cumprimento, através da apresentação da chamada impugnação formulada pelo executado.

Já a Lei Federal nº 11.382/2006, no que diz respeito ao título executivo extrajudicial, manteve a fórmula primitiva do processo de execução para discussão da forma e intensidade do uso da coerção em desfavor do devedor, e os embargos à execução para oposição pelo executado à possibilidade de uso da coerção propriamente dita contra ele; apenas preocupou-se em modificar pontualmente o processo de execução e os embargos à execução, dando prevalência à satisfação do crédito do exequente em relação a menor onerosidade ao devedor.

Nesse sentido, ainda, a Lei Federal nº 11.382/2006 retirou do executado a prerrogativa de indicação de bens à penhora; instituiu como primeira opção de expropriação efetiva dos bens penhorados do devedor a sua adjudicação em favor do credor; acabou com o efeito suspensivo dos embargos à execução, dentre outras modificações, sempre colocando a satisfação do crédito do exequente em primeiro lugar, vindo, logo após, a menor onerosidade possível da execução em relação ao executado, mas desde que seja possível buscar a efetiva concretização da prestação em benefício do credor.

2. Conceito

As defesas do devedor na execução, esta última entendida como o poder jurisdicional prestado no bojo do processo de execução ou na etapa de cumprimento, são todas aquelas manifestações do executado que visam opor resistência ao título executivo ou ao uso do exercício da coerção por parte do Poder Judiciário, que dele decorre, contra o executado.

3. Espécies

Acabamos de observar que o legislador, após a reforma do CPC, optou por regime heterogêneo de defesas do executado, dependendo da espécie do título executivo trazido à análise pelo Poder Judiciário para prestação jurisdicional de coerção.

O título executivo extrajudicial e a respectiva coerção jurisdicional que dá margem ao processo de execução pode ser desafiado pelo executado através dos embargos à execução; já no cumprimento do título executivo judicial aparece como arma do devedor a impugnação.

Ocorre que, não obstante sejam espécies do mesmo gênero, quais sejam, defesas do executado, o fato é que cada qual aparece com regime jurídico próprio, o que inviabiliza o estudo conjunto.

Por fim, temos a exceção de pré-executividade existente no regime jurídico processual revogado, como via de impugnação do processo de execução por parte do devedor, quando este não tinha patrimônio para garantir o juízo da execução quanto ao cumprimento da obrigação pendente em favor do credor, assim como a pertinência da alegação de defesa era suscetível de ser demonstrada de plano, sem a necessidade de produção de prova por parte do executado.

Veremos que as Leis Federais nº 11.232/2005 e 11.382/2006 não extinguiram o instrumento da exceção de pré-executividade, porém restringiram a sua abrangência.

A partir desse contexto, vamos doravante estudar os meios de oposição que o ordenamento jurídico processual coloca à disposição do executado, em relação ao uso da coerção pelo Poder Judiciário contra ele, começando pela análise:

a) dos embargos à execução, como forma de resistência ao processo de execução; aqui cabe ressaltar que o devedor poderá, ainda, opor embargos à adjudicação, alienação ou arrematação; depois passaremos
b) à impugnação, como forma de resistência à etapa de cumprimento; e finalmente verificaremos
c) a exceção de pré-executividade, como forma de resistência, que não demande produção de prova pelo devedor e possa ser prontamente constatada pelo Poder Judiciário.

Capítulo 2

Embargos à Execução

1. Conceito

Embargo à execução é exercício de direito de ação por parte do executado, que tem por objetivo opor resistência ao título executivo extrajudicial ou ao uso da coerção jurisdicional, que dele decorre contra o devedor, prestada pelo Poder Judiciário no bojo do processo de execução.

1.1. Natureza Jurídica

A primeira discussão que aparece, em relação aos embargos à execução, a partir do conceito apresentado, é quanto à natureza jurídica do instrumento processual em questão.

Isso porque, como veremos mais detidamente adiante, o ordenamento processual em vigor exige que o devedor apresente a resistência em questão, não nos próprios autos do processo de execução, mas por intermédio de ação autônoma, a ser distribuída em apenso ao referido processo de execução.

A opção do legislador por determinar que o executado formule resistência ao processo de execução, por intermédio de ação autônoma de conhecimento que seguirá por rito especial, chega a soar estranho num primeiro momento, pois, perguntar-se-ia, o melhor não seria opor-se ao título executivo extrajudicial e ao uso da coerção jurisdicional que dele decorre no próprio bojo do referido processo de execução?

Ocorre que o CPC não quer misturar o debate sobre a forma e intensidade do uso da coerção que ocorre no bojo do processo de execução, por exemplo, com a controvérsia sobre qual bem do devedor deve ser penhorado, a forma de expropriação efetiva que será utilizada, adjudicação ou alienação judicial; com a discussão do título executivo extrajudicial propriamente dito e o uso da referida coerção que dele decorre, por exemplo, com alegação de falsidade do cheque apresentado em juízo ou com excesso do valor apresentado pelo credor como devido, que terá local próprio, qual seja: embargos à execução.

Daí, a via da ação de conhecimento de embargos à execução de rito especial, eleita pelo ordenamento jurídico processual vigente para que o devedor possa opor resistência ao processo de execução.

Contudo, não podemos negar que o executado, ao apresentar embargos à execução opondo resistência ao processo de execução, está defendendo-se do título executivo extrajudicial e do uso da coerção pretendido pelo exequente contra ele.

Isso porque o resultado de procedência dos embargos à execução poderá extinguir no todo ou em parte o objeto do processo de execução; por exemplo, se reconhecida a nulidade do cheque na via dos embargos, necessariamente o processo de execução deverá ser extinto, ou seja, os embargos à execução podem ser considerados ação com natureza de defesa

1.2. Conteúdo

Continuando, no que tange a conceituação apresentada, vamos nos debruçar agora sobre o conteúdo dos embargos à execução, ou seja, quais as matérias que podem ser trazidas como defesa ao processo de execução pelo executado.

1.2.1. Conteúdo Meritório

Num primeiro momento, o executado pode apresentar, como conteúdo dos embargos à execução, matérias que vão atacar o mérito do título executivo extrajudicial ou uso da coerção pelo Poder Judiciário no bojo do processo de execução.

Segundo o que determina o art. 745 do CPC, nos embargos à execução poderá o executado alegar:

a) nulidade da execução, por não ser executivo o título apresentado;
b) penhora incorreta ou avaliação errônea;
c) excesso de execução ou cumulação indevida de execuções;
d) retenção por benfeitorias necessárias ou úteis, nos casos de título para entrega de coisa certa (art. 621 do CPC)
e) qualquer matéria que lhe seria lícito deduzir como defesa em processo de conhecimento.

A primeira hipótese específica de resistência ao processo de execução, trazida no art. 745 do CPC, diz respeito à imprestabilidade do título executivo judicial, seja porque é nulo, pois não observados os seus requisitos de existência e validade previstos na lei material própria, seja porque não se reveste das características de certeza, liquidez e exigibilidade.

Assim, por exemplo, cheque (art. 585, I, do CPC) emitido por falsificação de assinatura é título executivo extrajudicial nulo, assim como o contrato subscrito por duas testemunhas (art. 585, II, do CPC) que não qualifica e quantifica a obrigação a ser prestada pelo devedor é ilíquido.

A segunda hipótese, prevista no art. 745, II, do CPC, a nosso ver não é propriamente hipótese de embargos à execução e está incorretamente inserida no dispositivo legal em questão, ou seja, a incorreção da penhora ou avaliação deve ser debatida na execução sob pena de preclusão sobre o tema.

Os temas em questão – penhora incorreta ou avaliação errônea – são debatidos na execução; ora o executado é intimado e participa ativamente quanto ao procedimento de eleição do bem de seu patrimônio a ser penhorado, o mesmo se diga em relação à avaliação do bem objeto da penhora.

Dessa forma, caso o executado não se conforme com o bem penhorado ou a avaliação acolhida pelo juiz da causa, deve agravar de instrumento, até porque com a nova sistemática do CPC, introduzida pela Lei Federal nº 11.382/2006, quando o devedor é citado (art. 652 do CPC) quanto aos termos do processo de execução, momento que passa a contar o seu prazo de oposição de embargos à execução (art. 738, *caput*, do CPC), ainda não houve penhora e muito menos avaliação do bem penhorado.

O magistério do Professor Misael Montenegro Filho deixa bem claro que a nova sistemática do CPC destaca um momento para citação do executado e outro para penhora de bens, quando observa:

> (...) Antes da reforma o devedor era citado para pagar em 24 h ou para nomear bens à penhora no mesmo prazo, como condição para oposição dos embargos à execução. Com a reforma, observamos as seguintes modificações principais: (a) o mandado expedido após o recebimento da inicial não é mais de citação e penhora, mas de citação, penhora e avaliação, respeitando o princípio da concentração; (b) o prazo para pagamento não é mais de 24 h, mas de três dias; (c) o mandado é expedido em duas vias: a primeira sendo utilizada para o aperfeiçoamento da citação, enquanto a segunda é usada para viabilizar o aperfeiçoamento da penhora; (...)[1]

A terceira hipótese de conteúdo para oferta de embargos à execução é quando o devedor discute excesso de execução ou cumulação indevida de execuções.

O excesso de execução ficará caracterizado quando:

a) o exequente pleiteia quantia superior à constante do título executivo judicial (obrigação de pagar);
b) recai sobre coisa diversa daquela declarada no título executivo judicial (obrigação de dar); e
c) o credor pleiteia a observância de prestação específica por parte do devedor, diversamente daquela imposta pelo título executivo judicial (obrigação de fazer e não fazer).

Já a cumulação indevida de execuções ocorre quando o exequente busca em face do executado, através da utilização do mesmo processo de execução, instaurado através da propositura de ação executiva, a obtenção da satisfação de obrigações contidas em um ou mais títulos executivos extrajudiciais, mas que demandam procedimentos diversos.

As hipóteses previstas no inciso III do art. 745 do CPC restaram caracterizadas, por exemplo, se o credor exigir quantia superior a que consta no título executivo

[1] *Código de Processo Civil comentado e interpretado*, cit., p. 691.

extrajudicial (excesso de execução) ou o exequente pretender cumular a execução de dois títulos que possui contra o devedor (cumulação indevida), que impõe, cada qual, obrigações distintas ao executado (pagar e fazer), que devem seguir sob ritos diversos, um por processo de execução por quantia certa, outro por processo de execução de obrigação de fazer.

A quarta hipótese de conteúdo diz respeito à alegação de retenção por benfeitorias por parte do executado, em se tratando de obrigação de dar, quando nos depararemos com os chamados embargos de retenção por benfeitorias, ou seja, o devedor concorda em entregar a coisa, porém sustenta ter direito ao ressarcimento pelas benfeitorias e acessões introduzidas no bem, de acordo com a lei civil, e somente a devolverá caso seja ressarcido pelo exequente.

Por fim, o executado pode sustentar seus embargos à execução alegando qualquer matéria que lhe seria lícito deduzir como defesa em processo de conhecimento, ou seja, qualquer nulidade, anulabilidade, descumprimento ou, ainda, qualquer evento impeditivo, modificativo ou extintivo, tudo concernente à relação jurídica material de débito e crédito envolvendo exequente e executado, que deu origem ao título executivo extrajudicial colocando em risco a certeza, liquidez ou exigibilidade deste último.

Assim, por exemplo, a compensação, que no processo de conhecimento seria objeto de reconvenção por parte do Réu, aqui será suscitada em embargos, ou seja, o executado reconhece que deve sim aquele valor em dinheiro ao exequente, constante do cheque encartado na petição inicial da ação executiva, contudo o credor também lhe deve montante pecuniário superior decorrente de nota promissória não honrada.

1.2.2. Conteúdo Processual

Por outro lado, os embargos à execução podem servir para que o executado venha a debater eventual falta de condição da ação e pressupostos processuais relativos, especificamente, ao processo de execução, ou enfim quaisquer das matérias previstas no art. 301 do CPC.

Assim, por exemplo, se a parte promoveu o processo de execução, mas é ilegítima para tanto, o executado poderá apresentar ação de embargos à execução suscitando tal questão.

1.2.3. Exceções e Impugnações como Respostas do Executado ao Processo de Execução

Por fim, a par do manejo dos embargos à execução, o executado poderá, relativamente e no próprio bojo do processo de execução, utilizar-se, se for o caso, das seguintes defesas processuais: exceção de incompetência relativa, suspeição e impedimento, assim como impugnação ao valor da causa e benefícios da justiça gratuita.

Dessa forma, por exemplo, se a petição inicial do processo de execução apresenta valor da causa errôneo, o executado poderá apresentar impugnação ao valor da causa, que será procedimentalizada e julgada, conforme determina o art. 261 do CPC.

1.3. Legitimidade

É certo que a legitimidade ativa para propositura da ação de embargos à execução está nas mãos do executado, não tendo o terceiro a possibilidade de seu manejo. Quando muito, o terceiro, desde que preenchidas as hipóteses de cabimento previstas nos arts. 1.046 e 1.047 do CPC, poderá apresentar embargos de terceiro.

No mesmo sentido, a legitimidade passiva nos embargos à execução está centrada na figura do exequente, não podendo terceiros fazer parte da relação jurídica processual a ser entabulada nos embargos.

Resumindo, os embargos à execução, necessariamente, devem envolver as mesmas partes que figuram na ação executiva, isso porque caso contrário, retiraríamos dos embargos a sua finalidade de defesa ao feito executório.

2. Competência e Forma de Processamento

A ação de embargos à execução deve ser, em regra, apresentada perante o juízo, onde tramita o processo de execução.

Nessa medida, a petição inicial dos embargos à execução deve ser apresentada perante o juízo, onde corre o processo de execução, assim como serão os embargos distribuídos por dependência e autuados em apartado, conforme determina o art. 736, parágrafo único, do CPC.

Se a citação do executado for feita por carta precatória, nos termos do art. 652, combinado com os arts. 738, § 2º, e 747, todos do CPC, os embargos à execução poderão ser oferecidos pelo executado, tanto no juízo deprecante, como no juízo deprecado, mas a competência para julgá-los é do juízo deprecante, salvo se versarem unicamente sobre vícios ou defeitos da alienação dos bens (embargos à adjudicação, alienação ou arrematação).

Ressalte-se que a competência aqui para a análise dos embargos à execução é absoluta, seja no que diz respeito ao juízo da execução, seja no que tange ao juízo da carta precatória.

3. Prazo

A ação de embargos à execução deve ser apresentada pelo Executado no prazo de 15 (quinze) dias, contados da data da juntada aos autos do mandado de citação, segundo o que determina o art. 738 do CPC, quando a citação nos termos do art. 652 do CPC for feita por Oficial de Justiça.

Quanto ao termo inicial do prazo para oposição de embargos à execução por parte do executado, o ilustre doutrinador Misael Montenegro Filho esclarece:

> Contagem do prazo a partir da juntada do mandado de citação aos autos: Pela sistemática imposta pela Lei 11.382/06 (inspirada no princípio da razoável duração do processo), os embargos devem ser opostos a partir da juntada do mandado de citação aos autos, observando a regra do art. 184, determinando a exclusão do dia de início e a inclusão do dia do término da contagem em exame. Expedição do mandado em duas vias: Em decorrência da modificação legislativa, a secretaria do juízo deve expedir o mandado (de citação, de penhora e de avaliação) em duas vias. Aperfeiçoada a citação, o oficial de justiça deve recolher a primeira via ao cartório, para permitir a juntada aos autos e a fixação do termo *a quo* do prazo dos embargos, permanecendo com a segunda via, para realizar a penhora em bens do executado, avaliando-os, sem que essas providências tenham qualquer repercussão na contagem do prazo para a oposição dos embargos.[2]

Por outro lado, no processo de execução, quando a cientificação do executado nos termos do art. 652 do CPC for feita por carta precatória, uma vez efetivada a citação do executado, será imediatamente comunicada pelo juízo deprecado ao juízo deprecante, inclusive por meios eletrônicos, contando-se o prazo para embargos à execução a partir da juntada aos autos de tal comunicação.

Contudo, quando houver mais de um executado, o prazo para cada um deles embargar conta-se individualmente, salvo tratando-se de cônjuges, quando o termo inicial aparece com a citação do segundo cônjuge.

Por fim, cumpre ressaltar que, ainda que os executados tenham advogados distintos, não há que se falar em prazo em dobro para apresentação dos embargos à execução, ou seja, nos embargos do executado não se aplica o disposto no art. 191 do CPC.

3.1. Cumprimento Voluntário da Obrigação e Pedido de Parcelamento

É certo, porém, que o executado pode não apresentar embargos à execução, pois irá cumprir voluntariamente a obrigação contida no título executivo extrajudicial.

Na hipótese de processo de execução de quantia certa contra devedor solvente, o cumprimento voluntário deve ser feito pelo executado, nos termos do art. 652 do CPC, no prazo de 3 (três) dias, a partir da juntada do mandado de citação ou da comunicação do juízo deprecante ao juízo deprecado (art. 738, § 2º, parte final, do CPC) aos autos; e sendo realizado o pagamento do montante integral devido constante da planilha de cálculo que instruiu a petição inicial do exequente, a verba honorária será reduzida pela metade(art. 652-A do CPC).

Outrossim, pode o executado, ainda, no prazo para apresentação de embargos à execução, reconhecendo o crédito do exequente e comprovando o depósito de 30%

---

[2] *Código de Processo Civil comentado e interpretado*, cit., p. 750.

(trinta por cento) do valor em execução, inclusive custas e honorários de advogado, requerer seja admitido a pagar o restante em até 6 (seis) parcelas mensais, acrescidas de correção monetária e juros de 1% (um por cento) ao mês (art. 745-A do CPC).

Caso a proposta seja deferida pelo juiz da causa, o exequente levantará a quantia depositada e serão suspensos os atos executivos; caso indeferida, seguir-se-ão os atos executivos, mantido o depósito.

Devemos esclarecer que não há necessidade de o exequente concordar com o pedido de parcelamento formulado pelo executado, que só não será deferido pelo Poder Judiciário caso realizado em descompasso com o art. 745-A do CPC.

Cumpre ressaltar que o não-pagamento de qualquer das prestações por parte do executado implicará, de pleno direito, o vencimento das subsequentes e o prosseguimento do processo, com o imediato início dos atos executivos, imposta ao executado multa de 10% (dez por cento) sobre o valor das prestações não pagas e vedada a oposição de embargos.

Por fim, no que diz respeito ao processo de execução de obrigação de fazer, não fazer ou de dar, contida em título executivo extrajudicial, é certo que o juiz da causa, ao despachar a petição inicial, irá fixar prazo para cumprimento voluntário por parte do executado, que, ultrapassado em inércia por parte do devedor, irá fazer incidir multa diária.

4. Desnecessidade de Garantia do Juízo

Uma das grandes inovações introduzidas pelo legislador reformador do ordenamento jurídico processual, com a edição da Lei Federal nº 11.382/2006, que reestruturou o processo de execução de título executivo extrajudicial, foi a desvinculação da necessidade de garantia do juízo, como pressuposto lógico para apresentação de embargos à execução por parte do executado.

Outrora, exigia-se do devedor como prova de demonstração de sua boa-fé processual que, antes de apresentar seus embargos à execução, ofertasse bens para constricção judicial em valor suficiente para honrar a obrigação para com o credor (obrigação de pagar), ou fosse depositado em juízo o bem a ser entregue pelo executado (obrigação de dar), para aí, sim, exercer seu direito relativo ao manejo da ação de embargos.

Duas eram as principais críticas a tal exigência legal revogada, a primeira delas era a de violação ao princípio do direito de ação (art. 5º, XXXV, da CF), na medida em que o executado que não tivesse patrimônio para oferecer em garantia ou não estivesse na posse do bem a entregar, ficaria privado de se opor ao processo de execução; e a segunda é que, assim procedendo o legislador, os feitos executórios com base em título executivo extrajudicial manifestamente nulos ou viciados ficariam infinitamente pendentes de julgamento, em descompasso com o princípio da razoável duração do processo (art. 5º, LXXVIII, da CF), assim como travando a obtenção de crédito na economia pelo suposto devedor, que permaneceria com restrições em seu cadastro, em detrimento do princípio do acesso à Justiça (art. 5º, LIV, da CF).

Assim, o art. 736 do CPC é claro ao afirmar que o executado, independentemente de penhora, depósito ou caução, poderá opor-se à execução por meio de embargos.

5. Inexistência de Efeito Suspensivo quanto ao Trâmite do Processo de Execução

Os efeitos gerados pela apresentação dos embargos à execução pelo executado, em relação ao trâmite do processo de execução de título executivo extrajudicial, também, sofreram modificações importantes introduzidas pela Lei Federal nº 11.382/2006.

Antes do advento da reforma do CPC, a apresentação dos embargos à execução gerava como regra a suspensão do processo de execução de título executivo extrajudicial. Não é difícil concluir, portanto, que isso estimulava a apresentação de embargos à execução por parte do executado, o qual ao paralisar o processo de execução dava no mínimo fôlego ao devedor quanto ao proceder a ser adotado em face do exercício da coerção jurisdicional perante ele.

Resumindo, em compasso com o princípio da celeridade, insculpido no art. 5º, inciso LXXVIII, da CF, o art. 739-A do CPC deixa claro que a apresentação de embargos à execução pelo executado não gerará a suspensão do feito executório, que continuará a ter trâmite normal, mesmo com a formulação da ação de embargos pelo devedor.

Ocorre que, excepcionalmente, o juiz da causa poderá, a requerimento do embargante, atribuir efeito suspensivo aos embargos à execução, quando, sendo relevantes seus fundamentos, o prosseguimento do processo de execução de título executivo extrajudicial, manifestamente, possa causar ao executado grave dano de difícil ou incerta reparação, e desde que a execução já esteja garantida por penhora, depósito ou caução suficientes.

Entretanto, se, por exemplo, estivermos diante de situação concreta onde há manifesto excesso na execução, é certo que, prosseguindo o processo de execução, o devedor, pessoa jurídica, terá bens penhorados e expropriados efetivamente, além dos que deveria ter, podendo-lhe gerar, inclusive, a falência (grave dano de difícil ou incerta reparação), quando será cabível ao embargante requerer seja concedido efeito suspensivo aos embargos à execução, desde que garantido o juízo.

Não podemos olvidar que quando o efeito suspensivo atribuído aos embargos à execução disser respeito apenas a parte do objeto da execução, essa prosseguirá quanto à parte restante, sendo certo que a concessão de efeito suspensivo não impedirá a efetivação dos atos de penhora e de avaliação dos bens.

No mesmo sentido, a concessão de efeito suspensivo aos embargos à execução oferecidos por um dos executados não suspenderá a execução contra os demais que não embargaram, quando o respectivo fundamento disser respeito exclusivamente ao embargante.

É de se ressaltar que a decisão relativa aos efeitos de recebimento dos embargos à execução poderá, a requerimento do exequente, ser modificada ou revogada a qualquer tempo, em decisão fundamentada, cessando as circunstâncias que a motivaram.

6. Procedimento

6.1. Petição Inicial

Feitas as considerações gerais que acabamos de apresentar, passemos doravante à análise do procedimento a ser adotado para processamento da ação de embargos à execução.

Os embargos à execução são ação de conhecimento de rito especial, e como tal a petição inicial deve ser formulada seguindo os termos do arts. 282 e 283, do CPC, com a seguinte estruturação:

- endereçamento ao juízo competente;
- preâmbulo;
- causa de pedir remota e próxima;
- fundamentação jurídica;
- pedido mediato e imediato;
- valor da causa; e
- requerimento de provas.

Outrossim, deve o executado instruir a petição inicial dos embargos à execução com cópias das peças processuais relevantes do processo de execução (art. 736, parágrafo único, do CPC), estas que podem especificamente ser autenticadas pelo próprio patrono dos embargantes (art. 544, § 1º, parte final, do CPC), além de outros documentos pertinentes às alegações do devedor (art. 283 do CPC).

Por fim, quando os embargos à execução fundarem-se em excesso de execução, o embargante deverá declarar na petição inicial o valor que entende correto, apresentando memória do cálculo, sob pena de rejeição liminar dos embargos ou do não-conhecimento desse fundamento (art. 739-A, § 5º, do CPC).

6.1.1. Modelo

EXCELENTÍSSIMO SENHOR DOUTOR JUIZ DE DIREITO DA ____ VARA DA ______________ DA COMARCA DA CAPITAL DO ESTADO DE SÃO PAULO,

Distribuição por dependência
A ser autuado em apenso ao
Processo nº ______________________

Embargante: ______________________________, brasileiro, casado, comerciante, portador do RG nº____________________ e CPF/MF sob nº__________________________, residente e domiciliado na Rua ___________________________, Bairro _________, São Paulo-SP, por seu advogado que esta subscreve (procuração anexa), vem, respeitosamente, à presença de Vossa Excelência, tendo em vista o recebimento de citação pelo Executado, nos termos do art. 652 do CPC propor os presentes EMBARGOS À EXECUÇÃO, com fundamento no art. 741, VI, do Código de Processo Civil, em face do Embargado:____________________________, concessionário de veículos, CGC/MF sob nº____________________ e com inscrição estadual nº ______________________, com sede na Av. ____________________________, Bairro ___________, São Paulo-SP, pelas razões de fato e de direito a seguir expostas:

I – DOS FATOS

1 – O Embargado, em ____ de _______ de 20__, ajuizou ação de execução em face do Embargante, objetivando o recebimento de quantia em dinheiro no importe de R$ 40.500,00 (quarenta mil e quinhentos reais) decorrente de cheque supostamente emitido pelo Executado em favor do exequente, cártula esta que teria sido devolvida sem a devida provisão de fundos ao credor pela instituição financeira.

2 – O Embargante foi citado nos termos do art. 652 do CPC, tendo ocorrido a juntada do mandado aos autos em ____ de _____________ de 20___.

3 – Ocorre que o negócio jurídico entabulado pelas partes que deu margem ao título executivo extrajudicial exibido pelo credor (art. 585, inc. I, do CPC) não foi cumprido pelo Embargado, como veremos abaixo, o que levou o Embargante a apresentar os presentes embargos à execução.

II – DA CAUSA DE PEDIR E FUNDAMENTO JURÍDICO

A – DA REALIDADE DOS FATOS

4 – O Embargante, em ___ de _________ de 20___, adquiriu do Embargado veículo da marca________, modelo _____, ano ______, da cor _____, com o prazo de 10 (dez) dias para entrega, emitindo o Executado para tanto o cheque acostado na petição inicial do processo de execução.

5 – Ocorre que passados mais de 20 (vinte) dias da celebração do contrato entre as partes, o Exequente pretendeu entregar ao Executado veículo com características diversas das pactuadas, o que foi recusado pelo consumidor, gerando a sustação da cártula emitida pelo Embargante em favor do Embargado.

B – DO DIREITO

6 – Conclui-se assim que a conduta do exequente é de manifesta má-fé, pois, não obstante não tenha cumprido com a sua obrigação contratual, pretende que o consumidor cumpra a dele.

7 – Nem se diga que o contrato é irretratável, obrigando o consumidor, ainda que o fornecedor não tenha cumprido a sua prestação nos termos do negócio jurídico, pois o art. 51, inc. IX, do CDC, é claro em sentido contrário:

> *"Art. 51. São nulas de pleno direito, entre outras, as cláusulas contratuais relativas ao fornecimento de produtos e serviços que:*
> *(...)*
> *IX – deixem ao fornecedor a opção de concluir ou não o contrato, embora obrigando o consumidor;"*

8 – Assim, imprestável o cheque emitido pelo Executado para aparelhar a execução ajuizada pelo Exequente, pois descumprido o negócio jurídico pelo suposto credor, devendo ser extinto o processo de execução, movido pelo Embargado em face do Embargante.

III – DO PEDIDO

9 Isto posto, é a presente para requerer:

a) a autuação, em apenso, da presente ação, com a juntada aos autos das cópias das principais peças do processo de execução, declaradas autênticas pelo subscritor desta, nos termos do parágrafo único do art. 736, do CPC, assim como com os documentos que seguem, tudo em anexo;
b) a juntada aos autos da carta de fiança bancária em anexo, como garantia da execução;
c) o recebimento dos presentes embargos em seu efeito suspensivo, nos termos do art. 739-A, § 1º, do CPC, ante a relevância dos fundamentos *supra* apresentados pelo Embargante, sendo certo que o prosseguimento da execução irá gerar dano irreparável ao patrimônio do Executado, que será expropriado definitivamente;
d) a intimação do Embargado, na pessoa de seu advogado, para apresentação de resposta no prazo de 15 (quinze) dias, nos termos do art. 740, *caput,* do CPC; e ao final
e) a procedência da presente ação, nos termos do art. 269, I, do CPC, a fim de que seja reconhecida a imprestabilidade do cheque apresentado pelo exequente para dar suporte à execução iniciada, extinguindo-se o processo de execução;
f) a condenação do Embargado ao pagamento dos ônus da sucumbência, fixando-se os honorários advocatícios em 20% do valor da causa.

IV – DAS PROVAS

10 – Protesta o Embargante em provar o alegado, por todos os meios de prova em direito admitidos, em especial pela juntada dos documentos, que ora instruem a

presente petição inicial; documentos novos; perícia; oitiva de testemunhas; depoimento pessoal do representante legal do Embargado, sob pena de confesso; etc.

V – DO VALOR DA CAUSA

11 – Atribui-se à presente causa o valor de R$ 40.500,00 (quarenta mil e quinhentos reais).

Nestes termos,

pede deferimento.

São Paulo, __ de_________ de 20___.

Nome:_______________

Advogado

OAB/___ nº _______

6.2. Despacho Inicial

Apresentada a petição inicial dos embargos à execução, tendo em vista a sua natureza de ação, antes de determinar a cientificação do embargado para resposta, deve o juiz da causa tomar algumas providências, conforme veremos adiante.

Assim, o juiz da causa deverá, antes de qualquer determinação no sentido de cientificar o embargado para resposta, verificar se a petição inicial dos embargos à execução está apta para conduzir o processo ao exercício da coerção jurisdicional com a análise de mérito da pretensão do embargante, como forma de resistência ao processo de execução de título executivo extrajudicial.

Dessa forma, determina o art. 739 do CPC que o juiz rejeitará liminarmente os embargos por sentença, quando:

a) intempestivos;
b) inepta a petição inicial, falta de condições da ação e pressupostos processuais; ou
c) manifestamente protelatórios.

Ora, o juiz da causa rejeitará liminarmente a petição inicial dos embargos à execução, sem a oitiva do embargado, quando este for apresentado pelo devedor fora do prazo previsto no art. 738 do CPC, ou seja, 15 (quinze) dias contados da juntada do mandado de citação aos autos; ou da juntada aos autos da comunicação do juízo deprecado ao deprecante, quanto à efetivação da cientificação do executado, acerca dos termos do processo de execução de título executivo extrajudicial.

No mesmo sentido, o art. 295 do CPC enumera as hipóteses que permitem o indeferimento da petição inicial, sendo as principais causas a inépcia, falta de uma das condições da ação ou ausência de pressupostos processuais.

A petição inicial dos embargos à execução será indeferida liminarmente por sentença, quando, por exemplo, o executado mover a ação de embargos à execução em face de terceiro estranho à condição de parte da relação jurídica processual do feito executório; ou ainda se a petição inicial dos embargos for redigida em desacordo com o que determina o art. 282 do CPC.

Caso, no despacho inicial, o juiz da causa verifique que é hipótese de indeferimento da petição inicial, seja por inépcia, seja por falta de condições da ação ou, ainda, por ausência de pressupostos processuais, concederá prazo para que o executado a regularize em 10 dias, sob pena de indeferimento da mesma. Findo tal prazo, permanecendo o vício, o magistrado rejeitará liminarmente os embargos à execução, com fulcro no art. 739, II, do CPC.

Agora, por fim, o art. 739 do CPC determina que o juiz da causa deve indeferir liminarmente os embargos à execução, quando interpostos pelo embargante com caráter manifestamente protelatório.

Na visão do Prof. Paulo Henrique Lucon, em relação à hipótese em comentário, temos que:

> Como se percebe, a expressão "manifestamente protelatórios" revela um conceito jurídico vago, que demanda análise do intérprete. Os embargos serão manifestamente protelatórios quando configurado o abuso de direito (CC, art. 187). Evidentemente, a decisão do julgador deverá ser fundamentada, pois não basta que os embargos sejam protelatórios – o dispositivo legal é claro ao adjetivar os argumentos como "manifestamente protelatórios". Nesse sentido, o julgador deve analisar os argumentos utilizados pelo executado-embargante, se são manifestamente infundados. A esse atributo negativo, pode ser também somada a atitude protelatória do executado de se esquivar da execução.(...)[3].

Dessa forma, em última análise, serão manifestamente procrastinatórios os embargos à execução quanto ao seu conteúdo ou à atitude do executado na sua apresentação, são desprovidas de qualquer fundamentação fática ou jurídica; e tiverem como único escopo procrastinar o andamento do processo de execução.

Essa hipótese de indeferimento liminar dos embargos à execução já existia na legislação revogada, tendo sido mantida pela norma reformadora; contudo, o que se discute é que, com a retirada do efeito suspensivo dos embargos à execução, dificilmente serão eles apresentados, em regra, com natureza manifestamente protelatória, pois não haverá como procrastinar o andamento do feito executório, a não ser excepcionalmente quando o executado busque a concessão de tal suspensividade com o manejo dos embargos.

Assim sendo, no caso de embargos manifestamente protelatórios, o juiz da causa imporá, em favor do exequente, multa ao embargante em valor não superior a 20% (vinte por cento) do valor em execução (art. 740, parágrafo único, do CPC).

Lembremos que no caso de indeferimento liminar dos embargos à execução, o juiz sentenciará o feito, extinguindo-o sem análise do mérito, com fundamento no art. 267, combinado com o art. 739, ambos do CPC.

---

[3] *Código de Processo Civil interpretado*, cit., p. 2.328

Neste caso, a cobrança de multa decorrente do manifesto intuito protelatório do executado no manejo dos embargos à execução e eventuais indenizações decorrentes de litigância de má-fé (arts. 17 e 18 do CPC) em favor do credor deverão ser promovidas pelo exequente no próprio processo de execução, em autos apensos (art. 739-B do CPC).

A nosso ver, extremamente infeliz o dispositivo legal em comento. Bastaria, pois, que o legislador determinasse que os valores de multa e indenização por litigância de má-fé devidos pelo executado ao exequente fossem acrescidos a obrigação exequenda no próprio bojo do processo de execução, mas desarrazoado abrir autos em apenso para tanto, o que somente burocratiza o procedimento em questão.

Por fim, se entender viável o processamento dos embargos à execução, irá o juiz da causa apreciar eventual pedido de efeito suspensivo formulado pelo embargante, deferindo-o se for o caso, determinando que o embargado responda aos seus termos, cientificando-o para tanto.

6.3. Cientificação

Uma vez deferida a petição inicial dos embargos à execução, o exequente-embargado será cientificado para apresentação de resposta aos termos dos embargos à execução.

Essa cientificação será feita, via intimação do advogado do exequente, pelo *Diário Oficial* eletrônico, onde houver; ou por diário jornal, sendo certo que caso o embargado esteja sem patrono nos autos do feito executório, pois houve renúncia ou falecimento do mesmo, o credor deverá ser intimado pessoalmente, por Oficial de Justiça ou carta precatória, ou seja, seguindo a mesma regra de cientificação utilizada no processo de execução.

Ora, a cientificação em questão tem natureza de citação, portanto, havendo inércia do exequente em responder aos termos dos embargos à execução, especificamente impugnando o seu conteúdo, ficará caracterizada a revelia, gerando seus respectivos efeitos, se for o caso.

6.4. Impugnação e Outras Formas de Respostas

O ordenamento jurídico processual prevê expressamente uma única forma de resposta do exequente, em relação aos termos dos embargos à execução, qual seja a impugnação, que deverá ser apresentada no prazo de 15 dias, conforme dispõe o art. 740, *caput*, do CPC, contados, em regra, da intimação do advogado via *Diário Oficial*, ou, excepcionalmente, quando for o caso da juntada do mandado de citação aos autos ou da comunicação do juízo deprecante ao deprecado da efetivação da comunicação do exequente.

Ora, a impugnação tem natureza de contestação; e como tal deve ser formulada pelo embargado,ou seja, seguindo os ditames dos arts. 300 a 303 do CPC, observando a seguinte estruturação:

- endereçamento;
- preâmbulo;
- defesa preliminar;
- defesa de mérito;
- pedido; e
- requerimento de provas.

Aplica-se aqui o princípio da concentração da produção da prova documental com a impugnação, o que deve ser observado pelo embargante que deverá juntar todos os documentos existentes que estejam em seu poder à petição de impugnação, sendo que, após tal marco, somente documentos novos poderão ser juntados aos autos pelo exequente.

Devemos ressaltar, todavia, que as demais espécies de respostas do réu, quais sejam: reconhecimento jurídico do pedido, exceções, impugnações, reconvenção e ação declaratória incidental, podem ser manejadas pelo embargado, desde que compatíveis com a finalidade dos embargos à execução e com o processo de execução propriamente dito.

Inicialmente, devemos observar que o exequente pode reconhecer juridicamente o pedido do embargante, pois concorda com os termos da petição inicial dos embargos, quando então não apresentará impugnação.

Porém, descartamos de imediato a possibilidade de apresentação de reconvenção em ação de declaratória incidental pelo exequente, pois respostas do réu, fundadas no princípio da economia processual, compatíveis com a natureza de cognição inerente ao processo de conhecimento, em que se entabulada o contraditório e ampla defesa na busca de certeza no que tange à lide travada entre autor e réu.

Ocorre que aqui no processo de execução já há certeza relativa, no que tange à relação de débito e crédito existente entre embargante e embargado (art. 585 do CPC), portanto eventual manejo de reconvenção e da ação declaratória incidental por parte do embargado trariam efeito inverso ao da economia processual, gerando morosidade no desfecho da lide executória, contrariando o princípio da satisfação de crédito que norteia fortemente o novo feito executório.

No mesmo sentido, as exceções são descabidas, pois a competência do juízo da execução ou da carta precatória para análise dos embargos à execução é absoluta, inviabilizando a sua discussão por intermédio de exceção de incompetência relativa, devendo ser suscitada pelo exequente, se for o caso, por intermédio de preliminar de impugnação.

A exceção de suspeição e impedimento, em regra, também são descabidas, pois o exequente já teve ciência acerca das qualidades do juiz da causa, quando da propositura da ação de execução, portanto deveria ter apresentado as exceções em pauta, se for o caso no próprio bojo do feito executório, a não ser que, excepcionalmente, tenha tido ciência da suspeição ou impedimento do magistrado somente no momento de resposta aos embargos à execução, quando aí sim o seu manejo será possível.

Agora, perfeitamente possível o uso da impugnação ao valor da causa pelo embargado, pois incorreto o montante pecuniário atribuído à demanda na petição inicial dos embargos à execução pelo embargante; ou ainda impugnação a eventuais benefícios da justiça gratuita conferidos pelo juiz ao executado, uma vez que o devedor não se enquadra na condição de hipossuficiente financeiro.

6.4.1. Modelo

EXCELENTÍSSIMO SENHOR DOUTOR JUIZ DE DIREITO DA ___ VARA DA ____________ DA COMARCA DA CAPITAL DO ESTADO DE SÃO PAULO,

Processo nº ____________________

Apenso ao processo de execução

Autos nº______________________

Embargado: __________________________, por seu advogado que esta subscreve, vem, respeitosamente, à presença de Vossa Excelência, tendo em vista a apresentação de EMBARGOS À EXECUÇÃO, por parte do Embargante:__________________________, apresentar IMPUGNAÇÃO aos seus termos, com fundamento no art. 740, do CPC, pelas razões de fato e de direito a seguir expostas:

I- BREVE RESUMO DO FEITO

1 – O Embargante sustenta que as partes firmaram negócio jurídico que deu margem ao título executivo extrajudicial exibido pelo credor (art. 585 do CPC).

2 – Alega o Embargante que em ___ de ________ de 20___ adquiriu do Embargado veículo da marca________, modelo _____, ano ______, da cor _____, com o prazo de 10 (dez) dias para entrega, emitindo o Executado para tanto o cheque acostado na petição inicial do processo de execução.

3 – Quer o Embargante fazer crer que passados mais de 20 (vinte) dias da celebração do contrato entre as partes, o exequente pretendeu entregar ao Executado veículo com características diversas da pactuada, o que foi recusado pelo consumidor, gerando a sustação da cártula emitida pelo Embargante em favor do Embargado, porém, como veremos a seguir, tal versão é fantasiosa.

II – DA REALIDADE DOS FATOS

4 – De fato, é verdade a narrativa fática apresentada pelo Embargante até um certo ponto, passando após a se tornar inverídica, ou seja, é certo que o Embargado pretendeu entregar veículo com características diversas da pactuada ao Embargante, porém de categoria superior.

III – DO MÉRITO

5 – Conclui-se assim que a conduta do Exequente foi de manifesta boa-fé, pois cumpriu com a sua obrigação contratual em condições além das pactuadas.

6 – É certo que o veículo em questão está à disposição do Embargante na sede do Embargado, podendo o devedor retirá-lo, quando bem entender.

7 – Assim, perfeitamente viável o cheque emitido pelo Executado para aparelhar a execução ajuizada pelo Exequente.

III – DO PEDIDO

8 – Isto posto, é a presente para requerer:

a) a juntada aos autos dos documentos que ora instruem a presente impugnação;
b) a improcedência da presente ação, nos termos do art. 269, I, do CPC, a fim de que seja reconhecida a eficácia do cheque apresentado pelo exequente para dar suporte a execução iniciada, ao qual deverá retornar o seu curso normal;
c) a condenação do Embargado ao pagamento dos ônus da sucumbência, fixando-se os honorários advocatícios em 20% do valor da causa; e

IV – DAS PROVAS

09 – Protesta o Embargado em provar o alegado por todos os meios de prova em direito admitidos, em especial pela juntada dos documentos, que instruem a presente impugnação; documentos novos; perícia; oitiva de testemunhas; depoimento pessoal do Embargante, sob pena de confesso; etc.

Nestes termos,
pede deferimento.
São Paulo, __ de__________ de 20___.
Nome:______________
Advogado
OAB/_ nº _______

6.5. Instrução Probatória

Apresentada resposta aos embargos à execução por parte do exequente, o art. 740, do CPC, imagina um ambiente de julgamento antecipado da lide, ou seja, o juiz da causa deveria julgar imediatamente o pedido (art. 330 do CPC), porém isso somente ocorrerá se a matéria veiculada nos autos for unicamente de direito, ou ainda se, de direito e de fato, não houver outras provas a serem produzidas.

Entretanto, se houver provas a serem produzidas, deve o juiz da causa sanear os embargos à execução, nos termos do art. 331, § 2º, do CPC, deferindo as provas pleiteadas por embargante e embargado, desde que pertinentes a dirimir os pontos controvertidos da demanda, realizando, inicialmente, eventual prova pericial, a qual, ultimada, dará margem a designação de audiência de conciliação, instrução para produção de prova oral e julgamento, que deve ocorrer, em tese, com a prolação de sentença de imediato ou no prazo de 10 (dez) dias, contados da realização da audiência em questão.

6.6. Sentença

Realizada a instrução processual, o juiz da causa deverá sentenciar os embargos à execução, julgando procedente ou improcedente o mérito da lide nos termos do art. 269 do CPC.

Neste esteio, ou seja, na procedência ou improcedência, na sentença dos embargos à execução deverá haver condenação do vencido ao pagamento dos ônus da sucumbência, inclusive, com a fixação de honorários advocatícios em favor do patrono de vencedor.

Até aí, nada de novidade, pois enfrentamos as características de uma sentença, como qualquer outra proferida em um ambiente de processo de conhecimento; agora é certo que a sentença dos embargos à execução possui algumas peculiaridades que só a ela se referem.

A primeira delas é que no caso de sentença de procedência dos embargos à execução, que correu sem efeito suspensivo em relação ao processo de execução, tendo ocorrido a alienação particular ou judicial por hasta pública dos bens do devedor penhorados, o executado terá direito a haver do exequente o valor por este recebido como produto da alienação particular ou arrematação; ainda, caso o valor apurado pela expropriação definitiva tenha sido inferior ao valor de avaliação, haverá do embargado também a diferença (art. 694, § 2º, do CPC), tudo isso a ser cumprido nos próprios autos dos embargos.

A segunda hipótese diz respeito a eventual resultado dos embargos à execução que não desconstitua integralmente o crédito do exequente, porém o condene ao pagamento de indenização decorrente de litigância de má-fé (art. 615-A, § 4º, c/c os arts. 17 e 18, todos do CPC) em favor do devedor, condenação esta que deverá ser buscada pelo executado no próprio processo de execução, em autos apensos (art. 739-B do CPC), mediante compensação.

Novamente, a nosso ver, bastaria que o legislador reformador determinasse que os valores de indenização por litigância de má-fé, devidos pelo exequente ao executado, fossem compensados com a obrigação exequenda no próprio bojo do processo de execução, restando sem sentido abrir autos em apenso para tanto, o que somente burocratiza o procedimento em questão.

7. Sistema Recursal

Por fim, vamos estudar, doravante, os recursos à disposição das partes, tanto embargante como embargado, nos embargos à execução.

O juiz de primeiro grau de jurisdição, como sujeito da relação jurídica processual, pratica vários atos denominados judiciais que, segundo o art. 162 do CPC, são: sentenças, decisões interlocutórias e despachos de mero expediente.

Porém, a atuação do juiz no processo não se restringe a esses atos, sua atividade é mais ampla, eis que, além disso, o magistrado promove também a tentativa de conciliação, pratica atos instrutórios, preside a audiência, tem o exercício do poder de polícia e reprime atos contrários à dignidade da Justiça.

Pela dicção do art. 162 do CPC, temos que:

a) Sentença é o ato do juiz que implica alguma das situações previstas nos arts. 267 e 269 do CPC;
b) Decisão interlocutória é o ato pelo qual o juiz, no curso do processo, resolve questão incidente; e
c) Despachos de mero expediente são todos os demais atos do juiz praticados no processo, de ofício ou a requerimento da parte, sem contudo possuirem conteúdo resolutório algum.

O legislador processual, quanto ao desenho do sistema recursal, partiu das espécies de atos do juiz descritos no art. 162 do CPC, a saber: sentença, decisões interlocutórias e despachos de mero expediente; e a partir daí tipificou o recurso cabível ou não para cada qual, respectivamente: apelação (art. 513 do CPC); agravo (art. 522 do CPC); ou irrecorrível.

Esse sistema recursal é exatamente o que será aplicado ao procedimento dos embargos à execução.

A única regra específica a ser destacada, quanto ao sistema recursal aplicável aos embargos à execução, é no que tange ao processamento da apelação, em que o art. 520, V, do CPC determina o seu recebimento pelo juiz da causa somente no efeito devolutivo, quando a sentença impugnada tenha rejeitado liminarmente embargos à execução ou tenha reconhecido a sua improcedência.

8. Outras Espécies de Embargos

Os embargos à execução são espécie do gênero embargos do devedor, ou seja, além deles o devedor poderá manejar outros embargos com procedimento ou objeto próprio, conforme veremos abaixo.

Além disso, verificaremos também que o terceiro em situações excepcionalíssimas poderá apresentar embargos, assim denominados de terceiro.

8.1. Embargos de Retenção por Benfeitorias

Como já tivemos oportunidade de ver, os embargos à execução podem conter alegação de retenção por benfeitorias por parte do devedor, em se tratando de obrigação de dar, quando nos depararemos com os chamados embargos de retenção por benfeitorias, ou seja, o executado concorda em entregar a coisa, porém sustenta ter direito ao ressarcimento pelas benfeitorias e acessões introduzidas no bem, de acordo com a lei civil, e somente a devolverá caso seja ressarcido pelo exequente.

Nesse caso, o procedimento terá algumas peculiariedades, sendo certo que, nos embargos de retenção por benfeitorias, poderá o exequente requerer a compensação de seu valor com o dos frutos ou danos considerados devidos pelo executado, cumprindo ao juiz, para a apuração dos respectivos valores, nomear perito, fixando-lhe breve prazo para entrega do laudo.

Nada mais correto, também, que o exequente, a qualquer tempo, seja imitido na posse da coisa, prestando caução ou depositando o valor devido pelas benfeitorias ou resultante da compensação.

8.2. Embargos à Expropriação Definitiva

No mesmo sentido, porém agora com procedimento próprio, temos também no bojo da execução a possibilidade de o devedor apresentar embargos contra alguma irregularidade voltada à expropriação definitiva de seus bens.

Assim, o art. 746 do CPC esclarece que é lícito ao executado, no prazo de 5 (cinco) dias, contados da adjudicação, alienação particular ou arrematação, oferecer embargos fundados em nulidade da execução, ou em causa extintiva da obrigação, desde que supervenientes à penhora, aplicando-se, no que couber, o procedimento dos embargos típicos à execução.

Contudo, algumas especificidades regerão o procedimento em questão:

1) oferecidos os embargos à expropriação definitiva, poderá o adquirente desistir da aquisição, devendo o juiz da causa deferir de plano tal requerimento, com a imediata liberação do depósito feito pelo adquirente, seja por adjudicação, seja por alienação particular ou por alienação judicial em hasta pública.
2) caso os embargos à expropriação definitiva sejam declarados manifestamente protelatórios, o juiz imporá multa ao embargante não superior a 20% (vinte por cento) do valor da execução, em favor de quem desistiu da aquisição.

8.3. Embargos de Terceiro

Por fim, temos os chamados embargos de terceiro regulados em procedimento especial pelos arts. 1.046 a 1.054 do CPC. Os embargos em questão podem ser usados por terceiro que sofrer qualquer espécie de turbação ou esbulho ocasionado por decisão judicial, seja em processo de conhecimento, na etapa de cognição, seja na etapa de cumprimento, seja, ainda, em processo de execução, contudo doravante só nos preocuparemos com as duas últimas hipóteses.

Dessa forma, quem, não sendo parte no processo de execução de título executivo extrajudicial, ou mesmo no cumprimento de título executivo judicial, sofrer turbação ou esbulho na posse de seus bens por ato de apreensão judicial, através de constrição em seu patrimônio, por exemplo, pela penhora, poderá propor embargos de terceiro, pleiteando manutenção ou restituição da referida coisa constricta.

Terão legitimidade ativa para o manejo dos embargos de terceiro, em face de turbação ou esbulho contra seu patrimônio, ocorrido por determinação judicial prolatada em processo de execução de título executivo extrajudicial ou cumprimento de título executivo judicial:

a) o terceiro proprietário e possuidor, ou apenas possuidor;
b) a parte que, posto figure no processo de execução ou no cumprimento de título executivo judicial, defenda bens que, pelo título de sua aquisição ou pela qualidade em que os possuir, não podem ser atingidos pela apreensão judicial;
c) o cônjuge quando defende a posse de bens dotais, próprios, reservados ou de sua meação; e
d) o credor com garantia real para obstar alienação judicial do objeto da hipoteca, penhor ou anticrese.

Serão legitimados passivos dos embargos de terceiro: o(s) exequente(s) e o(s) executado(s) do processo de execução ou cumprimento de título executivo judicial.

Os embargos de terceiro poderão ser opostos no processo de execução ou na etapa de cumprimento de título executivo judicial, até 5 (cinco) dias depois da adjudicação, alienação particular ou arrematação, mas sempre antes da assinatura da respectiva carta.

Os embargos de terceiro serão distribuídos por dependência e correrão em autos distintos e em apenso perante o próprio juízo da execução.

O terceiro deve apresentar seus embargos através de petição inicial elaborada com observância ao disposto no art. 282 do CPC, fazendo prova sumária de sua posse e da qualidade de terceiro, oferecendo documentos e rol de testemunhas.

É facultada a prova da posse por parte do terceiro em audiência preliminar designada pelo juiz da causa. O possuidor direto pode alegar, com a sua posse, domínio alheio, como ocorre, por exemplo, na relação de locação de imóvel, no que diz respeito à figura do locatário, em relação à do locador.

Julgando suficientemente provada a posse, o juiz da causa deferirá liminarmente os embargos e ordenará a expedição de mandado de manutenção ou de restituição em favor do embargante, o qual só receberá os bens depois de prestar caução e os devolver com seus rendimentos, caso sejam ao final julgados improcedentes.

Quando os embargos de terceiro versarem sobre todos os bens penhorados na execução, o juiz determinará a suspensão do processo de execução ou do cumprimento do título executivo judicial, porém, versando sobre alguns deles, prosseguirá a execução somente quanto aos bens não embargados.

Os embargos de terceiro poderão ser contestados pelo exequente e executado no prazo de 10 (dez) dias, sendo que contra os embargos de terceiro de credor com garantia real somente poderão os embargados alegar que:

- o devedor comum é insolvente;
- o título executivo é nulo ou não obriga a terceiro;
- outra é a coisa dada em garantia.

Findo o prazo 10 (dez) dias, não sendo contestados os embargos de terceiro, presumir-se-ão aceitos pelos embargados, como verdadeiros, os fatos alegados pelo embargante (arts. 285 e 319 do CPC); caso em que o Poder Judiciário sentenciará, em tese, dentro em 5 (cinco) dias.

Se os requeridos contestarem no prazo legal, o juiz da causa sentenciará de plano, ou havendo prova para ser produzida nos embargos de terceiro, designará audiência de instrução e julgamento, sentenciando em seguida.

Capítulo 3

Impugnação a Título Executivo Judicial

1. Conceito

Impugnação é a defesa apresentada pelo executado que tem por objetivo opor resistência ao título executivo judicial ou ao uso da coerção jurisdicional, que dele decorre contra o devedor, prestada pelo Poder Judiciário no bojo da etapa de cumprimento.

1.1. Natureza Jurídica

Como já falamos, o legislador entendeu por bem apresentar regimes jurídicos específicos para a resistência a ser formulada pelo executado no bojo da execução.

Dessa forma, o ordenamento jurídico processual em vigor, tratando-se de título executivo extrajudicial, exige que o devedor apresente a resistência à pretensão executiva, não nos próprios autos do processo de execução, mas por intermédio de ação autônoma, assim denominada embargos à execução, a ser distribuída em apenso.

Diferentemente, a opção do legislador na pretensão executiva exercida na etapa de cumprimento de título executivo judicial é diferente, pois neste caso o ordenamento jurídico processual determina que o executado formule resistência no próprio bojo da etapa em questão, como se defesa fosse.

Isso porque, como a etapa de cumprimento, em regra, está inserida no bojo do processo de conhecimento, que agora é sincrético, ou seja, através de uma mesma relação jurídica processual, teremos resolução da lide posta em juízo, com o seu respectivo acertamento (etapa de cognição) e uso da coerção, se for o caso, para efetivação da prestação (obrigação de pagar, fazer, não fazer ou de dar) atribuída ao perdedor em favor do vencedor (etapa de cumprimento), não faria sentido a resistência do devedor, na etapa de cumprimento, ser feita no modelo da ação autônoma dos embargos à execução, usada no processo de execução.

Daí, a via da defesa, por intermédio de impugnação apresentada pelo executado no próprio bojo da etapa de cumprimento de título executivo judicial, foi eleita pelo ordenamento jurídico processual vigente para que o devedor possa opor resistência ao título executivo judicial ou à coerção jurisdicional que dele decorre, fazendo com que, efetivamente, no processo de conhecimento, haja uma única relação jurídica processual do acertamento à prestação específica da obrigação por parte do devedor.

Nessa medida, tratando-se de cumprimento de título executivo judicial, a via de resistência a ser utilizada pelo devedor é a da impugnação, prevista nos arts. 475-L e 475-M, ambos do CPC.

1.2. Cabimento

Dessa forma, sendo a impugnação a forma apropriada de defesa a ser apresentada pelo executado para se opor ao cumprimento de título executivo judicial, será que seria ela cabível em qualquer espécie de cumprimento, seja de obrigação de pagar, fazer, não fazer ou de dar?

Ora, em relação ao cumprimento da obrigação de pagar não há dúvida alguma quanto ao cabimento da utilização da impugnação por parte do executado para opor resistência aos seus termos, pois os arts. 475-L e 475-M do CPC expressamente autorizam o seu manejo.

A dúvida aparece no que tange ao cumprimento da obrigação de fazer, não fazer ou de dar, pois a doutrina sustenta a natureza executiva *lato sensu*, em relação aos títulos executivos judiciais que impõem obrigações da natureza ora tratada.

Ocorre, entretanto, que isso não significa que os títulos executivos judiciais que impõem obrigação de fazer, não fazer ou de dar ao devedor são auto-executáveis; muito ao contrário, a tutela executiva, nesses casos, não pode ser prestada de ofício pelo juiz da causa, devendo ser pleiteado pelo credor o início da etapa de cumprimento, ou seja, o processo é sincrético, mas não retira do credor a necessidade da utilização da etapa de cumprimento, com o uso de coerção jurisdicional, com a imposição de multa diária e eventuais medidas de apoio para ver prestada a obrigação de forma específica pelo executado em seu favor.

Dessa maneira, se há necessidade de atividade jurisdicional de coerção, mediante pleito expresso do credor nesse sentido, não poderíamos retirar do devedor o manejo da ampla defesa e contraditório a seu favor (art. 5º, LIV e LV, da CF) com a utilização da impugnação, a partir da aplicação subsidiária dos arts. 475-L e 475-M, ambos do CPC, ao procedimento da etapa de cumprimento de obrigação de fazer, não fazer ou de dar.

É exatamente esse o posicionamento do ilustre doutrinador e Min. da 1ª Turma do STJ, Teori Albino Zavascki, em acórdão de sua relatoria proferido no bojo do Recurso Especial nº 1.079.776/PE, julgado em 23/09/2008 e publicado em 01/10/2008, em que salienta a possibilidade do manejo de impugnação por parte do devedor, em sede de cumprimento de obrigação de fazer, nos seguintes termos:

> (...)
> 2. No atual regime do CPC, em se tratando de obrigações de prestação pessoal (fazer ou não fazer) ou de entrega de coisa, as sentenças correspondentes são

executivas *lato sensu*, a significar que o seu cumprimento se opera na própria relação processual original, nos termos dos artigos 461 e 461-A do CPC. Afasta-se, nesses casos, o cabimento de ação autônoma de execução, bem como, consequentemente, de oposição do devedor por ação de embargos.
3. Todavia, isso não significa que o sistema processual esteja negando ao executado o direito de se defender em face de atos executivos ilegítimos, o que importaria ofensa ao princípio constitucional da ampla defesa (CF, art. 5º, LV). Ao contrário de negar o direito de defesa, o atual sistema o facilita: ocorrendo impropriedades ou excessos na prática dos atos executivos previstos no artigo 461 do CPC, a defesa do devedor se fará por simples petição, no âmbito da própria relação processual em que for determinada a medida executiva, ou pela via recursal ordinária, se for o caso.
4. Tendo o devedor ajuizado embargos à execução, ao invés de se defender por simples petição, cumpre ao juiz, atendendo aos princípios da economia processual e da instrumentalidade das formas, promover o aproveitamento desse ato, autuando, processando e decidindo o pedido como incidente, nos próprios autos. Precedente da 1ª Turma: REsp 738424/DF, relator para acórdão Min. Teori Albino Zavascki, DJ de 20.02.2006.
5. Recurso especial parcialmente conhecido e, nesta parte, provido.

1.3. Conteúdo

Passemos agora à análise dos temas que podem ser trazidos a debate pelo executado por intermédio da impugnação ao bojo da etapa de cumprimento.

Antes de mais nada, devemos observar que aqui na impugnação não há amplitude das matérias de defesa que podem ser apresentadas pelo executado, como ocorre no processo de execução, em relação aos embargos à execução.

A amplitude do conteúdo dos embargos à execução se justifica, pois lá não houve prévia manifestação judicial de cognição no que concerne à relação de débito e crédito (certeza relativa) trazida ao processo de execução; já aqui, na etapa de cumprimento, o Poder Judiciário manifestou-se prévia e definitivamente sobre a obrigação contida no título executivo judicial, que se pretende cumprir, limitando desta forma o conteúdo da impugnação.

Dessa forma, o conteúdo da impugnação deve restringir-se às hipóteses contidas no art. 475-L, do CPC, a saber:

a) falta ou nulidade da citação, se o processo correu à revelia;
b) inexigibilidade do título;
c) penhora incorreta ou avaliação errônea;
d) ilegitimidade das partes;
e) excesso de execução;
f) qualquer causa impeditiva, modificativa ou extintiva da obrigação, como pagamento, novação, compensação, transação ou prescrição, desde que superveniente à sentença.

Essas hipóteses previstas no art. 475-L do CPC, por sua vez agrupam-se em duas espécies: a) as de natureza processual; e b) as de natureza meritória, conforme veremos a seguir.

1.3.1. Conteúdo Processual

Assim, a impugnação pode voltar-se, num primeiro momento, em relação a temas que dizem respeito a alguma irregularidade processual ocorrida na formação do título executivo judicial, ou relativamente à etapa de cumprimento propriamente dita.

Nesta categoria o primeiro tema que aparece é relativamente a eventual falta ou nulidade de citação ocorrida na etapa de cognição do processo de conhecimento, em que foi formado o título executivo judicial, tendo o feito corrido à revelia do devedor.

Dessa maneira, se na etapa de cognição do processo de conhecimento, em que foi formado o título executivo judicial, o réu foi citado por edital, quando era sabido o seu paradeiro pelo autor, ou o oficial de justiça equivocadamente certificou que não localizou o demandado, quando este sempre residiu no mesmo local, estaremos defronte de falta ou nulidade de citação.

Ocorre que não basta a falta ou nulidade de citação para caracterizar a hipótese prevista no art. 475-L, I, do CPC; a etapa de cognição do processo de conhecimento deve ter corrido à revelia do réu, pois, se o demandado apresentou contestação, não há falar em prejuízo à sua defesa.

Porém, se houve nulidade ou falta de citação e a etapa de cognição do processo de conhecimento correu à revelia do réu, sem que este tivesse ciência de que havia demanda judicial proposta em face dele e apresentasse contestação, há ofensa ao princípio do devido processo legal (art. 5º, LIV, da CF) e ao contraditório e a ampla defesa (art. 5º, LV, da CF) tornando imprestável o título executivo judicial formado nesse ambiente.

Dessa forma, a impugnação poderá ter como conteúdo a alegação de falta ou nulidade de citação do réu, tendo a etapa de cognição corrido à revelia do devedor, que se acolhida vai gerar a nulidade de todos os atos processuais ocorridos, após o ato citatório inexistente ou nulo, reabrindo o prazo de respostas do réu de que trata o art. 297 do CPC.

Outros temas processuais que podem ser conteúdo da impugnação são os que envolvem as condições do etapa de cumprimento, como exercício do direito de ação, previstas no art. 475-L do CPC, em seus incisos II e IV, a saber: inexigibilidade do título executivo judicial (falta de interesse de agir do exequente) e ilegitimidade das partes (ilegitimidade para a causa).

A falta de interesse de agir do exequente para o manejo da etapa de cumprimento surge quando a obrigação contida no título executivo judicial é inexigível, pois existe algum óbice legal que permite que o credor busque o uso da coerção jurisdicional com intuito de obter a prestação específica do dever imposto ao executado, por exemplo, quando o título executivo judicial exequendo é ilíquido.

Nesse sentido, o Prof. Misael Montenegro Filho esclarece:

> Inexigibilidade do título: A inexigibilidade na verdade não é do título, mas da obrigação, ocorrendo diante da demonstração de que a execução foi instaurada antes mesmo do momento permitido por lei, como ocorre na situação que envolve a instauração da fase com apoio em título impugnado por apelação servida pelo efeito suspensivo, ou quando o devedor manejou ação rescisória, tendo o relator deferido providência cautelar ou antecipatória para obstar o curso da execução (art. 489). O acolhimento da impugnação, nessa hipótese, impõe a extinção da execução como consequência[4].

Considera-se também inexigível o título executivo judicial fundado em lei ou ato normativo declarados inconstitucionais pelo Supremo Tribunal Federal, ou fundado em aplicação ou interpretação da lei ou ato normativo tidas pelo Supremo Tribunal Federal como incompatíveis com a Constituição Federal.

A hipótese em questão está regrada pelo § 1º do art. 475-L do CPC, e trata da chamada coisa julgada inconstitucional, ou seja, daquele título executivo judicial lastreado em dispositivo legal contrário à Constituição Federal, contrariedade essa já reconhecida pelo STF.

A lei em tese surte efeitos na vida em sociedade, até que porventura seja reconhecida inconstitucional pelo STF, no controle difuso (demanda individual concreta) ou concentrado (ação direta de inconstitucionalidade, ação declaratória de constitucionalidade ou ação de descumprimento de preceito fundamental), que, uma vez ocorrendo, inibe a formação de coisa julgada contrariamente ao entendimento da nossa Corte Constitucional.

Assim, se o exequente é credor de título executivo judicial, lastreado em coisa julgada inconstitucional, padece de interesse de agir para a apresentação de pleito de cumprimento.

O ilustre doutrinador Misael Montenegro Filho tece as seguintes considerações sobre os termos do § 1º do art. 475-L do CPC:

> Coisa julgada inconstitucional: Ao prever a inexigibilidade do título fundado em lei ou ao ato normativo declarado inconstitucional pelo STF, ou fundado em interpretação de lei ou ato normativo tidos pelo STF como incompatíveis com a Constituição Federal, a norma em comentário textualiza outra hipótese de desconstituição de coisa julgada (inconstitucional, no caso em apreço), sem sujeitá-la ao prazo decadencial previsto no art. 495. Noutro dizer, a impugnação que ataca o título pode ser apresentada além do prazo em referência, uma vez que de ação rescisória não se trata. Para aplicação do dispositivo, é necessário: "a) que a decisão do STF tenha sido anterior à formação do título; b) que, tendo sido a decisão proferida posteriormente à formação do título, o STF tenha dado

[4] *Código de Processo Civil comentado e interpretado*, cit., p. 521.

eficácia retroativa, a ponto de atingir a coisa julgada; c) a não incidência em relação às coisas julgadas anteriores à vigência do dispositivo" (DIDIER JR, Fredie, Curso de direito processual civil. Salvador: JusPodivm, 2007. v. 2, p. 466, em transcrição parcial)[5].

Contudo, saliente-se que a chamada coisa julgada inconstitucional, como tema de defesa a ser suscitado no bojo do cumprimento de título executivo judicial, é motivo de dissenso doutrinário e jurisprudencial.

O Professor Nelson Nery Junior é fervorosamente contra a sua aplicação no direito pátrio, e favoravelmente ao seu manejo aparece o Professor Cândido Rangel Dinamarco.

No mesmo sentido, o STJ vem debatendo amplamente o tema, conforme veremos abaixo, em dois acórdãos extremamente interessantes, prolatados sob a visão do CPC, antes do advento das Leis Federais nºs 11.232/2008 e 11.382/2006, mas que servem perfeitamente para análise do atual § 1º do art. 475-L do CPC, cujos termos antes da reforma do CPC estavam localizados no parágrafo único do seu art. 741, dispositivo legal este que teve também a sua redação mudada.

Saliente-se ainda que, antes da reforma do CPC, para impugnar a execução fundada em título executivo judicial, o executado valia-se de embargos à execução, ao invés de impugnação.

Feitas essas explicações, vamos apresentar, primeiramente, o v. acórdão relatado pelo Min. Teori Albino Zavascky, da 1ª Turma do STJ, em análise ao Recurso Especial nº 692.788/SC, julgado em 21/02/2006 e publicado no *DJ* em 06/03/2006, onde o também ilustre doutrinador esclarece exatamente em que termos podemos caracterizar a chamada coisa julgada inconstitucional:

> Processo civil. Sentença inconstitucional. Embargos à execução. Exegese e alcance do parágrafo único do art. 741 do CPC. Inaplicabilidade às sentenças sobre correção monetária do FGTS. Honorários. Art. 29-C da Lei 8.036/90, com redação dada pela Medida Provisória 2.164-40/01. Ações ajuizadas após 27.07.2001. Aplicabilidade.
>
> 1. O parágrafo único do art. 741 do CPC, buscando solucionar específico conflito entre os princípios da coisa julgada e da supremacia da Constituição, agregou ao sistema de processo um mecanismo com eficácia rescisória de sentenças inconstitucionais. Sua utilização, contudo, não tem caráter universal, sendo restrita às sentenças fundadas em norma inconstitucional, assim consideradas as que (a) aplicaram norma inconstitucional (1ª parte do dispositivo), ou (b) aplicaram norma em situação tida por inconstitucional ou, ainda, (c) aplicaram norma com um sentido tido por inconstitucional (2ª parte do dispositivo).
>
> 2. Indispensável, em qualquer caso, que a inconstitucionalidade tenha sido reconhecida em precedente do STF, em controle concentrado ou difuso (independentemente de resolução do Senado), mediante (a) declaração de inconsti-

[5] *Código de Processo Civil comentado e interpretado*, cit., p. 522 e 523.

tucionalidade com redução de texto (1ª parte do dispositivo), ou (b) mediante declaração de inconstitucionalidade parcial sem redução de texto ou, ainda, (c) mediante interpretação conforme a Constituição (2ª parte).
3. Estão fora do âmbito material dos referidos embargos, portanto, todas as demais hipóteses de sentenças inconstitucionais, ainda que tenham decidido em sentido diverso da orientação do STF, como, v.g, as que a) deixaram de aplicar norma declarada constitucional (ainda que em controle concentrado), b) aplicaram dispositivo da Constituição que o STF considerou sem auto-aplicabilidade, c) deixaram de aplicar dispositivo da Constituição que o STF considerou auto-aplicável, d) aplicaram preceito normativo que o STF considerou revogado ou não recepcionado, deixando de aplicar ao caso a norma revogadora.
4. Também estão fora do alcance do parágrafo único do art. 741 do CPC as sentenças, ainda que eivadas da inconstitucionalidade nele referida, cujo trânsito em julgado tenha ocorrido em data anterior à da sua vigência.
5. O dispositivo, todavia, pode ser invocado para inibir o cumprimento de sentenças executivas *lato sensu*, às quais tem aplicação subsidiária por força do art. 744 do CPC.
(...)"

Importante destacar, também, a visão da Min. Maria Thereza de Assis Moura, da 6ª Turma do STJ, em voto de relatoria proferido em análise ao Recurso Especial nº 883.338/AL, julgado em 16/08/2007 e publicado no *DJ* em 01/10/2007, que assim se posiciona sobre o título executivo judicial lastreado em coisa julgada inconstitucional e o direito intertemporal:

Recurso especial. Processual civil. Art. 741, parágrafo único do Código de Processo Civil. Coisa julgada inconstitucional. Limites ao conhecimento. Aplicabilidade da referida norma. Âmbito de aplicação. Baliza temporal. Sentença transitada em julgado antes da edição da norma citada. Impossibilidade de alegação da tese de coisa julgada inconstitucional.
1. É cediço que parte da doutrina tem incansavelmente admitido a alegação da coisa julgada inconstitucional, albergando o art. 741, parágrafo único, do CPC, defendendo, inclusive, a possibilidade de alegá-la a qualquer momento.
2. Outra parcela entende que a norma em comento é inconstitucional, porquanto o princípio da coisa julgada seria maior que os outros princípios utilizados como parâmetro da tese da coisa julgada inconstitucional, razão pela qual não poderia, em nenhuma hipótese, o referido instituto ser desconstituído, ainda que em virtude de declaração de inconstitucionalidade da norma utilizada como fundamento para a prolação da sentença exequenda.
3. A solução, contudo, a ser adotada deve ser um meio-termo, pois a tese da coisa julgada inconstitucional não pode ser utilizada como uma regra, mas sim como exceção, verificada caso a caso, sob pena de se enfraquecer a figura da coisa julgada (erigida à direito fundamental), bem como retirar de toda a sociedade a segurança jurídica, princípio que deve permear toda a atividade jurisdicional,

> sobretudo para que as decisões do Poder Judiciário tenham a força que um Estado Democrático reclama.
> 4. Parte-se da premissa de que as sentenças transitadas em julgado posteriores ou anteriores à declaração de inconstitucionalidade da norma podem ser desconstituídas (Resp 720953/SC, Rel. Min. Teori Albino Zavaski).
> 5. Contudo, antes da edição Medida Provisória nº 2.180/01, que incluiu o parágrafo único no art. 741 do CPC, a forma como deveria ser impugnada uma sentença transitada em julgado, proferida em desacordo com norma declarada inconstitucional pelo STF, era por meio da ação rescisória.
> 6. O princípio regente de todo o ordenamento jurídico brasileiro, qual seja, o de que as normas processuais têm efeitos imediatos, mas respeitados o direito adquirido, o ato jurídico perfeito e a coisa julgada, impõe que a MP 2.180/01, incluindo nova hipótese de matéria a ser alegada em embargos à execução, por ser de ordem de processual é aplicável de forma imediata, respeitada, obviamente, a coisa julgada.
> 7. Dessa forma, a nova hipótese de matéria a ser tratada em embargos à execução, qual seja, a alegação de declaração de inconstitucionalidade de norma, somente pode valer a partir da edição da MP 2.180/01, em respeito aos princípios constitucionais da coisa julgada (explícito) e segurança jurídica (implícito). Precedentes.
> 8. Recurso especial improvido.

Ainda, quanto às condição da ação, como tema processual a ser veiculado pelo executado em sede de impugnação ao cumprimento de título executivo judicial, aparece a ilegitimidade de partes, prevista no art. 475-L, IV, do CPC.

Como já estudamos, poderão promover o cumprimento de título executivo judicial, na condição de legitimados ordinários ativos, aquelas pessoas indicadas no art. 566 do CPC, quais sejam:

- o credor a quem a lei confere título executivo;
- o Ministério Público, nos casos prescritos em lei.

No mesmo sentido, são legitimados ativos extraordinariamente, podendo promover o cumprimento ou nele prosseguir as pessoas descritas no art. 567 do CPC, a saber:

- o espólio, os herdeiros ou os sucessores do credor, sempre que, por morte deste, Ihes for transmitido o direito resultante do título executivo;
- o cessionário, quando o direito resultante do título executivo Ihe foi transferido por ato entre vivos;
- o sub-rogado, nos casos de sub-rogação legal ou convencional.

A legitimação passiva ordinária é fixada na pessoa do devedor indicada no título executivo judicial, como obrigada ao fazer, não fazer, dar algo ou pagar quantia em dinheiro, que pode ser Autor, Réu, Listisdenunciado, Opoente etc., conforme preceitua o inciso I do art. 568 do CPC.

Por outro lado, são legitimados passivos extraordinariamente, podendo figurar como executados no cumprimento ou em face deles prosseguir procedimento já em curso, as pessoas descritas nos incisos II ao IV, do art. 568 do CPC, a saber:

- o espólio, os herdeiros ou os sucessores do devedor;
- o novo devedor, que assumiu, com o consentimento do credor, a obrigação resultante do título executivo; e
- o fiador judicial;
- o responsável tributário, assim definido na legislação própria.

É certo que, além das condições da ação relativas à etapa de cumprimento descritas no próprio corpo do art. 475-L, em seus incisos II e IV do CPC, como matéria processual suscetível de ser veiculada em sede de impugnação, eventual discussão sobre pressupostos processuais desta etapa, não obstante não constarem expressamente no texto do dispositivo legal em debate, poderá contextualizar a resistência do executado ao exercício regular da coerção jurisdicional.

Daí, por exemplo, se a petição inaugural do cumprimento não foi instruída com a planilha de cálculo, falta pressuposto processual de validade da etapa em questão, podendo o Executado suscitar tal defeito em sede de impugnação.

Dessa forma, as hipóteses previstas nos incisos II (inexigibilidade do título), IV (ilegitimidade de parte) e § 1º (coisa julgada inconstitucional), todos do art. 475-L do CPC, apontam para falta de condições da ação para manejo da etapa de cumprimento, assim como a eventual ausência de pressupostos processuais em tal etapa; e darão margem, se acolhidas, à sua extinção, sem exercício de coerção jurisdicional, com fulcro no art. 267, incisos IV, V ou VI, do CPC, levando ao arquivamento do feito, o qual poderá ser reavivado, desde que possível a regularização e regularizado o defeito da ação ou da relação jurídica processual.

Ainda, como tema de conteúdo processual viabilizador da apresentação de impugnação por parte do devedor, aparece a discussão sobre a incorreção da penhora ou erro de avaliação, descritos no art. 475-L, III, do CPC.

Aqui, no cumprimento de título executivo judicial, diferentemente do processo de execução, faz todo sentido incluir a discussão da incorreção da penhora e do erro da avaliação para a sede da impugnação.

Isso porque, como veremos abaixo, o prazo para apresentação de impugnação por parte do executado tem, como termo inicial, a intimação do devedor quanto à penhora e avaliação de seu patrimônio realizadas no trâmite do cumprimento de título executivo judicial.

Assim, verificamos que no cumprimento de título executivo judicial a penhora e a avaliação do patrimônio do devedor são feitas logo após a apresentação da petição inaugural por parte do executado, por determinação do juiz da causa, porém sem que haja prévio contraditório e ampla defesa envolvendo o devedor, que só terá ciência de eventual incorreção no ato de constrição judicial ou erro de avaliação quando intimado para tanto, momento este que é marco temporal de início do prazo para impugnação.

Dessa forma, a primeira oportunidade de manifestação que o devedor tem para mostrar irresignação quanto ao equívoco na penhora e avaliação de seu patrimônio no bojo da etapa de cumprimento é, exatamente, o de apresentação de sua impugnação, daí a opção do legislador de inserir o debate de tais matérias como conteúdo da impugnação

O acolhimento da impugnação que versa sobre incorreção da penhora ou erro de avaliação, previstos no inciso III, do art. 475-L do CPC, gerará, respectivamente, a imprestabilidade da constrição judicial dos bens do devedor realizada na etapa de cumprimento, ou de eventual avaliação, com a necessidade de seu refazimento.

1.3.2. Conteúdo de Mérito

A impugnação pode versar sobre questão que envolve o mérito da obrigação imposta ao devedor contida no título executivo judicial, objeto do cumprimento.

Não podemos esquecer, neste ponto, que a amplitude de debate de defesa por parte do executado é limitada ao disposto especificamente nas hipóteses previstas nos incisos V e VI, do art. 475-L do CPC, pois em se tratando de título executivo judicial, lastreado em sentença ou acórdão submetido ao fenômeno da coisa julgada, não há que se falar em reavivar discussões que foram objeto de preocupação na etapa de cognição do processo de conhecimento.

O art. 475-L, inciso V, do CPC elenca o excesso de execução, como primeira matéria de conteúdo meritório que pode dar ensejo à utilização da impugnação por parte do executado.

O excesso de execução restará caracterizado quando:

a) o exequente pleiteia quantia superior à constante do título executivo judicial (obrigação de pagar);
b) recai sobre coisa diversa daquela declarada no título executivo judicial (obrigação de dar); e
c) o credor pleiteia a observância de prestação específica por parte do devedor, diversamente daquela imposta pelo título executivo judicial (obrigação de fazer e não fazer).

O acolhimento da impugnação, neste caso, levará a redução da execução aos limites impostos no título executivo judicial, nulificando os atos processuais praticados na etapa de cumprimento que excederam tais patamares.

Por fim, pode o executado sustentar como matéria de mérito na impugnação ao cumprimento, segundo o art. 475-L, VI, do CPC, qualquer causa impeditiva, modificativa ou extintiva da obrigação, como pagamento, novação, compensação, transação ou prescrição, desde que superveniente à formação do título executivo judicial.

Dessa forma, se após a formação do título executivo judicial, credor e devedor, fora dos autos do processo, acordaram (transação) no parcelamento em 30 (trinta) meses do valor devido pelo executado e este encontra-se regularmente quitando as parcelas mensais, isso impede o prosseguimento do cumprimento por parte do exequente até que se verifique se foi integralmente honrado ou não o parcelamento pelo devedor; em caso positivo, a etapa de cumprimento deve ser extinta, com fundamento no art. 794, I, do CPC; e em caso negativo, retomará o seu curso normal.

1.4. Legitimidade para Utilização

É certo que a legitimidade ativa para utilização da impugnação, como instrumento de defesa do devedor na etapa de cumprimento, está nas mãos do executado, não tendo o terceiro a possibilidade de seu manejo.

Quando muito, o terceiro, desde que preenchidas as hipóteses de cabimento previstas nos arts. 1.046 e 1.047 do CPC, poderá apresentar embargos de terceiro, como já vimos acima.

No mesmo sentido, a impugnação como defesa somente pode ser voltada em relação ao exequente, que se valeu do cumprimento, com base em título executivo judicial, pleiteando o uso da coerçao jurisdicional em face do executado, nunca no que tange a terceiros que não fazem parte da relação jurídica processual do dito cumprimento.

Resumindo, a impugnação, necessariamente, deve envolver as mesmas partes que figuram na relação jurídica processual da etapa de cumprimento de título executivo judicial, tendo em vista a sua natureza jurídica eminentemente de defesa.

2. Competência

A impugnação deve ser, em regra, apresentada perante o juízo onde tramita a etapa de cumprimento.

Se a intimação do executado, quanto à penhora e avaliação de seus bens, for feita pelo juízo da carta precatória expedida para constrição judicial do patrimônio do devedor, aplicar-se-á os termos do art. 747, do CPC, podendo a impugnação à etapa de cumprimento de título executivo judicial ser oferecida pelo executado, tanto no juízo deprecante como no juízo deprecado, mas a competência para julgá-los é do juízo deprecante.

3. Prazo

Na etapa de cumprimento de obrigação de pagar, feita a penhora do patrimônio do executado que servirá como base de pagamento do exequente, com a respectiva avaliação da coisa penhorada, deverá ser cientificado o devedor da expropriaçao de seu patrimônio, oportunizando-lhe o prazo de 15 (quinze) dias para apresentação de defesa, através da oferta de impugnação (art. 475-J, § 1º, parte final do CPC).

A regra é que a cientificação do executado, acerca da penhora e avaliação do seu patrimônio expropriado, seja realizada mediante intimação, via *Diário Oficial* eletrônico, dirigida ao seu advogado atuante nos autos, conforme preleciona o art. 475-J, § 1º, do CPC, oportunizando-lhe o prazo de 15 (quinze) dias para a apresentação de impugnação, contados nos termos do art. 4º, §§ 3º e 4º, da Lei Federal nº 11.419/2006.

Porém, se por qualquer motivo o executado tenha sido assistido por curador especial na etapa de cognição do processo de conhecimento; ou caso feita a penhora e avaliação de seu patrimônio expropriado na etapa de cumprimento e, naquele momento, não tiver patrono constituído nos autos, pois, por exemplo, o advogado que atuou na etapa de cognição do processo de conhecimento veio a falecer ou renunciou, dentre outras hipóteses, deverá o devedor ser intimado pessoalmente da constrição realizada, seja por mandado ou pelo correio, oportunizando-lhe o prazo de 15 (quinze) dias para a apresentação de impugnação, contados da juntada do mandado de intimação ou do aviso de recebimento aos autos (art. 241, I e II, do CPC).

Por inexistir processo de conhecimento previamente iniciado, ou seja, o Poder Judiciário cível brasileiro não se manifestou em etapa de cognição sobre a lide posta em juízo, a saber nos casos de: sentença penal condenatória, sentença estrangeira, homologada pelo STJ e sentença arbitral, o ordenamento jurídico processual, através de seu art. 475-N, parágrafo único, do CPC, exigirá que o executado seja citado através de mandado a ser efetivado por Oficial de Justiça ou pelo correio, oportunizando-lhe o prazo de 15 (quinze) dias para a apresentação de impugnação, contados da juntada do mandado de citação ou do aviso de recebimento aos autos (art. 241, I e II, do CPC).

Ressalve-se que nos casos do parágrafo único do art. 475-N do CPC, se houve fase de liquidação prévia, a citação de que trata o dispositivo legal em questão deve ocorrer naquele momento; e não há que se falar em citação, quanto à penhora e avaliação, realizadas na etapa de cumprimento, mas sim em mera intimação, via *Diário Oficial* eletrônico, pois se pressupõe que neste momento o executado já está patrocinado por advogado nos autos.

Nos cumprimentos de obrigação de fazer, não fazer ou de dar, o termo inicial para apresentação de eventual impugnação aparecerá com a intimação, como regra, ou citação do devedor, quando for o caso, para cumprimento voluntário.

Por fim, é certo que, quando houver mais de um executado, o prazo para cada um deles impugnar conta-se individualmente; e ainda que os executados tenham advogados distintos, não há que se falar em prazo em dobro para apresentação de impugnação, ou seja, não se aplica o disposto no art. 191 do CPC (arts. 475-R e 738, §§ 1º e 3º, ambos do CPC).

4. Garantia do Juízo da Execução

Uma das grandes inovações introduzidas pelo legislador reformador do ordenamento jurídico processual, com a edição da Lei Federal nº 11.382/2006, que reestruturou o processo de execução de título executivo extrajudicial foi a desvinculação da necessidade de garantia do juízo, como pressuposto lógico para apresentação de embargos à execução por parte do executado.

Contudo, aqui, na etapa de cumprimento de título executivo judicial, não há falar em apresentação de impugnação no bojo de cumprimento de obrigação de pagar, sem que antes tenha ocorrido penhora e avaliação de bens de devedor, suficientes para garantir a prestação, conforme determina o art. 475-J, § 1º, parte final, do CPC.

Isso porque, como a relação de débito e crédito, entre exequente e executado, goza de presunção absoluta de certeza – pois decorrente de título executivo judicial, gerado através de etapa de cognição de processo de conhecimento, com manejo do devido processo legal, revestido de contraditório e ampla defesa, que deu margem à formação de coisa julgada –, não se permite apresentação de impugnação antes da constrição judicial de bens do devedor.

Interessante notar que essa previsão legal não aparece expressamente na etapa de cumprimento da obrigação de fazer, não fazer ou de dar, onde o executado poderia, em tese, impugnar, sem a entrega da coisa ou prestação específica do fazer ou não fazer, ou ainda qualquer garantia do juízo.

Ocorre, porém, que essa conclusão geraria diferentes soluções para situações jurídicas semelhantes, com flagrante violação ao princípio da isonomia, pois, em ambos os casos, a coerção parte de título executivo judicial, ou seja, ainda que não haja disposição normativa própria, a partir de um enfoque principiológico, devemos entender que na impugnação apresentada contra o cumprimento de título executivo judicial, que imponha obrigação de fazer, não fazer ou de dar, o devedor deve dar garantia ao juízo, a fim de ver processada a sua defesa.

5. Inexistência de Efeito Suspensivo ao Trâmite do Cumprimento e Forma de Processamento da Impugnação

Antes do advento da reforma do CPC, a apresentação de resistência por parte do devedor à execução de título executivo judicial gerava, como regra, a suspensão dos atos de coerção, porém isso foi modificado com o advento da Lei Federal nº 11.232/2005.

Assim, em compasso com o princípio da celeridade insculpido no art. 5º, inciso LXXVIII, da CF, o art. 475-M do CPC deixa claro que a apresentação de impugnação pelo executado não gerará a suspensão da etapa de cumprimento, que continuará a ter trâmite normal.

Ocorre que, excepcionalmente, o juiz da causa poderá, a requerimento do impugnante, atribuir efeito suspensivo à impugnação quando, sendo relevantes seus fundamentos, o prosseguimento da etapa de cumprimento manifestamente possa causar ao executado grave dano de difícil ou incerta reparação.

Assim, se, por exemplo, estivermos diante de situação concreta em que há manifesta nulidade de citação e a etapa de cognição do processo de conhecimento correu à revelia do executado, é certo que o prosseguimento da etapa de cumprimento gera grave dano ao devedor, o qual terá seus bens penhorados efetivamente alienados, sem portanto nunca ter tido ciência de que foi movida uma ação de conhecimento em face dele.

Porém, ainda que atribuído efeito suspensivo à impugnação, é lícito ao exequente requerer o prosseguimento da etapa de cumprimento, oferecendo e prestando caução suficiente e idônea para suportar eventuais danos a serem gerados ao executado, arbitrada pelo juiz da causa e prestada nos próprios autos.

No que tange ao processamento da impugnação, a regra é que seja ela processada em autos apartados, porém se a ela foi deferido efeito suspensivo, será instruída e decidida nos próprios autos da etapa de cumprimento.

Neste ponto, nítida a dificuldade do legislador reformador de livrar-se de velhos paradigmas, tratando-se de caso específico do antigo regime jurídico dos embargos à execução de título executivo judicial, que era processado em autos apartados.

Ora, se o processo é sincrético da etapa de cognição até a etapa de cumprimento, qual o sentido da impugnação ter como regra o seu processamento em autos apartados? É até justificável a preocupação do legislador de não misturar a prática de atos de coerção (processamento da etapa de cumprimento) com atos de defesa (processamento da impugnação), mas venhamos e convenhamos, acaba-se complicando ainda mais um regime jurídico que já não é límpido aos olhos do intérprete.

Prova disso fica evidente quando a impugnação disser respeito apenas a parte do objeto da etapa de cumprimento, e a ela for atribuído efeito suspensivo: como deveremos proceder neste caso?

Responderíamos, pois, que o cumprimento prosseguirá quanto à parte não discutida (art. 475-R, c/c o art. 739-A, § 3º, ambos do CPC), devendo ser a impugnação autuada e processada em apenso, pois como a coerção jurisdicional seguirá no que tange à parcela da obrigação não debatida, não devemos misturar a prática de atos de coerção (processamento da etapa de cumprimento) com atos de defesa (processamento da impugnação).

É certo, ainda, que a concessão de efeito suspensivo à impugnação oferecida por um dos executados não suspenderá a execução contra os demais que não impugnaram, quando o respectivo fundamento disser respeito exclusivamente ao embargante (art. 475-R, c/c o art. 739-A, § 4º, ambos do CPC).

Por fim, é de se ressaltar que a decisão relativa aos efeitos de recebimento da impugnação poderá, a requerimento do exequente, ser modificada ou revogada a qualquer tempo, em decisão fundamentada, cessando as circunstâncias que a motivaram (art. 475-R c/c o art. 739-A, § 2º, ambos do CPC).

6. Procedimento

6.1. Petição de Impugnação

Feitas as considerações gerais que acabamos de apresentar, passemos doravante à análise do procedimento a ser adotado para processamento da impugnação.

A impugnação, como defesa, deve ser formulada seguindo os termos dos arts. 300 e 301 do CPC, com a seguinte estruturação:

- endereçamento ao juízo competente;
- preâmbulo;
- defesa preliminar;
- defesa de mérito;
- pedido; e
- requerimento de provas.

Outrossim, deve o executado instruir a petição de impugnação com cópias de eventuais documentos pertinentes às alegações de defesa do devedor (art. 300, parte final, do CPC), porém, sem necessidade de juntada das peças processuais relevantes da etapa de cumprimento.

Por fim, nos termos do art. 475-L, § 2º, do CPC, quando o executado alegar que o exequente, em excesso de execução, pleiteia quantia superior à resultante do título executivo judicial, caberá ao devedor declarar de imediato o valor que entende correto, apresentando planilha para tanto, sob pena de rejeição liminar dessa impugnação.

6.1.1. Modelo

EXCELENTÍSSIMO SENHOR DOUTOR JUIZ DE DIREITO DA ____ª VARA ____________________ DA COMARCA DA CAPITAL DO ESTADO DE SÃO PAULO,

Processo nº ____

Impugnante-Executado: ____________________________, por seu advogado que esta subscreve (procuração anexa), nos autos do processo da AÇÃO DE RESCISÃO CONTRATUAL CUMULADA COM PERDAS E DANOS, que lhe move Impugnado-Exequente ____________________________________, vem, respeitosamente, à presença de Vossa Excelência, tendo em vista a intimação recebida, quanto à penhora e avaliação de seus bens, apresentar IMPUGNAÇÃO AO CUMPRIMENTO DE TÍTULO EXECUTIVO JUDICIAL, com fundamento nos arts. 475-J, § 1º, combinado com o art. 475-L, I, do CPC, expondo e requerendo o quanto segue:

I – BREVE RESUMO DO FEITO

01 – Trata-se de ação de rescisão contratual cumulada com perdas e danos movida pelo Exequente em face do Executado, onde o Impugnante foi citado por edital, tendo corrido o processo à sua revelia.

02 – Ocorre que a citação que se deu na etapa de cognição do processo de conhecimento é nula de pleno direito, na medida em que, conforme se verifica pelo aditamento contratual subscrito pelas partes e por duas testemunhas, o endereço lá

inserido como sendo o domicílio do Impugnante é exatamente o mesmo, onde agora foi intimado o Réu, na etapa de cumprimento acerca da penhora e avaliação de seus bens.

03 – Ocorre que o Autor, maliciosamente, omitiu o domicílio do Réu em questão, na formulação da petição inicial da ação de rescisão contratual cumulada com perdas e danos, não fazendo juntar aos autos o aditamento contratual referenciado, indicando o antigo domicílio do Impugnante no preâmbulo da exordial, onde, obviamente, não foi encontrado, acabando por ser reconhecido naquele momento como residente em local incerto e não sabido.

II – DO DIREITO

04 – O art. 247 do CPC é claro ao afirmar que o vício de citação gera nulidade absoluta no processo em que tenha ocorrido, assim como a imprestabilidade de todos os atos processuais praticados posteriormente.

05 – No mesmo sentido, o art. 475-L, inciso I, do CPC é cristalino ao afirmar que a impugnação somente poderá versar sobre, dentre outras hipóteses, a nulidade de citação quando o processo correu à revelia do Réu, que é exatamente o que ocorreu na hipótese dos autos.

III – DO PEDIDO

06 – Isto posto, requer seja:

a) recebida a presente impugnação, no efeito suspensivo, uma vez que manifesta a nulidade de citação e a etapa de cognição do processo de conhecimento correu à revelia do Executado, sendo certo que o prosseguimento da etapa de cumprimento gerará grave dano ao devedor, que terá seus bens penhorados efetivamente alienados sem nunca ter tido ciência de que foi movida uma ação de conhecimento em face dele; e ao final
b) acolhida a presente impugnação, para reconhecimento da nulidade da citação realizada nestes autos, nulificando-se todos os demais atos processuais praticados posteriormente, reabrindo-se o prazo para que o Impugnante apresente resposta aos termos da petição inicial da etapa de cognição desta ação de rescisão contratual cumulada em perdas e danos;
c) Condenado o Impugnado aos ônus da sucumbência, com a fixação dos honorários advocatícios em 10% do valor do contrato firmado entre as partes, devidamente atualizado.

IV – DAS PROVAS

07 – Protesta o Impugnante em provar o alegado por todos os meios de prova em direito admitidos, em especial pela juntada dos documentos, que instruem a presente impugnação; documentos novos; perícia; oitiva de testemunhas; depoimento pessoal do Impugnado, sob pena de confesso; etc.

Nestes termos,
pede deferimento.
São Paulo, __ de_________ de 20___.
Nome:_______________
Advogado
OAB/___ nº _______

6.2. Decisão Inicial

Apresentada a impugnação, esta só será processada com a intimação do exequente para resposta, se não for caso de rejeição liminar.

Dessa forma, o juiz rejeitará liminarmente a impugnação quando:

a) intempestiva (art. 475-R, c/c o art. 739, I, do CPC);
b) não instruída com a planilha do cálculo correto, se fundada em excesso de execução (art. 475-L, § 2º, do CPC);
c) manifestamente protelatória (art. 475-R, c/c o art. 739, III, do CPC).

Ora, o juiz da causa rejeitará liminarmente a impugnação, sem a oitiva do exequente, quando esta for apresentada pelo devedor fora do prazo previsto no art. 475-J, § 1º, parte final, do CPC, ou seja, 15 (quinze) dias.

No mesmo sentido, o art. 475-L, § 2º, do CPC não permite que o devedor discuta genericamente o excesso de execução, através da impugnação, sem demonstrar concretamente qual é o montante por ele devido, exibindo planilha para tanto, sob pena de rejeição liminar.

A impugnação será indeferida liminarmente, também, se possuir caráter manifestamente protelatório.

Na ótica do Prof. Paulo Henrique Lucon, em relação aos embargos à execução, mas perfeitamente aplicável à impugnação com caráter manifestamente protelatório, temos que:

> Como se percebe, a expressão "manifestamente protelatórios" revela um conceito jurídico vago, que demanda análise do intérprete. Os embargos serão manifestamente protelatórios quando configurado o abuso de direito (CC, art. 187). Evidentemente, a decisão do julgador deverá ser fundamentada, pois não basta que os embargos sejam protelatórios – o dispositivo legal é claro ao adjetivar os argumentos como "manifestamente protelatórios". Nesse sentido, o julgador deve analisar os argumentos utilizados pelo executado-embargante, se são manifestamente infundados. A esse atributo negativo pode ser também somada a atitude protelatória do executado de se esquivar da execução (...).[6]

Dessa forma, em última análise, será manifestamente procrastinatória a impugnação quando o seu conteúdo ou a atitude do executado na sua apresentação são desprovidos de qualquer fundamentação fática ou jurídica; e tiverem como único escopo procrastinar o andamento da etapa de cumprimento.

---

[6] *Código de Processo Civil interpretado*, cit., p. 2.328.

Essa hipótese de indeferimento liminar já existia na legislação revogada, tendo sido mantida pela norma reformadora, contudo, o que se discute é que com a retirada do efeito suspensivo da impugnação, dificilmente será ela apresentada, em regra, com natureza manifestamente protelatória, pois não haverá como procrastinar o andamento da etapa de cumprimento, a não ser excepcionalmente quando o executado busque a concessão de tal suspensividade com o manejo da impugnação.

Enfim, no caso de impugnação manifestamente protelatória, o juiz da causa imporá, em favor do exequente, multa ao executado em valor não superior a 20% (vinte por cento) do valor em execução (art. 475-R, c/c o art. 740, parágrafo único, ambos do CPC).

Porém, se entender viável o processamento da impugnação, o juiz da causa apreciará eventual pedido de efeito suspensivo formulado pelo impugnante, deferindo-o se for o caso, determinando que o impugnado responda aos seus termos, cientificando-o para tanto.

6.3. Cientificação

Uma vez recebida a impugnação o exequente será intimado para apresentação de resposta aos seus termos.

Essa intimação será feita na pessoa do advogado do exequente, pelo *Diário Oficial* eletrônico, onde houver; ou por diário oficial jornal.

Ora, a intimação em questão não tem natureza de citação, portanto, havendo inércia do exequente em responder aos termos da impugnação, não ficará caracterizada a revelia.

6.4. Resposta do Exequente

O exequente deverá responder à impugnação no prazo de 15 dias, conforme dispõe o art. 475-R do CPC, combinado com o art. 740, *caput*, do mesmo código, contados, em regra, da intimação do advogado via *Diário Oficial* eletrônico ou jornal.

Ora, a resposta tem natureza de réplica; e como tal deve ser formulada pelo executado, contrariando a defesa processual ou de mérito relacionada pelo devedor no bojo da impugnação, de modo a apresentar argumentação fática e jurídica, acompanhada de documentos que venham a rebater os temas indicados pelo impugnante.

6.4.1. Modelo

EXCELENTÍSSIMO SENHOR DOUTOR JUIZ DE DIREITO DA ____ VARA DA _____________ DA COMARCA DA CAPITAL DO ESTADO DE SÃO PAULO,

Processo nº ________________________

Exequente-Impugnado: ______________________, por seu advogado que esta subscreve, vem, respeitosamente, à presença de Vossa Excelência, tendo em vista a apresentação de IMPUGNAÇÃO, por parte do Executado-Impugnante:______________________, apresentar RESPOSTA aos seus termos, pelas razões de fato e de direito, a seguir expostas:

I – BREVE RESUMO DA IMPUGNAÇÃO

1 – O Impugnante sustenta que o título executivo judicial usado pelo Impugnado para dar início à etapa de cumprimento foi formado em processo de conhecimento, cuja etapa de cognição foi procedimentalizada, com nulidade de citação, tendo o feito corrido à revelia do Réu.

02 – Para tanto, sustenta que o Exequente sempre teve ciência do seu paradeiro e maliciosamente indicou domicílio errado do Executado na petição inicial da ação de conhecimento.

II – DA REALIDADE DOS FATOS

3 – Ocorre que as afirmações do Executado são totalmente inverídicas, uma vez que o aditivo contratual exibido pelo Impugnante na impugnação formulada, como demonstração de que o exequente tinha ciência de seu paradeiro atual, nunca foi subscrito pelo credor, sendo falsa a assinatura que lá consta, sendo como sua.

III – DO MÉRITO

4 – Conclui-se assim que a conduta do exequente foi sim de manifesta boa-fé, pois indicou na petição inicial da ação de conhecimento o domicílio do Autor, por ele conhecido, o que afasta a nulidade de citação usada pelo Executado como escudo para não cumprir o título executivo judicial, ora em debate.

IV – DO PEDIDO

5 – Isto posto, é a presente para requerer seja DESACOLHIDA a presente impugnação, com o prosseguimento da etapa de cumprimento, até seus termos finais, impondo-se ao Executado o pagamento de honorários advocatícios pelo incidente indevido, no montante de R$ 5.000,00 (cinco mil reais).

Nestes termos,
pede deferimento.
São Paulo, __ de__________ de 20___.
Nome:________________
Advogado
OAB/___ nº _______

6.5. Instrução Probatória

Apresentada resposta à impugnação, o juiz da causa deverá imediatamente julgá-la, porém isso somente ocorrerá se a matéria veiculada nos autos for unicamente de direito, ou, ainda se de direito e de fato, não houver outras provas a serem produzidas.

Agora, se houver provas pleiteadas pelas partes, deve o juiz da causa verificar a pertinência da produção das mesmas, deferindo-as, se for o caso; e produzindo-as, para, aí sim, após, decidir quanto aos termos da impugnação formulada pelo executado em face do cumprimento de título executivo judicial.

6.6. Decisão Resolutória da Impugnação e Recurso Cabível

Decidida de plano ou após a realização de instrução processual, o juiz da causa deverá resolver a impugnação.

A decisão que aprecia a impugnação pode ter natureza de decisão interlocutória quando, ao resolvê-la, não põe fim ao cumprimento do título executivo judicial; ou sentença, neste último caso, quando venha a extinguir a execução.

Assim, por exemplo, se a decisão que resolver a impugnação acolhê-la reconhecendo a ilegitimidade de parte ou a falta de interesse de agir (art. 475-L, II e IV, do CPC) do exequente para apresentar o pleito de cumprimento de título executivo judicial, a execução deverá ser extinta, com fulcro no art. 267, VI, do CPC.

No mesmo sentido, se a decisão que resolver a impugnação acolhê-la reconhecendo o pagamento do executado, após a formação do título executivo judicial, como causa extintiva da obrigação, (art. 475-L, VI, do CPC) a execução deve ser extinta, com fulcro do art. 794, I, do CPC.

Por outro lado, se a decisão que resolver a impugnação rejeitá-la, o cumprimento de título executivo judicial terá seguimento normal, caracterizando-se a decisão em questão como interlocutória.

Ao resolver a impugnação, extinguindo ou não a execução, o juiz da causa deve fixar honorários em favor do vencedor, em detrimento do vencido.

Por fim, o art. 475-M, § 3º, do CPC esclarece que quando a decisão que resolver a impugnação for de natureza interlocutória será ela recorrível mediante agravo de instrumento, sendo certo que quando importar na extinção da execução, tendo natureza de sentença, deverá ser atacada pelo sucumbente, mediante recurso de apelação.

A renomada Min. Nancy Andrighi, da 3ª Turma do STJ, em acórdão de sua lavra proferido no bojo do Recurso Especial nº 963.977/RS, julgado em 26/08/2008 e publicado no *Diário da Justiça* eletrônico em 05/09/2008, quanto a recurso cabível em face da decisão que apresenta resistência ao cumprimento de título executivo judicial, vista sob o enfoque do direito intertemporal, assim concluiu:

> Processual civil. Aplicação intertemporal da Lei 11.232/05. Embargos do devedor opostos à execução de título judicial antes da vigência da lei nova, mas julgados posteriormente. Decisão atacada por apelação. Possibilidade.

– Embora o direito brasileiro não reconheça a existência de direito adquirido a um certo rito processual, aplicando-se, portanto, a lei nova imediatamente ao processo em curso, segundo a máxima do "*tempus regit actum*", é certo que a aplicação da regra de direito intertemporal deve ter em vista o princípio informador da segurança jurídica.
– A razoabilidade exige que o Direito Processual não seja fonte de surpresas, sobretudo quando há amplo dissenso doutrinário sobre os efeitos da lei nova. O processo deve viabilizar, tanto quanto possível, a resolução de mérito.
– Se não houve uma expressa conversão, pelo juízo em primeiro grau de jurisdição, dos ritos processuais, alertando as partes de que os "embargos" passaram a ser simples "impugnação", deve-se a aceitar a apelação como recurso apropriado para atacar a decisão que, sob a égide da Lei 11.232/05, julgou os embargos do devedor. Recurso Especial Provido.

7. Outras Espécies de Resistência

A impugnação é a principal espécie de resistência a ser formulada pelo devedor, durante o trâmite da etapa de cumprimento, porém, como veremos abaixo, o devedor poderá manejar algumas espécies de embargos com procedimento ou objeto próprio.

Além disso, verificaremos, também, que o terceiro em situações excepcionalíssimas poderá apresentar embargos, assim denominados de terceiro.

7.1. Embargos de Retenção por Benfeitorias

Além da impugnação ao cumprimento, o devedor poderá, desde que reconhecido no título, formular pleito de retenção por benfeitorias, em se tratando de obrigação de dar, quando nos depararemos com os chamados embargos de retenção por benfeitorias, ou seja, o executado concorda em entregar a coisa, porém sustenta seu direito ao ressarcimento pelas benfeitorias e acessões introduzidas no bem, de acordo com o determinado na sentença ou acórdão, base do referido título executivo judicial; e somente a devolverá caso seja ressarcido pelo exequente, com fundamento no art. 475-R, combinado com art. 745, §§ 1º e 2º, ambos do CPC.

Neste caso, o procedimento a ser aplicado é o dos embargos à execução de título executivo extrajudicial, com algumas peculiariedades próprias. Assim, nos embargos de retenção por benfeitorias, poderá o exequente requerer a compensação de seu crédito com o dos frutos ou danos considerados devidos pelo executado, cumprindo ao juiz da causa, para a apuração dos respectivos montantes, nomear perito, fixando-lhe breve prazo para entrega do laudo.

É certo, também, que o exequente poderá, a qualquer tempo, ser imitido na posse da coisa, prestando caução ou depositando o valor devido pelas benfeitorias ou resultante da compensação.

7.2. Embargos à Expropriação Definitiva

No cumprimento de título executivo judicial, também é possível ao devedor apresentar embargos contra alguma irregularidade voltada à expropriação definitiva de seus bens.

Assim, o art. 746 do CPC esclarece que é lícito ao executado, no prazo de 5 (cinco) dias, contados da adjudicação, alienação particular ou arrematação, oferecer embargos fundados em nulidade da execução, ou em causa extintiva da obrigação, desde que supervenientes à penhora, aplicando-se, no que couber, o procedimento dos embargos típicos à execução.

Contudo, algumas especificidades regerão o procedimento em questão:

- oferecidos os embargos à expropriação definitiva, poderá o adquirente desistir da aquisição, devendo o juiz da causa deferir de plano tal requerimento, com a imediata liberação do depósito feito pelo adquirente, seja por adjudicação, seja por alienação particular ou por alienação judicial em hasta pública.
- caso os embargos à expropriação definitiva sejam declarados manifestamente protelatórios, o juiz imporá multa ao embargante não superior a 20% (vinte por cento) do valor da execução, em favor de quem desistiu da aquisição.

7.3. Embargos de Terceiro

Por fim, temos os chamados embargos de terceiro regulados em procedimento especial pelos arts. 1.046 a 1.054 do CPC. Os embargos em questão podem ser usados por terceiro que sofrer qualquer espécie de turbação ou esbulho ocasionado por decisão judicial, seja em processo de conhecimento, na etapa de cognição, seja na etapa de cumprimento, seja, ainda, em processo de execução, contudo doravante só nos preocuparemos com as duas últimas hipóteses.

Desta forma, quem, não sendo parte no processo de execução de título executivo extrajudicial ou mesmo no cumprimento de título executivo judicial, sofrer turbação ou esbulho na posse de seus bens por ato de apreensão judicial, através de constrição em seu patrimônio, por exemplo, pela penhora, poderá propor embargos de terceiro, pleiteando manutenção ou restituição da referida coisa constrita.

Terão legitimidade ativa para o manejo dos embargos de terceiro, em face da turbação ou esbulho contra seu patrimônio, ocorrido por determinação judicial prolatada em processo de execução de título executivo extrajudicial ou cumprimento de título executivo judicial:

a) o terceiro proprietário e possuidor, ou apenas possuidor;
b) a parte que, posto figure no processo de execução ou no cumprimento de título executivo judicial, defenda bens que, pelo título de sua aquisição ou pela qualidade em que os possuir, não podem ser atingidos pela apreensão judicial;
c) o cônjuge quando defende a posse de bens dotais, próprios, reservados ou de sua meação; e

d) o credor com garantia real para obstar alienação judicial do objeto da hipoteca, penhor ou anticrese.

Serão legitimados passivos dos embargos de terceiro: o(s) exequente(s) e o(s) executado(s) do processo de execução ou cumprimento de título executivo judicial.

Os embargos de terceiro poderão ser opostos no processo de execução ou na etapa de cumprimento de título executivo judicial até 5 (cinco) dias depois da adjudicação, alienação particular ou arrematação, mas sempre antes da assinatura da respectiva carta.

Os embargos de terceiro serão distribuídos por dependência e correrão em autos distintos e em apenso perante o próprio juízo da execução.

O terceiro deve apresentar seus embargos, por meio de petição inicial elaborada com observância ao disposto no art. 282 do CPC, fazendo prova sumária de sua posse e da qualidade de terceiro, oferecendo documentos e rol de testemunhas.

É facultada a prova da posse por parte do terceiro em audiência preliminar designada pelo juiz da causa. O possuidor direto pode alegar, com a sua posse, domínio alheio, como por exemplo ocorre na relação de locação de imóvel, no que diz respeito à figura do locatário, em relação à do locador.

Julgando suficientemente provada a posse, o juiz da causa deferirá liminarmente os embargos e ordenará a expedição de mandado de manutenção ou de restituição em favor do embargante, o qual só receberá os bens depois de prestar caução e os devolver com seus rendimentos, caso sejam ao final julgados improcedentes.

Quando os embargos de terceiro versarem sobre todos os bens penhorados na execução, o juiz determinará a suspensão do processo de execução ou do cumprimento do título executivo judicial, porém, versando sobre alguns deles, prosseguirá a execução somente quanto aos bens não embargados.

Os embargos de terceiro poderão ser contestados pelo exequente e executado no prazo de 10 (dez) dias, sendo que contra os embargos de terceiro de credor com garantia real somente poderão os embargados alegar que:

- o devedor comum é insolvente;
- o título executivo é nulo ou não obriga a terceiro;
- outra é a coisa dada em garantia.

Findo o prazo 10 (dez) dias, não sendo contestados os embargos de terceiro, presumir-se-ão aceitos pelos embargados, como verdadeiros, os fatos alegados pelo embargante (arts. 285 e 319 do CPC), caso em que o Poder Judiciário sentenciará, em tese, dentro em 5 (cinco) dias.

Se os requeridos contestarem no prazo legal, o juiz da causa sentenciará de plano; ou, havendo prova para ser produzida nos embargos de terceiro, designará audiência de instrução e julgamento, sentenciando em seguida.

CAPÍTULO 4

Exceção de Pré-executividade

1. Introdução

Como já dissemos, o legislador entendeu por bem apresentar regimes jurídicos específicos para a resistência a ser formulada pelo executado no bojo da execução.

Dessa forma, o ordenamento jurídico processual em vigor, tratando-se de título executivo extrajudicial, exige que o devedor apresente a resistência à pretensão executiva, não nos próprios autos do processo de execução, mas, sim, por intermédio de ação autônoma, assim denominada embargos à execução, a ser distribuída em apenso.

Diferentemente, a opção do legislador na pretensão executiva exercida na etapa de cumprimento de título executivo judicial é diferente, pois neste caso o ordenamento jurídico processual determina que o executado formule resistência no próprio bojo da etapa em questão, como se defesa fosse.

Isso porque, como a etapa de cumprimento, em regra, está inserida no bojo do processo de conhecimento, que agora é sincrético, ou seja, através de uma mesma relação jurídica processual, teremos resolução da lide posta em juízo, com o seu respectivo acertamento (etapa de cognição) e uso da coerção, se for o caso, para efetivação da prestação (obrigação de pagar, fazer, não fazer ou de dar) atribuída ao perdedor em favor do vencedor (etapa de cumprimento), não faria sentido a resistência do devedor na etapa de cumprimento ser feita no modelo da ação autônoma dos embargos à execução, usada no processo de execução.

Daí concluir que a via da defesa por intermédio de impugnação apresentada pelo executado no próprio bojo da etapa de cumprimento de título executivo judicial foi eleita pelo ordenamento jurídico processual vigente para que o devedor possa opor resistência ao título executivo judicial ou à coerção jurisdicional que dele decorre, fazendo com que, efetivamente, no processo de conhecimento, haja uma única relação jurídica processual do acertamento à prestação específica da obrigação por parte do devedor.

Nessa medida, tratando-se de cumprimento de título executivo judicial, a via de resistência a ser utilizada pelo devedor é a da impugnação, prevista nos arts. 475-L e 475-M, ambos do CPC.

Contudo, há que se observar que antes da reforma do CPC, criando o sistema atual de formas distintas de resistência, a ser formulada pelo devedor, dependendo do título executivo, que aparelha os atos de coerção jurisdicional pleiteados pelo credor, a jurisprudência e a doutrina pátria admitiam a utilização pelo executado da chamada exceção de pré-executividade.

A exceção de pré-executividade era mais um instrumento de defesa disponibilizado ao devedor no antigo processo de execução, independentemente da garantia do juízo, desde que tivesse prova inequívoca da veracidade de suas alegações de resistência ao título executivo judicial ou extrajudicial, como instrumento viabilizador da coerção jurisdicional.

Dessa forma, a exceção de pré-executividade era justificada, como defesa do devedor ao processo de execução, em especial nas hipóteses em que o devedor não tinha condições de suportar os ônus pecuniários de garantir o juízo para poder apresentar embargos à execução, ainda que tivesse prova cabal da impertinência do título executivo usado pelo credor para sustentar a coerção jurisdicional.

A inexistência da via da exceção de pré-executividade a ser utilizada pelo devedor deixaria o executado privado do acesso à Justiça, mesmo estando privado de parcela de seus direitos, qual seja: obtenção de crédito no mercado financeiro, dada a negativação de seu cadastro, em decorrência da existência de injusto processo de execução em face dele, o que afrontaria ao art. 5º, inciso XXXV, da CF.

Como era dispensada a garantia do juízo para a apresentação da exceção de pré-executividade, o devedor podia discutir o título executivo ou uso da coerção jurisdicional, que dele decorria, podendo exonerar-se de um dos principais gravames gerados pela execução: a restrição da vida de crédito do executado, dada a negativação do seu nome.

Assim, por exemplo, aquele devedor que teve seu talionário de cheques furtado, com a emissão das cártulas nele inseridas por falsificação de assinatura, podia, caso proposta ação executiva em face dele, manejar a exceção de pré-executividade, sem, contudo, garantir o juízo, exibindo cópias do inquérito policial aberto para apurar o delito, assim como da denúncia oferecida pelo Ministério Público, em face do estelionatário, pleiteando a extinção do processo de execução.

A grande pergunta que se coloca é se a exceção de pré-executividade continua existindo, após o advento das Leis Federais nºs 11.232/2005 e 11.382/2006, que criaram e mudaram o regime jurídico da execução de título executivo judicial (etapa de cumprimento) e do título executivo extrajudicial (processo de execução). Indagação esta que abordaremos logo após a análise do conceito de exceção de pré-executividade.

2. Conceito

Assim, neste tópico, o que vem a ser exatamente a exceção de pré-executividade é o que veremos a seguir.

A exceção de pré-executividade é a defesa apresentada pelo executado, lastreada em prova inequívoca da verrossimilhança de suas alegações para opor resistência ao título executivo judicial ou extrajudicial, ou ainda ao uso da coerção jurisdicional, que deles decorre contra o devedor, a ser prestada pelo Poder Judiciário no bojo, respectivamente: da etapa de cumprimento ou do processo de execução.

3. Cabimento

Retomemos a indagação proposta introdutoriamente, qual seja: será que no regime atual da execução persiste a possibilidade de utilização da exceção de pré-executividade por parte do executado?

Vamos começar pela análise da viabilidade da utilização da exceção de pré-executividade por parte do devedor no bojo da etapa de cumprimento.

Como vimos anteriormente, mesmo depois do advento da Lei Federal nº 11.232/2005 o executado somente poderá apresentar impugnação caso já esteja devidamente garantido o juízo, através da prévia penhora e avaliação de seus bens.

Isso faz com que aquele devedor, que não possua bens à penhora, fique impossibilitado de apresentar defesa, mesmo estando defronte de situação jurídica manifestamente ilegal, por exemplo, quando o título executivo judicial é nulo de pleno direito; ou, ainda, quando o exequente é manifestamente ilegítimo para promover a etapa de cumprimento.

Enfim, nessas hipóteses ocorre incomensurável injustiça ao executado, pois ficaria com restrição judicial ao seu cadastro de crédito e nada poderia fazer para solucionar o impasse, pois não teria bens a serem penhorados e avaliados para autorizar a utilização da impugnação, nos termos do art. 475-J, § 1º, do CPC.

Nesse esteio, podemos afirmar que, mesmo depois da edição da Lei Federal nº 11.232/2005, persiste a possibilidade de o devedor usar da exceção de pré-executividade, quando, para demonstração da imprestabilidade da execução, tenha prova pré-constituída de suas alegações, ficando dispensado, portanto, da apresentação de garantia do juízo.

Já no que diz respeito ao processo de execução, o manejo da exceção de pré-executividade por parte do Executado aparece, no mínimo, como tema polêmico, na medida em que, no regime atual introduzido pela Lei Federal nº 11.382/2006, o CPC não exige mais a apresentação de garantia do juízo para oferta de embargos à execução (art. 736 do CPC).

Desse modo, hodiernamente, o devedor pode muito bem apresentar resistência ao processo de execução, através dos embargos à execução, ainda que não tenha patrimônio para sofrer constrição judicial, o que, em certa medida, acaba com a razão da existência da exceção de pré-executividade, que tinha como escopo principal afastar eventual violação ao princípio do acesso à Justiça (art. 5º, XXXV, da CF).

Contudo, ainda assim, excepcionalmente podemos admitir a utilização da exceção de pré-executividade, no processo de execução, em especial nos casos em que o executado pretende obter efeito suspensivo aos embargos à execução, quando então será necessária a garantia do juízo, nos termos do art. 739-A, § 1º, parte final, do CPC.

Nesse caso, se o executado tem prova cabal da imprestabilidade da execução, não será razoável penhorar-lhe bens, para que seja admitida resistência à execução por parte do devedor, por intermédio dos embargos à execução, o que viabiliza o manejo da exceção de pré-executividade a ser recebida com efeito suspensivo.

Porém, nesse caso o executado deve tomar cuidado, pois, caso o juiz não acolha a sua exceção de pré-executividade, terá perdido o prazo para embargos à execução.

O ilustre Min. Massami Uyeda da 3ª Turma do STJ, ao relatar o Agravo Regimental no Agravo de Instrumento nº 938.357/RS, julgado em 12/08/2008 e publicado no *Diário da Justiça* eletrônico em 28/08/08, esclarece que, quando cabíveis embargos à execução ou impugnação ao cumprimento, não é suscetível de ser manejada a exceção de pré-executividade, notadamente quando o tema é expressamente elencado no rol dos arts. 475-L e 745 do CPC, como ocorre com o excesso de execução, a saber:

> Agravo regimental em agravo de instrumento – Execução – Nulidade do título executivo – Dissídio jurisprudencial – Ausência de impugnação dos fundamentos da decisao agravada – Aplicação analógica da súmula nº 182/STJ – Exceção de pré-executividade – Excesso de execução – Matéria reservada aos embargos do devedor – Precedentes – Recurso improvido.

Daí é de todo recomendável que o devedor formule pedido sucessivo (art. 289 do CPC) na exceção de pré-executividade, pleiteando, caso o juiz da causa não entenda pelo seu cabimento, que receba o arrazoado do executado, como embargos à execução, aplicando-se o princípio da fungibilidade, que permite que o órgão jurisdicional conheça de um determinado instituto jurídico por outro. Plácido e Silva define fungibilidade como: "Mas o direito emprega fungível para significar a substitutibilidade de uma coisa por outra, (...)"[7].

Agindo com tal cautela, o executado poderá valer-se da exceção de pré-executividade no processo de execução, preservando a efetividade de sua resistência, pois, caso o juiz da causa entenda que esta não é cabível, poderá converter a manifestação do devedor em embargos à execução.

Por fim, devemos ressaltar que para que o órgão jurisdicional possa aplicar o princípio da fungibilidade, nos termos *supra* propostos, o executado deve apresentar a exceção de pré-executividade, observando o prazo de 15 (quinze) dias previsto no art. 738, *caput*, do CPC.

---

[7] *Vocabulário jurídico*. (Atualizadores: Nagib Slaib Filho e Gláucia Carvalho) 27. ed. Rio de Janeiro: Forense, 2007, p. 646.

4. Requisitos

Decerto o único requisito exigido pela doutrina e jurisprudência majoritárias para o manejo da exceção de pré-executividade pelo devedor, seja no processo de execução, seja na etapa de cumprimento é a existência de prova pré-constituída de suas alegações, em relação à resistência apresentada no que tange à viabilidade, à possibilidade de prosseguimento ou pertinência da execução.

Dessa forma, o devedor deve apresentar com a exceção de pré-executividade toda a prova que possui em relação a sua resistência à execução, sem que lhe seja facultado fazê-lo em momento posterior, através de dilação probatória, prova esta que deve ser suficiente para sustentar suas alegações, sob pena de rejeição da exceção.

A ínclita Min. Denise Arruda, como integrante da 1ª seção do STJ, em acórdão por ela relatado, proferido no Agravo Regimental nos Embargos de Divergência no REsp nº 504.082/SP, julgado em 10/09/2008 e publicado no *Diário da Justiça* eletrônico em 29/09/2008, no que concerne à impossibilidade de dilação probatória para cognição do conteúdo da exceção de pré-executividade, a fim de viabilizar o seu cabimento, assim decidiu:

> Processual civil. Agravo regimental nos embargos de divergência. Arestos confrontados que adotam a mesma tese (a viabilidade da exceção de pré-executividade condiciona-se à não-necessidade de dilação probatória). Inexistência de divergência de entendimento. Precedente: AGRG nos EREsp 769.768/MG, 1ª seção, Rel. Min. Teori Albino Zavascki, *DJ* de 27.3.2006. Agravo desprovido.

No mesmo sentido posicionou-se o eminente Min. Castro Meira, da 2ª Turma do STJ, em acórdão de sua lavra, prolatado no Agravo Regimental no Recurso Especial nº 1.058.748/SC, julgado em 09/09/2008 e publicado no *Diário da Justiça* eletrônico em 13/10/2008, nos seguintes termos:

> (...)
> 3. Quanto ao cabimento da exceção de pré-executividade à demanda, a posição adotada pela Corte local não destoa do que vem entendendo o Superior Tribunal de Justiça, ao admitir a exceção de pré-executividade quando não se faz necessária a produção de provas acerca da ausência de título representativo do débito ou nulidade deste.
> 4. Agravo regimental não provido.

Por fim, o Min. Francisco Falcão, da 1ª Turma do STJ, ao relatar o Agravo Regimental nos Embargos de Declaração no Agravo Regimental no Recurso Especial nº 922.940/SP, julgado em 12/08/2008 e publicado no *Diário da Justiça* eletrônico em 25/08/2008, deixa bem claro que se a matéria veiculada na exceção pré-executividade dispensar produção de provas, além daquelas que instruíram a petição inaugural da dita exceção, a mesma torna-se viável:

Exceção de pré-executividade. Prescrição e legitimidade. Questões passíveis de análise. Dispensável dilação probatória na hipótese concreta. Recurso especial provido para conhecer da exceção. Agravo regimental recebido como embargos de declaração. Alegada contradição inexistente. Embargos de declaração rejeitados.

5. Conteúdo

Por outro lado, é certo que não há limitação temática do conteúdo da exceção de pré-executividade, que pode versar sobre qualquer matéria que seja eficaz para opor resistência à viabilidade, prosseguimento ou pertinência da execução.

Assim, a exceção de pré-executividade pode versar sobre:

- falta de condições da ação executiva ou da etapa de cumprimento;
- ausência de pressupostos processuais da ação executiva ou da etapa de cumprimento;
- prescrição e decadência;
- a nulidade do título executivo;
- a relação de débito e crédito que deu origem ao título executivo extrajudicial; e
- fato modificativo, extintivo ou impeditivo da obrigação contida no título executivo judicial, desde que superveniente à coisa julgada.

O Min. Castro Meira, da 2ª Turma do STJ, relator do Recurso Especial nº 1.025.095/RJ, julgado em 20/05/2008 e publicado no *Diário da Justiça* eletrônico em 04/06/2008, indica quais são as matérias suscetíveis de serem veiculadas em exceção de pré-executividade:

> (...)
> 2. O critério definidor das matérias que podem ser alegadas em exceção de pré-executividade é o fato de ser desnecessária a dilação probatória, afastando-se a distinção fincada, exclusivamente, na possibilidade de conhecimento de ofício pelo Juiz.
> 3. Admite-se essa forma excepcional de defesa para acolher exceções materiais, extintivas ou modificativas do direito do exequente, desde que comprovadas de plano, sem necessidade de produção de outras provas além daquelas constantes dos autos ou trazidas com a própria exceção.
> 4. É possível argüir a prescrição por meio de exceção de pré-executividade, desde que desnecessária a dilação probatória.
> Precedentes.
> (...)

6. Legitimidade para Utilização

É certo que a legitimidade ativa para utilização da exceção de pré-executividade, como instrumento de resistência do devedor em relação à execução, está nas mãos do executado, não tendo o terceiro a possibilidade de seu manejo.

No mesmo sentido, a exceção de pré-executividade somente pode ser voltada em relação ao exequente, que se valeu da etapa de cumprimento ou processo de execução, pleiteando o uso da coerção jurisdicional em face do executado, nunca no que tange a terceiros, que não fazem parte da relação jurídica processual do feito executório.

Ou seja, a exceção de pré-executividade, obrigatoriamente, deve envolver as mesmas partes que figuram na relação jurídica processual da etapa de cumprimento de título executivo judicial ou no processo de execução de título executivo extrajudicial, tendo em vista a sua natureza jurídica eminentemente de defesa.

7. Competência e Processamento

A exceção de pré-executividade deve ser, em regra, apresentada perante o juízo, onde tramita a etapa de cumprimento ou processo de execução.

O seu processamento dar-se-á no próprio bojo do feito executório, como se defesa fosse, lá tramitando até o seu final deslinde.

8. Prazo

Diferentemente dos embargos à execução e da impugnação, que possuem, em regra, o prazo de 15 (quinze) para serem apresentados perante o juízo da execução, veremos que a utilização da exceção de pré-executividade não ficará, necessariamente, atrelada a tal prazo.

Na etapa de cumprimento de obrigação de pagar, feita a penhora do patrimônio do executado que servirá como base de pagamento do exequente, com a respectiva avaliação da coisa penhorada, deverá ser cientificado o devedor da expropriação de seu patrimônio, oportunizando-lhe o prazo de 15 (quinze) dias para apresentação de defesa, através da oferta de impugnação (art. 475-J, § 1º, parte final, do CPC).

Nos cumprimentos de obrigação de fazer, não fazer ou de dar, o termo inicial para apresentação de eventual impugnação aparecerá com a intimação, como regra, ou citação do devedor, quando for o caso, para cumprimento voluntário.

Já no processo de execução, o prazo de 15 (quinze) dias será contado da juntada aos autos do mandado de citação do executado, nos termos do art. 738 do CPC.

Por fim, note-se que, quando houver mais de um executado, o prazo para cada um deles impugnar ou embargar conta-se individualmente; e ainda que os executados tenham advogados distintos, não há que se falar em prazo em dobro para apresentação de impugnação ou embargos à execução, ou seja, não se aplica o disposto no art. 191 do CPC (arts. 475-R e 738, §§ 1º e 3º, ambos do CPC).

Dado o pleito de fungibilidade com os embargos à execução, que deve ser formulado no corpo da exceção de pré-executividade, esta será manejada pelo executado, observando-se o prazo que acabamos de ver, relativo à apresentação pelo devedor dos referidos embargos ao processo de execução, porém o mesmo raciocínio não se aplica à etapa de cumprimento.

Isso porque, na etapa de cumprimento, a exceção de pré-executividade deve ser usada pelo devedor antes da realização de eventual penhora e avaliação de seus bens, ou seja, ela poderá ser apresentada a qualquer momento depois da formação do título executivo judicial, porém antes da constrição judicial do patrimônio do executado.

Assim, uma vez realizada eventual penhora e avaliação de bens do devedor na etapa de cumprimento de título executivo judicial, deve ele valer-se da impugnação, no prazo que referimos nos parágrafos antecedentes.

9. Desnecessidade de Garantia do Juízo

A exceção de pré-executividade prescinde da apresentação de garantia do juízo por parte do executado para a sua apresentação.

Esse é exatamente o grande diferencial da exceção de pré-executividade, ou seja, permitir apresentação de resistência ao feito executório por parte do devedor, naquelas situações em que a necessidade de garantia do juízo da execução aparece como obstáculo para o acesso à Justiça (art. 5º, inc. XXXV, da CF).

Isso ocorre, pois, no cumprimento de título executivo judicial relativo à obrigação de pagar, assim como no processo de execução, quando se pretenda obter efeito suspensivo aos embargos à execução.

Ora, a exceção de pré-executividade dispensa a garantia do juízo nas situações que acabamos de analisar, permitindo que o devedor apresente resistência ao feito executório, desde que tenha prova pré-constituída, em relação às suas alegações.

10. Efeito Suspensivo

Antes do advento da reforma do CPC, a apresentação de resistência por parte do devedor à execução gerava como regra a suspensão dos atos de coerção, porém isso foi modificado com o advento das Leis Federais nºs 11.232/2005 e 11.382/2006, que modificaram o ordenamento jurídico processual nesse ponto específico, tanto no que tange ao título executivo judicial, como ao extrajudicial.

Assim, em compasso com o princípio da celeridade, insculpido no art. 5º, inciso LXXVIII, da CF, os arts. 475-M e 739-A, *caput*, ambos do CPC, deixam bem claro que a apresentação de impugnação ou embargos à execução pelo executado não gerará a suspensão do feito executório, que continuará a ter trâmite normal.

A nosso ver, idêntico raciocínio deve ser aplicado à exceção de pré-executividade, que, em regra, não deve gerar efeito suspensivo em relação ao feito executório, sob pena de violar o princípio da celeridade *supra* indicado.

Porém, excepcionalmente, da mesma forma como ocorre com a impugnação ou com os embargos à execução, o juiz da causa poderá, a requerimento do executado, atribuir efeito suspensivo à exceção de pré-executividade, desde que, relevantes seus fundamentos, o prosseguimento da etapa de cumprimento manifestamente possa causar ao executado grave dano de difícil ou incerta reparação (art. 475-M, *caput*, e art. 739-A, § 1º, ambos do CPC).

11. Procedimento

11.1. Petição da Exceção de Pré-executividade

Passemos doravante à análise do procedimento a ser adotado para processamento da exceção de pré-executividade.

A exceção de pré-executividade, como defesa que deverá ser formulada seguindo os termos dos arts. 300 e 301 do CPC, com a seguinte estruturação:

- endereçamento ao juízo competente;
- preâmbulo;
- defesa preliminar;
- defesa de mérito;
- pedido; e
- requerimento de provas.

Outrossim, deve o executado instruir a petição da exceção de pré-executividade com todo o leque de provas que detém, com o intuito de propiciar pronta demonstração de suas alegações, viabilizadoras da resistência apresentada em seu conteúdo em face do feito executório.

11.1.1. Modelo

EXCELENTÍSSIMO SENHOR DOUTOR JUIZ DE DIREITO DA ____ª VARA _______ DA COMARCA DA CAPITAL DO ESTADO DE SÃO PAULO,

Processo nº ________________________

Excepiente:______________________________, por seu advogado, que esta subscreve (procuração anexa), nos autos do processo da AÇÃO DE EXECUÇÃO, que lhe move Excepto:_________________________, vem, respeitosamente, à presença de Vossa Excelência, tendo em vista a citação acerca dos termos da presente demanda, ocorrida nos termos do art. 652, do CPC, apresentar EXCEÇÃO DE PRÉ-EXECUTIVIDADE, expondo e requerendo o quanto segue:

I – DOS FATOS

1 – O Excepto, em ____ de _______ de 20__, ajuizou ação de execução em face do Excepciente, objetivando o recebimento de quantia em dinheiro no importe de

R$ 20.000,00 (vinte mil reais), decorrente de cheque supostamente emitido pelo Executado em favor do Exequente, cártula esta que teria sido devolvida sem a devida provisão de fundos ao credor pela instituição financeira.

2 – Ocorre que após a devolução do cheque *retro* referido, o devedor procurou o credor e quitou em moeda corrente o valor em aberto, conforme demonstra o recibo de quitação em anexo, devidamente assinado, com a firma do exequente reconhecida por cartório extrajudicial, porém não resgatou a cártula, pois alegou o Excepto à época que teria perdido a mesma.

II – DO DIREITO

3 – Desta forma, o pagamento realizado pelo devedor em favor do credor, conforme cabalmente demonstrado pela documentação anexada, libera o executado da obrigação.

4 – Assim, mostra-se totalmente descabida a presente execução movida pelo Excepto, pois o título de crédito exibido na exordial encontra-se devidamente quitado pelo Excepiente.

5 – É certo que a doutrina e a jurisprudência pátria são unânimes em reconhecer a viabilidade da apresentação da exceção de pré-executividade, quando a resistência a ser ofertada pelo devedor aos termos do processo de execução possa ser cabal e prontamente demonstrada pelo Executado, sem a necessidade de dilação probatória, que é, exatamente, o que ocorre no caso dos autos, já que o recibo de quitação subscrito pelo excepto libera o Excepiente de sua obrigação, em face do pagamento.

III – DO PEDIDO

6 – Isto posto, é a presente para requerer:

a) o recebimento da presente exceção de pré-executividade em seu efeito suspensivo, ante a relevância dos fundamentos *supra* apresentados pelo Excepiente, sendo certo que o prosseguimento da execução irá gerar dano irreparável ao patrimônio do Executado que será expropriado definitivamente;
b) a dispensa de garantia do juízo, em face do manifesto descabimento do presente processo de execução, ou caso Vossa Excelência assim não entenda, seja a presente exceção de pré-executividade recebida como embargos à execução, autuando-se em apenso, protestando-se, neste caso, desde já, pela juntada aos autos de cópias do processo de execução e outros documentos pertinentes;
c) a intimação do Excepto, na pessoa de seu advogado, para apresentação de resposta no prazo de 15 (quinze) dias; e ao final
d) o acolhimento da presente exceção de pré-executividade, reconhecendo-se o pagamento realizado pelo executado, com a consequente imprestabilidade do cheque apresentado pelo Exequente para dar suporte à execução iniciada, extinguindo-se o processo de execução;

e) a condenação do Excepto ao pagamento dos ônus da sucumbência, fixando-se os honorários advocatícios em 20% do valor em execução.

IV – DAS PROVAS

7 – Protesta o Excepiente em provar o alegado por todos os meios de prova em direito admitidos, em especial pela juntada dos documentos que ora instruem a presente exceção.

Nestes termos,
pede deferimento.
São Paulo, __ de_________ de 20___.
Nome:_______________
Advogado
OAB/___ nº _________

11.2. Decisão Inicial

Apresentada a exceção de pré-executividade, esta só será processada com a intimação do exequente para resposta, se não for caso de rejeição liminar.

Dessa forma, o juiz rejeitará liminarmente a exceção de pré-executividade quando:

a) intempestiva, tratando-se de processo de execução (art. 739, I, do CPC); ou
b) manifestamente protelatória (art. 475-R, c/c o art. 739, III, do CPC).

Contudo, se entender viável o processamento da exceção de pré-executividade, irá o juiz da causa apreciar eventual pedido de efeito suspensivo formulado pelo executado, deferindo-o, se for o caso, determinando que o exequente responda aos seus termos, cientificando-o para tanto.

11.3. Cientificação

Uma vez recebida a exceção de pré-executividade, o exequente será intimado para apresentação de resposta aos seus termos.

Essa intimação será feita na pessoa do advogado do exequente, pelo *Diário Oficial* eletrônico, onde houver; ou por diário oficial jornal.

A intimação em questão não tem natureza de citação, portanto, havendo inércia do exequente em responder aos termos da exceção de pré-executividade, não ficará caracterizada a sua revelia.

11.4. Resposta do Exequente

O exequente deverá responder à exceção de pré-executividade, no prazo de 15 dias, conforme dispõe o art. 475-R, combinado com o art. 740, *caput*, ambos do CPC, contados, em regra, da intimação do advogado via *Diário Oficial* eletrônico ou jornal.

Ora, a resposta tem natureza de réplica e, como tal, deve ser formulada pelo executado, contrariando a defesa processual ou de mérito relacionada pelo devedor no bojo da exceção de pré-executividade, de modo a apresentar argumentação fática e jurídica, acompanhada de documentos que venham a rebater os temas indicados pelo excepto.

11.4.1. Modelo

EXCELENTÍSSIMO SENHOR DOUTOR JUIZ DE DIREITO DA ____ VARA DA ______________ DA COMARCA DA CAPITAL DO ESTADO DE SÃO PAULO,

Processo nº ________________________

Exequente-Excepto: ______________________________, por seu advogado que a esta subscreve, vem, respeitosamente, à presença de Vossa Excelência, tendo em vista a apresentação de EXCEÇÃO DE PRÉ-EXECUTIVIDADE, por parte do Executado-Excepiente:______________________________, apresentar RESPOSTA aos seus termos, pelas razões de fato e de direito, a seguir expostas:

I – BREVE RESUMO DA EXCEÇÃO

1 – O Excepiente sustenta que o Excepto, em ____ de _______ de 20__, ajuizou ação de execução em face do Executado, objetivando o recebimento de quantia em dinheiro no importe de R$ 20.000,00 (vinte mil reais), decorrente de cheque supostamente emitido pelo Executado em favor do Exequente, cártula esta que teria sido devolvida sem a devida provisão de fundos ao credor pela instituição financeira.

2 – Alega o Excepiente que, após a devolução do cheque *retro* referido, o devedor procurou o credor e quitou em moeda corrente o valor em aberto, conforme demonstra o recibo de quitação acostado na petição da exceção, devidamente assinado, com a firma do Exequente reconhecida por cartório extrajudicial, porém não resgatou a cártula, pois alegou o Excepto à época que teria perdido a mesma.

II – DA REALIDADE DOS FATOS

3 – Ocorre que as afirmações do Executado são totalmente inverídicas, uma vez que o recibo de quitação juntado na petição da exceção de pré-executividade nunca foi subscrito pelo credor, sendo falsa a assinatura que lá consta como do Exequente.

III – DO MÉRITO

4 – Conclui-se assim que não há que se falar em pagamento, pois o documento exibido pelo devedor para tanto é falso, conforme se demonstrará no transcorrer do presente incidente.

IV – DO PEDIDO

5 – Isto posto, é a presente para requerer seja DESACOLHIDA a presente exceção de pré-executividade, com o prosseguimento da etapa de cumprimento até seus termos finais, impondo-se ao Executado o pagamento de honorários advocatícios pelo incidente indevido, no montante de R$ 5.000,00 (cinco mil reais).

V – DAS PROVAS

6 – Protesta o Excepto em provar o alegado por todos os meios de prova em direito admitidos, em especial pela juntada dos documentos que instruem a presente resposta; documentos novos; perícia; oitiva de testemunhas; depoimento pessoal do Excepiente, sob pena de confesso; etc.

Nestes termos,
pede deferimento.
São Paulo, __ de_________ de 20___.
Nome:_______________
Advogado
OAB/___ nº _______

11.5. Instrução Probatória

A petição da exceção de pré-executividade exige a apresentação de prova pré-constituída pelo devedor em relação aos fatos constitutivos das alegações formuladas em seu conteúdo, como forma de resistência ao feito executório.

Nessa medida, é certo afirmar que o executado não poderá valer-se de instrução probatória para demonstrar a veracidade dos fatos constitutivos do conteúdo da exceção de pré-executividade.

Porém, idêntico raciocínio não se aplica ao exequente que poderá ter de fazer uso da instrução probatória para rechaçar as alegações constantes na petição da exceção de pré-executividade, quando apresentar fatos modificativos, impeditivos ou extintivos, em relação à defesa apresentada pelo executado, por exemplo, quando afirmar em resposta que o recibo de quitação é falso.

11.6. Decisão Final

A decisão final que resolve a exceção de pré-executividade poderá posicionar-se nos seguintes termos:

a) rejeitar os termos da exceção, determinando o prosseguimento da execução; ou
b) acolher os termos da exceção, extinguindo total ou parcialmente a execução.

É certo que, sendo acolhida ou não a exceção de pré-executividade, deve o juiz da causa condenar o vencido ao pagamento da sucumbência, incluindo-se em tal verba montante correspondente a honorários advocatícios.

A ínclita Min. Nancy Andrighi da 3ª Turma do STJ, em acórdão que resolveu o Recurso Especial nº 944.917/SP, em que funcionou como relatora, julgado em 18/09/2008 e publicado no *Diário da Justiça* eletrônico em 03/10/2008, quanto ao cabimento da condenação em honorários advocatícios da parte perdedora da exceção de pré-executividade, assim decidiu:

> (...)
>
> – São devidos honorários tanto na procedência quanto na improcedência da exceção de pré-executividade, desde que nesta última hipótese tenha se formado contraditório sobre a questão levantada.
> Recurso Especial improvido.

Por fim, ressalte-se que no caso de desacolhimento ou acolhimento parcial da exceção de pré-executividade a decisão final terá natureza de decisão interlocutória, portanto será desafiada, via recurso de agravo de instrumento pelo sucumbente, cumprindo observar que quando houver extinção da execução, aparecerá com *status* de sentença, assim, portanto, impugnável por recurso de apelação pelo perdedor.

A eminente Min. Eliana Calmon, da 2ª Turma do STJ, em acórdão em que foi relatora, no bojo do Agravo Regimental no Agravo de Instrumento nº 979.634/PB, julgado em 15/05/2008 e publicado no *Diário da Justiça* eletrônico em 30/05/2008, assim decidiu quanto ao recurso cabível, quando a decisão que resolveu a exceção de pré-executividade vem a extinguir o feito executório:

> Processual civil – Agravo regimental em agravo de instrumento – Exceção de pré-executividade acolhida – Decisão terminativa – Recurso cabível: apelação.
> 1. Esta Corte já se posicionou no sentido de que, se a decisão que acolhe exceção de pré-executividade põe fim à execução, o recurso cabível para impugná-la é a apelação e não o agravo de instrumento, considerando, ainda, inaplicável o princípio da fungibilidade recursal.
> 2. Agravo regimental não provido.

TÍTULO V

PROCEDIMENTOS ESPECIAIS DE EXECUÇÃO

CAPÍTULO 1

Noções Gerais Introdutórias

Denominamos execuções especiais aquelas que, apesar de se pautarem em um título executivo judicial ou extrajudicial para pagamento de quantia certa, obrigação de dar em dinheiro, têm, no pólo passivo (devedor ou executado) ou no objeto, particularidades que acabaram por levar o legislador, como não poderia ser diferente, a impor um rito especial ao procedimento da execução por quantia certa contra devedor solvente.

Tem-se por execução por quantia certa contra devedor solvente quando o título executivo impõe ao devedor a obrigação de pagar a quantia em dinheiro descrita no título, desde que se trate de obrigação de dar coisa certa, dinheiro, e ter como devedor sujeito com um ativo maior que o seu passivo.

Sendo solvente o devedor o seu patrimônio responderá pela obrigação, daí por que o art. 646 do CPC determina que a execução por quantia certa tem por objeto expropriar bens do devedor.

Para que se possam expropriar bens do devedor é imprescindível o ingresso no seu patrimônio, o que se dá pela da penhora.

Entretanto, quando for a Fazenda Pública a devedora da obrigação de pagar dinheiro, levando-se em consideração que os bens públicos são legalmente impenhoráveis, não há como imaginar o procedimento comum da execução por quantia certa em relação à Fazenda Pública, uma vez que não é possível penhorar o bem público.

Outrossim, quando a obrigação de pagar em dinheiro for em decorrência da obrigação alimentar, tendo em vista o bem da vida tutelado, o constituinte tratou de criar mecanismo diferenciado de coerção, admitindo a prisão nos termos do art. 5º, LXVII, da CF, portanto, não é possível, ao menos inicialmente, adotar o procedimento comum da execução por quantia certa contra devedor solvente que tem por objeto a expropriação de bens do devedor e não sua prisão.

Por fim, quando o credor de quantia certa for a Fazenda Pública, decorrente de crédito tributário ou mesmo crédito não tributário, quis o legislador, com a adoção da Lei Federal nº 6.830/1980 (Lei de Execução Fiscal), criar um procedimento todo particular para a cobrança do valor espelhado no título executivo extrajudicial denominado Certidão da Dívida Ativa, que tem um procedimento semelhante ao previsto no Código de Processo Civil, mas não igual, com algumas particularidades, algumas que inclusive acabaram por ser incorporadas ao CPC, pela Lei Federal nº 11.382/2006.

Assim, temos na Seção III, do Capítulo IV, do Título II, do Livro II, do Código de Processo Civil a Execução contra a Fazenda Pública (arts. 730 e 731) e no Capítulo V, do mesmo dispositivo citado, a Execução de Prestação Alimentícia (arts. 732 a 735) e na Lei Federal nº 6.830, de 22 de setembro de 1980, a Lei de Execução Fiscal (arts. 1º a 42).

Capítulo 2

Execução Contra a Fazenda Pública

Em se tratando de execução por quantia certa contra a Fazenda Pública o procedimento a ser observado será aquele previsto nos arts. 730 e 731 do CPC.

Como já afirmado, os bens públicos são impenhoráveis, daí a impossibilidade de execução contra a Fazenda Pública pelo procedimento comum, ou seja, por penhora e expropriação.

Como adverte Marcelo Abelha[1], não seria correto falar em execução contra a Fazenda Pública, porque nenhum ato de sub-rogação é praticado, a alienação de bem público necessita de autorização de lei específica (arts. 100 e 101 do CC c/c a Lei Federal nº 8.666/1992).

A Constituição Federal, em seu art. 100, não admite a penhora e expropriação dos bens da Fazenda Pública. Os pagamentos decorrentes de sentença condenatória deverão ser feitos mediante a expedição dos precatórios judiciais.

Levando-se em consideração que a Constituição Federal fala em sentença condenatória, entendia-se que somente haveria execução em face da Fazenda Pública quando se tratasse de título executivo judicial, entretanto, o Superior Tribunal de Justiça acabou por sumular a matéria admitindo a execução por título executivo extrajudicial, conforme se vê abaixo:

Súmula 279 – É cabível execução por título extrajudicial contra a Fazenda Pública.

Em se tratando de condenação em quantia certa, título executivo judicial, a execução do crédito não pode seguir o disposto para o cumprimento de sentença. Deve ser observado o procedimento previsto nos arts. 730 e 731 do CPC, ou seja, teremos o processo de conhecimento e o processo de execução, aqui não há que se falar em sincretismo do processo.

O procedimento previsto nos arts. 730 e 731 do CPC também deverá ser observado quando o título executivo for extrajudicial.

Entretanto, os arts. 730 e 731 cuidam tão somente do procedimento da execução por quantia certa; quando a obrigação devida pela Fazenda Pública for de dar coisa certa ou incerta, fazer ou não fazer, aí serão aplicadas as regras correspondentes à modalidade da execução constantes dos arts. 461, 461-A e arts. 621 a 631, todos do CPC.

[1] ***Manual de execução civil,*** cit., p. 398.

A execução contra a Fazenda Pública será feita nos mesmos autos do processo de conhecimento, mediante petição inicial, onde o credor, exequente, irá apontar a qualidade de credor, o valor originário e seus acréscimos, e pedirá a citação da devedora, executada, no caso a Fazenda Pública, para no prazo de 30 (trinta) dias opor embargos e não para pagar (art. 730 do CPC).

O Código de Processo Civil, no art. 730, fala em 10 (dez) dias, mas o prazo para opor embargos é de 30 (trinta) dias por força de Medida Provisória nº 2.180-35, que acabou inserindo o art. 1º-B, na Lei Federal nº 9.494/1997, que disciplina a aplicação da Tutela Antecipada contra a Fazenda Pública, *verbis*:

> *Art. 1º-B. O prazo a que se refere o caput dos arts. 730 do Código de Processo Civil, e 884 da Consolidação das Leis do Trabalho, aprovada pelo Decreto-Lei nº 5.452, de 1º de maio de 1943, passa a ser de trinta dias.*

Citada a Fazenda Pública poderá ela deixar de embargar a execução, nem a Constituição Federal nem a lei infraconstitucional obrigam à oposição dos embargos, o precatório não está condicionado à existência dos embargos, mas tão somente ao trânsito em julgado da decisão que o julgou, se houver, porque, se ocorrer a inércia da Fazenda Pública, o juiz, certificando a inexistência dos embargos, requisitará o pagamento por intermédio do Presidente do Tribunal competente (art. 730, I, do CPC).

Opostos os embargos à execução pela Fazenda Pública, a execução restará sobrestada aguardando o julgamento final definitivo que poderá ser de procedência total ou parcial; na primeira hipótese, levará à extinção da execução, na segunda, prosseguirá pelo saldo restante ou poderão os embargos ser rejeitados (arts. 267 e 268, ambos do CPC), situação que importará no prosseguimento da execução nos moldes em que foi proposta.

Assim, rejeitados os embargos ou não sendo estes opostos, o juiz, a requerimento do credor, exequente, irá requisitar ao presidente do Tribunal o pagamento do valor devido mediante precatório (art. 731, I do CPC).

Em se tratando de título executivo extrajudicial, mesmo na ausência dos embargos, o juiz terá de proferir uma sentença, pois nos termos da Constituição Federal toda execução, pela sistemática dos precatórios, tem de fundar-se em "sentença judiciária"[2].

Nos termos da Constituição Federal, art. 100, § 3º, não se sujeitam ao regime dos precatórios os pagamentos de obrigações definidas em lei como de pequeno valor, assim entendido pela Fazenda Pública, podendo cada ente da Federação fixar o seu limite.

A Lei Federal nº 10.259/2001 que disciplina o Juizado Especial Federal Cível, em seu art. 17, § 1º, considerou dívida de pequeno valor as condenações até 60 (sessenta) vezes o salário mínimo.

---

[2] Theodoro Júnior, Humberto. *Curso de direito processual civil*: processo de execução e cumprimento da sentença; processo cautelar e tutela de urgência, cit, vol. II. p. 405.

Por seu turno, a Lei Federal nº 10.099/2000, que deu nova redação ao art. 128 da Lei Federal nº 8.213/1991, disciplinou no sentido de que as demandas que tenham como objeto o reajuste ou a concessão de benefícios da assistência social não superiores a R$ 5.180,00 serão pagas mediante requisição direta.

No Estado de São Paulo, o Decreto nº 47.237/2002, definiu os procedimentos para pagamentos de obrigações de pequeno valor no montante de até 40 (quarenta) salários mínimos, decorrentes da decisão judicial definitiva.

Entretanto, em 14 de abril de 2003 no Estado de São Paulo, foi promulgada a Lei Estadual paulista nº 11.377/2003, elevando o valor máximo, para efeito de pagamento das obrigações de pequeno valor, para até 1.135,288 Unidades Fiscais do Estado de São Paulo – UFESP[3] – independentemente da natureza do crédito das obrigações que a Fazenda do Estado de São Paulo, Autarquias, Fundações e Universidades estaduais devam quitar em decorrência de decisão judicial, da qual não penda recurso ou defesa, inclusive da conta de liquidação.

O valor da obrigação, para fins de ser considerado de pequeno valor, será o total apurado em conta de liquidação homologada ou aprovada no processo de origem, atualizado até a data de expedição do ofício judicial requisitando o pagamento.

Permite a lei estadual que ao credor que tenha valor além do limite legal a renúncia ao crédito que exceder, para que possa optar pelo pagamento de crédito de pequeno valor; sempre será considerado o valor global da execução.

A renúncia será feita nos próprios autos do processo e importará no restante dos créditos porventura existentes e que sejam oriundos do mesmo processo.

O município de São Paulo também regulamentou as dívidas de pequeno valor através da sua Lei Municipal nº 13.179/2001, cujo art. 1º fixa o valor de R$ 7.200,00, a ser atualizado em janeiro de cada ano pelo IPCA/IBGE.

As regras previstas nos arts. 730 e 731 do CPC aplicam-se às autarquias e demais pessoas jurídicas de direito público interno, como as fundações. Não será observado quando a devedora for sociedade de economia mista e as empresas públicas (art. 173, § 3º, da CF), hipóteses em que a execução será comum, ou seja, pelo regime da penhora e expropriação.

O art. 2º-B, da Lei Federal nº 9.494/1997, acrescido pela Medida Provisória 2.180-35, de 24 de agosto de 2001, expressamente veda a execução provisória contra a Fazenda Pública, quando se tenha por objeto a liberação de recurso, inclusão em folha de pagamento, reclassificação, equiparação, concessão de aumento ou extensão de vantagens a servidores, isso porque exige que a sentença só possa ser executada após o seu trânsito em julgado.

Não obstante, em primeiro lugar, tem-se a restrição constitucional do § 1º do art. 100 da CF, que exige sentença transitada em julgado, e, em segundo lugar,

---

[3] Na data presente, dezembro de 2008, 1.135,2885 UFESP correspondem a R$ 16.893,90 UFESP/2008 = R$ 14,88), lembrando que a UFESP é reajustada anualmente, com base no IPC (FIPE), que é um dos menores medidores de inflação dentre os vários existentes.

acompanhando o pensamento de Marcelo Abelha, o § 1º-A do art. 100 da CF expressamente determina que nas obrigações, créditos, de natureza alimentar, dependem de sentença transitada em julgado, assim, se os créditos alimentares sofrem essa restrição, não parece legítimo que outros (de natureza menos importante) não sofram[4].

O Superior Tribunal de Justiça, como lembra Humberto Theodoro Júnior, interpreta a vedação constitucional de maneira mais branda, não afastando totalmente a execução provisória, podendo a mesma ser processada até a fase dos embargos, "ficando suspensa, daí em diante, até o trânsito em julgado do título executivo, se os embargos não forem opostos, ou forem rejeitados"[5].

Quanto à matéria dos embargos, esta poderá ser ampla (art. 745 do CPC), se o título executivo for extrajudicial, ou restrita (art. 741 do CPC), se for título executivo judicial.

Assim, passada em julgado a sentença condenatória de quantia certa contra a Fazenda Pública, o interessado deverá requerer ao juiz da execução que este requisite o pagamento por intermédio do Presidente do Tribunal (art. 731, I, do CPC) o qual, por sua vez, irá requisitar à Fazenda Pública executada o pagamento do valor devido. Tal requisição recebe o nome de precatório judicial, que é de natureza administrativa, não havendo qualquer espaço, no precatório, para rever conteúdo da sentença, mas tão somente corrigir erros materiais (valores maiores ou menores), nos termos do art. 1º -E, da Lei 9.494/1997[6].

Os pagamentos dos créditos serão feitos aos credores obedecendo rigorosamente a ordem dos precatórios, sob pena de sequestro (art. 100, *caput* e § 2º, da CF e arts. 730, II e 731, do CPC).

1. Modelo

EXCELENTÍSSIMO SENHOR DOUTOR JUIZ DE DIREITO DA...

Fulano de tal, já qualificado, vem, respeitosamente, à presença de V. Exa., com fundamento no art. 730 do Código de Processo Civil, para promover a presente Ação de Execução contra a FAZENDA PÚBLICA... pelos motivos de fato e de direito a seguir expostos.

---

[4] ABELHA, Marcelo. *Manual de execução civil*, cit., p. 405.

[5] Theodoro Júnior, Humberto. *Curso de direito processual civil*: processo de execução e cumprimento da sentença; processo cautelar e tutela de urgência, cit., vol. II. O autor cita o julgado do STJ, 1ª T, MC 6489/SP, rel. Min. Teori Albino Zavascki, j. 16.06.2003 p. 408.

[6] "Art. 1º – E. São passíveis de revisão, pelo Presidente do Tribunal, de ofício ou a requerimento das partes, as contas elaboradas para aferir o valor dos precatórios antes de seu pagamento ao credor", artigo acrescido pela Medida Provisória 2.180-35, de 24 de agosto de 2001.

O Exequente propôs em face da Fazenda Pública ação condenatória para obter a entrega dos medicamentos descritos naquela inicial.

A presente ação foi julgada procedente, tendo sido a Executada condenada ao pagamento de honorários advocatícios no importe de 10% sobre o valor da causa, corrigido monetariamente.

Atualizado pela Tabela Prática de Atualização de Débitos Judiciais do Tribunal de Justiça do Estado..., o valor da causa, em abril de 2007, é de R$ 1.875,73. Assim, os honorários devidos, na data de 30 de abril de 2007, é o equivalente a R$ 187,57.

Isto posto, é a presente para requerer a V. Exa. se digne em determinar a citação da Fazenda Pública, nos termos do art. 730, do Código de Processo Civil, para, querendo, no prazo legal opor embargos à execução, e se esta não opuser ou se julgados improcedentes, que requisite o pagamento por intermédio do Presidente do Tribunal.

Dá-se à presente o valor de R$ 187,57 (cento e oitenta e sete reais e cinquenta e sete centavos).

Termos em que,

P. Deferimento.

...

Advogado

OAB

Capítulo 3

Execução de Prestação Alimentícia

Em princípio, a execução de sentença condenatória de prestação alimentícia não passa de uma execução por quantia certa contra devedor solvente, em que o objeto da obrigação é dar dinheiro; portanto, deve-se observar o procedimento comum da penhora e expropriação (art. 732 do CPC).

Entretanto, levando-se em consideração a relevância do crédito alimentar, ou seja, o bem da vida tutelado na execução de alimentos, o Código de Processo Civil acrescenta ao procedimento comum alguns atos para tornar mais efetiva a execução, a primeira delas é a possibilidade de o credor levantar mensalmente a quantia penhorada e, tenha o devedor oposto embargos, levantamento feito independentemente de caução (parágrafo único do art. 732 do CPC).

A segunda possibilidade é o desconto em folha de pagamento quando o devedor for assalariado devidamente registrado ou funcionário público em sentido amplo (art. 734 do CPC); e a terceira é a prisão civil do devedor (art. 733 do CPC).

O desconto em folha de pagamento será feito por determinação judicial dirigida à autoridade, à empresa ou ao empregador por ofício, no qual constará o valor e o tempo do desconto (parágrafo único do art. 734 do CPC).

O art. 733 do CPC trata da hipótese contemplada na Constituição Federal que prevê a prisão civil para o devedor de alimentos (art. 5º, LXVII).

O procedimento terá início através da provocação do credor, exequente, através de uma petição inicial que observará os requisitos dos arts. 282 e 614, I e II, ambos do Código de Processo Civil, com o diferencial para os demais procedimentos da quantia certa, em que o devedor será citado, para no prazo de 3 (três) dias pagar, comprovar que pagou ou justificar a impossibilidade de efetuar o pagamento, sob pena de o juiz decretar a prisão pelo prazo de 1 (um) a 3 (três) meses (art. 733, § 1º, do CPC).

Nos termos do § 2º do art. 733 do CPC, eventual prisão do devedor, executado, não o exime da responsabilidade; o que não será possível é a decretação de nova prisão pelas mesmas prestações, inclusive daquelas que se vencerem enquanto o executado estiver preso, porém, fora destas hipóteses, novas prisões poderão ser decretadas ao mesmo devedor requeridas pelo mesmo exequente, no mesmo processo.

Discutiram-se quantas prestações devidas e não pagas anteriores à propositura da execução autorizariam a decretação da prisão, assim, o Superior Tribunal de Justiça, caminhando na linha da grande maioria das decisões dos tribunais inferiores e boa parte da doutrina, restringiu a 3 (três) prestações, levando-se em consideração a atualidade do débito, a própria necessidade e urgência dos alimentos, em outras palavras, a dívida alimentar atual, quando necessária à preservação da sobrevivência do exequente (alimentando), justifica a pena de prisão, enquanto a dívida sem a finalidade de assegurar no presente a subsistência do credor não justifica a prisão, *verbis*:

> *"Súmula 309. O débito alimentar que autoriza a prisão civil do alimentante é o que compreende as três prestações anteriores ao ajuizamento da execução e as que se vencerem no curso do processo".*

O saldo remanescente deverá ser postulado pela forma prevista no art. 732 do CPC, de sorte que teremos dois processos de execução, um pelo rito do art. 733 do CPC, referente às 3 (três) últimas prestações, e outro pelo rito do art. 732, penhora e expropriação, e é claro que o credor se quiser poderá executar todo o crédito pelo rito da execução comum (penhora e expropriação).

A execução por quantia certa no rito do art. 733 do CPC aplica-se tanto à sentença condenatória definitiva quanto à decisão interlocutória que fixa os alimentos provisionais.

Questão hoje debatida pela doutrina está na incidência ou não do sincretismo na execução de sentença dos alimentos, ou seja, deve-se observar as regras dos arts. 475-J e seguintes do CPC ou as constantes nos arts. 732 a 734, também do CPC em um novo processo.

Os argumentos que são utilizados para defender a aplicação da Lei Federal nº 11.232/2005 são, em linhas gerais, os seguintes: a) unificação dos atos cognitivos e executórios em um único processo; b) necessidade de acabar com uma nova citação do devedor; c) otimização do processo judicial; d) a defesa do devedor, que será realizada por um meio mais simples, que é a impugnação.

Por outro lado, os argumentos contrários à não aplicação da Lei Federal nº 11.232/2005 basicamente estão no fato de que o art. 732 do CPC, que versa sobre a execução dos alimentos sob pena de penhora, não foi objeto de qualquer alteração, razão pela qual conclui-se que não foi a intenção do legislador modificar a execução dos alimentos, devendo esta ser realizada por meio de processo autônomo. Com efeito, o art. 732 do CPC reporta-se ao Capítulo IV do Título II do Livro II, isto é, aos arts. 646-724, não se aplicando, portanto, a nova estrutura de cumprimento da sentença, delineada nos arts. 475-I e 475-J do CPC.

Luiz Guilherme Marinoni e Sérgio Cruz Arenhart entendem que se aplica o art. 475-J à nova estrutura de cumprimento da sentença, portanto, o credor deverá requerer a execução mediante petição simples, afastando-se os requisitos do art. 282 do CPC, e naturalmente não se falando em processo de execução, mas em fase de cumprimento de sentença, incidindo, inclusive, a multa de 10%, reconhecendo os autores, em duas hipóteses, a necessidade de propor ação de execução, quando se tratar de sentença estrangeira homologada pelo Superior Tribunal de Justiça ou título executivo extrajudicial[7].

Alexandre Freitas Câmara reconhece que o legislador esqueceu-se da execução de prestação de alimentos na Lei nº 11.323/2005, mas tem o autor que mesmo diante da omissão legislativa não se devem observar as novas regras, devendo ser feita uma releitura dos arts. 732 a 734 do CPC, para afirmar que:

> a única conclusão a que se pode chegar é que o fato de não ter a Lei 11.232/05 se preocupado em modificar os artigos do CPC que tratam da execução de alimentos em nada prejudica o sistema. É perfeitamente possível interpretar-se as regras referentes àquela modalidade de execução com base no novo modelo teórico inaugurado pela referida lei, passando-se a tratar o módulo processual executivo de alimentos também como mera continuação do processo em que a condenação a pagá-los tenha sido prolatada[8].

Humberto Theodoro Júnior entende que não deve ser aplicada a Lei Federal nº 11.232/2005, porque o art. 732 do CPC

> não foi por ela alterado expressamente, prevalecendo, assim, nas ações de alimentos o primitivo sistema dual, em que acertamento e execução forçada reclamam o sucessivo manejo de duas ações separadas e autônomas: uma para condenar o devedor a prestar alimentos e outra para forçá-lo a cumprir a condenação[9].

Araken de Assis também segue a mesma linha de pensamento do Prof. Humberto Theodoro Júnior, ou seja, como a Lei nº 11.232/2005 não fez qualquer referência à execução da prestação alimentícia, não se deve observar o procedimento previsto nos arts. 475 e seguintes do CPC; continua a ser aplicado o disposto nos arts. 732 a 735 do referido diploma[10].

---

[7] Marinoni, Luiz Guilherme; Arenhart, Sérgio Cruz. **Curso de Processo Civil**: teoria geral da execução, liquidação de sentença, execução de sentença; execução da decisão provisória; execução contra a Fazenda Pública; execução de alimentos e execução de título extrajudicial, cit., v. 3. p. 385 e 386.

[8] Câmara, Alexandre Freitas. **Lições de Direito Processual Civil.** 7. ed., rev., ampl. e atual. segundo o Código Civil de 2002. Rio de Janeiro: Lumen Juris. 2003. p. 166. E arremata o autor: "O importante é deixar claro que o novo modelo da execução das sentenças (e outras decisões condenatórias) do direito processual civil brasileiro tem repercussão, também, sobre a execução de prestação alimentícia. Não haveria qualquer sentido em se modificar todo o sistema de execução de decisões judiciais, tendo por objetivo imprimir maior celeridade ao processo, e deixar de fora logo aquela hipótese em que a necessidade inerente ao crédito alimentar mais impõe a busca pela aceleração dos meios de entrega da prestação jurisdicional executiva. Penso que, com base no que aqui sustento, torna-se possível aproveitar a oportunidade criada pela Lei 11.232/05 para se buscar aprimorar a execução de alimentos. (p. 167).

[9] Theodoro Júnior, Humberto. **Curso de direito processual civil**: processo de execução e cumprimento da sentença; processo cautelar e tutela de urgência, cit., vol. II. O autor cita o julgado do STJ, 1ª T, MC 6489/SP, rel. Min. Teori Albino Zavascki, j. 16.06.03 p. 416.

[10] Assis, Araken. **Manual da execução,** cit., p. 903: "A reforma da execução do título judicial, promovida pela Lei 11.232/2005, não alterou, curiosamente, a disciplina da execução de alimentos, objeto do Capítulo V do Título II do Livro II (Do processo de execução). Por conseguinte, não se realizará consoante o modelo

As duas posições são bem representadas na doutrina e com argumentos bastante sólidos.

Temos que a melhor solução para o problema é admitir a aplicação das novas regras da Lei Federal nº 11.232/2005 na execução da prestação alimentícia quando o credor, exequente, buscar penhora e expropriação como meios de sub-rogação, ou seja, valer-se do disposto no art. 732 do CPC. Não se pode aceitar simplesmente que a omissão do legislador por si só seria argumento para não-aplicação das novas regras do procedimento do cumprimento de sentença, mesmo porque o art. 732 do citado diploma fala em execução de sentença e determina a observância do procedimento da execução por quantia certa contra devedor solvente de título executivo extrajudicial (art. 732, parte final), o que é incompatível com a Lei Federal nº 11.232/2005. Não se pode esquecer que o art. 732 tem redação anterior à Lei em comento, quando tinha por necessidade legal o processo de conhecimento e o processo de execução, razão pela qual se explica a redação do art. 732 do CPC antes da reforma.

Assim, se o credor pensar em penhorar bens e futura expropriação, não necessitará de petição inicial, basta uma simples petição dando notícias do inadimplemento, com atualização do débito e o pedido de intimação, incidindo, inclusive a multa de 10%.

Parece-nos que fazendo uma interpretação teleológica e sistemática esta seria a melhor solução.

O procedimento especial dos alimentos restaria para a hipótese exclusiva do credor requerer a prisão do devedor nos termos do art. 733 do CPC. Nesta hipótese não se deve aplicar o sincretismo do processo, devendo o credor, mediante petição inicial, com apresentação do demonstrativo do débito devidamente atualizado, requerer a citação do devedor, para em 03 (três) dias pagar, comprovar que pagou ou justificar a impossibilidade do pagamento, sob pena de prisão.

1. Modelo de Execução de Prestação Alimentícia – Art. 732 do CPC

EXCELENTÍSSIMO SENHOR DOUTOR JUIZ DE DIREITO DA ...

Execução de Alimentos
por Quantia Certa contra Devedor Solvente
Dependência aos autos nº

Fulano de tal, menor impúbere nascida..., todos representados por sua genitora..., brasileira, portadora da Cédula de Identidade RG nº..., inscrita no CPF/MF sob nº..., residentes e domiciliados na..., por seu advogado que recebe intimações na..., vêm,

do art. 475-J e seguintes. Continua em vigor a remissão dos arts. 732 a 735 ao Capítulo IV do Título II do Livro II do CPC, em que pese tais disposições mencionarem, explicitamente, a execução de 'sentença'".

respeitosamente, à presença de V.Exa., com fundamento nos artigos 646 e seguintes e 735, todos do Código de Processo Civil, para promover a presente Ação de Execução de Alimentos, **por quantia certa contra devedor solvente**, contra..., brasileiro, portador da Cédula de Identidade RG nº..., inscrito no CPF/MF sob nº..., residente e domiciliado na..., pelos motivos de fato e de direito a seguir elencados.

Aos..., fulano de tal e fulana separaram-se judicialmente, perante esse DD. Juízo, proc...., ocasião em que convencionaram, dentre outras avenças, que o varão pagaria ao filho do casal,..., a cifra, em reais, correspondente a 2 (dois) salários mínimos, a título de alimentos, complementado pelo pagamento do plano de saúde para o filho menor. Para melhor clareza transcreve-se um trecho do acordo homologado em audiência, nos autos daquele processo (doc. anexo):

> ... varão-autor pagará, a título de pensão alimentícia ao filho, a quantia correspondente a 02 (dois) salários mínimos por mês. A primeira pensão será paga no próximo dia.., e as demais todo dia.. de cada mês, mediante depósito na conta corrente mantida pela mãe dos menores na agência..., do Banco..., c.c..... O varão se compromete, em complemento à pensão agora estipulada, em pagar plano de saúde para os três filhos menores que deverá ser contratado no prazo improrrogável de 30 (trinta) dias".

Posteriormente, o varão ajuizou ação revisional de alimentos em face do filho..., julgada parcialmente procedente para o efeito de reduzir o encargo alimentar a 1,5 (um e meio) salário mínimo, acrescido da mensalidade do plano de saúde.

Contra a r. sentença proferida nos autos da ação revisional, os alimentados interpuseram recurso de apelação, recebido em **ambos os efeitos** por V. Exa., como manda a Lei (doc. anexo).

Ocorre que o varão simplesmente não efetua os pagamentos na forma homologada, deixando de pagar a pensão alimentícia devida ao filho, nos termos acordados, havendo um saldo devedor considerável em favor do menor.

Aludido saldo, mais especificamente nos períodos de.. a.. (mais de três meses), monta a R$ 7.213,65 (sete mil, duzentos e treze reais e sessenta e cinco centavos), consoante discriminado na tabela anexa.

Esgotados todos os meios para o cumprimento voluntário da obrigação alimentar em atraso, não resta outra alternativa aos Exequentes senão recorrer ao Poder Judiciário, por meio da presente execução, para a satisfação de seus créditos, salientando que os alimentados vêm passando por dificuldades haja vista estarem desprovidos do sustento paterno por longo período.

Nestas condições, requer-se respeitosamente à V. Exa. se digne a determinar a citação do alimentante, no endereço fornecido, para, no prazo de 3 (três) dias, pagar a dívida executada – R$ 7.213,65 (sete mil, duzentos e treze reais e sessenta e cinco centavos), *acrescida de honorários de advogado, a ser fixado por V.Exa.,* sob pena de lhe serem penhorados bens suficientes que garantam o crédito, bens livres e desembaraçados, localizados nesta comarca, com a expropriação de bens do requerido para a satisfação integral do débito executado.

Caso decorra o prazo legal de três dias sem que o Executado cumpra integralmente a sua obrigação, seja consignado no próprio mandado de citação a determinação para que o sr. Oficial de Justiça retorne ao endereço do Executado com a 2ª via do mandado para efetuar a **penhora e avaliação** dos bens que encontrar, deixando o Exequente de indicá-los por desconhecer bens suscetíveis de penhora.

Requer-se, outrossim, que a citação do Executado seja realizada com os benefícios previstos no § 2º do art. 172 do Código de Processo Civil.

Pede-se seja concedido ao exequente os benefícios da Lei nº 1.060/1950, tendo em vista serem pessoas pobres na acepção jurídica do termo, não dispondo de recursos para custear as despesas do processo sem se desfalcar do necessário ao próprio sustento.

Dá-se a causa o valor de R$ 7.213,65 (sete mil, duzentos e treze reais e sessenta e cinco centavos).

Termos em que,

P. Deferimento.

...

Advogado

OAB

2. Modelo de Execução de Prestação Alimentícia – Art. 733 do CPC

EXCELENTÍSSIMO SENHOR DOUTOR JUIZ DE DIREITO DA VARA...

URGENTE

Execução de Alimentos

Dependência aos autos nº

..., menor impúbere nascida a... de... de, todos representados por sua genitora..., brasileira, portadora da Cédula de Identidade RG nº..., inscrita no CPF/MF sob nº..., residentes e domiciliados na..., vêm, respeitosamente, à presença de V. Exa., com fundamento no artigo 733 do Código de Processo Civil, para promover a presente Ação de Execução de Alimentos em face de..., brasileiro, portador da Cédula de Identidade RG nº.., inscrito no CPF/MF sob nº..., residente e domiciliado na..., pelos motivos de fato e de direito a seguir elencados.

Aos..., fulano de tal e fulana separaram-se judicialmente, perante esse DD. Juízo, proc..., ocasião em que convencionaram, dentre outras avenças, que o varão pagaria ao filho do casal,..., a cifra, em reais, correspondente a 2 (dois) salários mínimos, a título de alimentos, complementado pelo pagamento do plano de saúde para o filho menor. Para melhor clareza transcreve-se um trecho do acordo homologado em audiência, nos autos daquele processo (doc. anexo):

> ... varão-autor pagará, a título de pensão alimentícia ao filho, a quantia correspondente a 02 (dois) salários mínimos por mês. A primeira pensão será paga no próximo dia..., e as demais todo dia... de cada mês, mediante depósito na conta corrente

mantida pela mãe do menor na agência..., do Banco..., c.c..... O varão se compromete, em complemento à pensão agora estipulada, em pagar plano de saúde para o filho menor que deverá ser contratado no prazo improrrogável de 30 (trinta) dias.

Posteriormente, o varão ajuizou ação revisional de alimentos em face do filho.., julgada parcialmente procedente para o efeito de reduzir o encargo alimentar a 1,5 (um e meio) salário mínimo, acrescido da mensalidade do plano de saúde.

Contra a r. sentença proferida nos autos da ação revisional, os alimentados interpuseram recurso de apelação, recebido em **ambos os efeitos** por V.Exa., como manda a Lei (doc. anexo).

Ocorre que o varão não efetua os pagamentos na forma homologada, deixando de pagar integralmente a pensão alimentícia devida ao filho..., havendo, atualmente, um saldo devedor de R$ 1.663,27 (mil, seiscentos e sessenta e três reais e vinte e sete centavos), atualizado para..., consoante discriminado na tabela anexa.

Esgotados todos os meios para o cumprimento voluntário da obrigação alimentar em atraso, não resta outra alternativa aos Exequentes senão recorrer ao Poder Judiciário, por meio da presente execução, para a satisfação de seu crédito.

Nestas condições, requer-se, respeitosamente, a V. Exa. se digne determinar a citação do alimentante, no endereço fornecido, para, no prazo legal de 3 (três) dias, pagar a dívida executada – R$ 1.663,27 (mil, seiscentos e sessenta e três reais e vinte e sete centavos), devidamente atualizada para o efetivo pagamento, relativa às prestações alimentares vencidas... (três meses), acrescida de todas as parcelas que se vencerem até a data do efetivo pagamento (Súmula 309, STJ), bem como honorários de advogado, a ser fixado por V. Exa., provar que já o fez ou justificar a impossibilidade de fazê-lo, sob pena de prisão, não como sanção, mas como forma de compeli-lo ao cumprimento da obrigação, acrescido das custas processuais e honorários de advogado.

Requer-se, outrossim, que a citação do Executado seja realizada com os benefícios previstos no parágrafo 2º do artigo 172 do Código de Processo Civil.

Pede-se sejam concedidos aos exequentes os benefícios da Lei nº 1.060/1950, tendo em vista serem pessoas pobres na acepção jurídica do termo, não dispondo de recursos para custear as despesas do processo sem se desfalcar do necessário ao próprio sustento.

Dá-se a causa o valor de R$ 1.663,27 (mil, seiscentos e sessenta e três reais e vinte e sete centavos).

Termos em que,

P. Deferimento.

......

Advogado

OAB

Capítulo 4

Execução Fiscal

A execução fiscal foi inicialmente tratada no bojo do Código de Processo Civil de 1973, quando da sua entrada em vigor, até esta ser disciplinada pela Lei Federal nº 6.830, de 22 de setembro de 1980, com aplicação subsidiária do CPC (art. 1º, parte final, da LEF), observando-se que a adoção das regras do processo de conhecimento ou de execução constantes do referido diploma processual somente passarão a viger quando a Lei Federal nº 6.830/1980 não contiver previsão sobre o tema e com ela não for incompatível.

A Lei de Execução Fiscal não trata de processo de execução, mas de um procedimento especial de execução por quantia certa contra devedor solvente, voltado à cobrança e execução de valores devidos ao Estado, devidamente discriminados na Certidão da Dívida Ativa, que é um título executivo extrajudicial (art. 585, VII, do CPC).

Assim, chama-se de execução fiscal o processo de execução de procedimento especial de execução da "dívida ativa da Fazenda Pública", ou seja, da dívida ativa da União, Estados, Distrito Federal, Municípios e de suas respectivas autarquias e fundações (art. 1º da LEF).

Entende-se por Dívida Ativa da Fazenda Pública aquela assim definida como tributária e não-tributária na Lei Federal nº 4.320/1964 (art. 2º da LEF).

O art. 39, § 2º, da Lei Federal nº 4.320/1964, que estatui normas gerais de direito financeiro para controle dos orçamentos e balanços da União, dos Estados, dos Municípios e do Distrito Federal, em sua primeira parte, dispõe o que se considera como Dívida Ativa – o valor devido pelo contribuinte ao FISCO –, portanto, crédito com origem na obrigação tributária: *"Dívida Ativa Tributária é o crédito da Fazenda Pública dessa natureza, proveniente de obrigação legal relativa a tributos e respectivos adicionais e multas..",* sendo que o conceito de tributo é aquele encontrado no art. 3º do Código Tributário Nacional[11].

Os denominados créditos não tributários, segundo o mesmo art. 39, § 2º, dispõem o que se considera como Dívida Ativa não-tributária, mas que sua cobrança segue o mesmo procedimento previsto na Lei Federal nº 1.060/1950. É o que se extrai do dispositivo supracitado da Lei nº 4.320/1964, *verbis*:

[11] Lei nº 5.172/1996: *"Art. 3º. Tributo é toda prestação pecuniária compulsória, em moeda ou cujo valor nela se possa exprimir, que não constitua sanção de ato ilícito, instituída em lei e cobrada mediante atividade administrativa plenamente vinculada".*

(...) são os demais créditos da Fazenda Pública, tais como os provenientes de empréstimos compulsórios, contribuições estabelecidas em lei, multas de qualquer origem ou natureza, exceto as tributárias, foros, laudêmios, aluguéis ou taxas de ocupação, custas processuais, preços de serviços prestados por estabelecimentos públicos, indenizações, reposições, restituições, alcances dos responsáveis definitivamente julgados, bem assim os créditos decorrentes de obrigações em moeda estrangeira, de sub-rogação de hipoteca, fiança, aval ou outra garantia de contratos em geral ou de outras obrigações legais.

Tributos em espécie são os impostos, taxas, contribuições de melhoria, contribuições sociais e empréstimos compulsórios.

Uma vez apurado o valor devido, compete à Fazenda Pública inscrever a dívida no termo da Dívida Ativa.

Os legitimados passivos são aqueles apontados no art. 4º da LEF. São eles: o devedor, o fiador, o espólio, a massa, o responsável, nos termos da lei, por dívidas, tributárias ou não, de pessoas físicas ou pessoas jurídicas de direito privado e os sucessores a qualquer título.

A execução fiscal tem início com a distribuição da petição inicial devidamente acompanhada pelo título executivo extrajudicial, Certidão da Dívida Ativa – CDA.

A execução fiscal é proposta no domicílio do executado, inclusive quando se tratar de crédito da União e no local não houver Justiça Federal, a execução fiscal tramitará perante o juízo estadual com eventual recurso para o Tribunal Regional Federal.

Recebendo o juiz a petição inicial e constatando a presença dos requisitos despachará deferindo a mesma (art. 7º da LEF), oportunidade em que fixará o valor dos honorários advocatícios e o ato judicial importará em ordem de citação do executado; penhora se não for paga a dívida nem garantida a execução, por meio de depósito ou fiança; arresto, se o executado não tiver domicílio ou dele se ocultar; registro da penhora ou do arresto, independentemente do pagamento de custas ou outras despesas, observado o disposto no art. 14 da LEF; avaliação dos bens penhorados ou arrestados pelo próprio Oficial de Justiça.

O devedor será citado para, no prazo de 5 (cinco) dias, pagar acrescida dos encargos legais, pelo correio, por Oficial de Justiça ou por edital (art. 8º, I a III, da LEF).

Citado, o devedor poderá efetuar o pagamento no prazo de 5 (cinco) dias e não 3 (três), como se observa no procedimento comum das execuções por quantia certa contra devedor solvente (art. 652 do CPC), ocorrendo, assim, a extinção da execução em face da satisfação da obrigação, nomeando bens à penhora, no mesmo prazo dos 5 (cinco) dias, qualificando-se como condição para oposição dos embargos à execução, podendo, nos termos da lei, efetuar o depósito em dinheiro, oferecer fiança bancária ou indicar bens oferecidos por terceiros e aceitos pela Fazenda Pública ou, ainda, poderá o devedor permanecer inerte e a penhora ser livre ou por indicação de bens feita pela Fazenda Pública (art. 9º e 10, ambos da LEF).

A LEF também prevê uma ordem de bens a serem penhorados (art. 11 da LEF).

Realizada a penhora e no mesmo ato a avaliação, que poderá ser objeto de impugnação, quando então será observado o contraditório, pois cria a impugnação um incidente na execução, o executado será dela intimado, a fim de, querendo, apresentar no prazo de 30 (trinta) dias, contados da publicação da intimação no órgão oficial (art. 12 da LEF), intimação desnecessária, diga-se de passagem, se o executado foi intimado pessoalmente por ocasião do cumprimento do mandado de penhora ou da formalização do termo de penhora.

Não encontrando bens passíveis de serem penhorados, a execução será suspensa nos termos do art. 40 da LEF.

Havendo a suspensão do processo de execução pelo prazo de 1 (um) ano, por igual prazo estará suspensa a prescrição; decorrido o prazo em análise, um ano, reinicia-se o prazo prescricional. Esse entendimento foi acolhido pelo Superior Tribunal de Justiça, *verbis*:

> *Súmula 314 – Em execução fiscal, não localizados bens penhoráveis, suspende-se o processo por um ano, findo o qual se inicia o prazo da prescrição quinquenal intercorrente.*

Devemos lembrar que quando a cobrança de dívida for não tributária, os prazos prescricionais são diversos do prazo prescricional de dívida tributária, aqueles são disciplinados pelos arts. 178, 205 e 206 do Código Civil, se o crédito tem origem em infrações de natureza administrativa, e pelo art. 51, combinado com o art. 114, I e II, do Código Penal, se o objeto for multa penal.

O § 4º do art. 40 da LEF prevê que após a suspensão de um ano, há a possibilidade de o juiz determinar o arquivamento provisório dos autos do processo, e dessa decisão correrá o prazo de 5 (cinco) anos, ou outro prazo se for hipótese de crédito não-tributário da prescrição intercorrente, que poderá ser reconhecida de ofício depois de ouvir a Fazenda Pública, isso porque a Súmula 314 do STJ não prevê o arquivamento provisório como termo inicial para a contagem da prescrição intercorrente.

Realizada a penhora e estando o executado devidamente intimado, o juízo estará garantido, podendo então o devedor oferecer embargos no prazo de 30 (trinta) dias e, recebidos, a Fazenda Pública será intimada para impugná-los no mesmo prazo, 30 (trinta) dias, designando-se, se for o caso, audiência de instrução e julgamento ou, se comportar, ocorrerá o julgamento antecipado da lide nos termos do art. 17, parágrafo único, da LEF.

Se os embargos versarem sobre toda a execução e forem acolhidos extingue-se a execução pela perda do objeto; se for em parte da execução ou se rejeitados, ela, execução, prosseguirá seu curso normal.

Prosseguindo a execução, será designada hasta pública, precedida de uma única publicação de edital com a designação de dois leilões, uma vez que a LEF não faz diferença entre praça e leilão (art. 23 da LEF).

A designação de dois leilões decorre da aplicação subsidiária das regras do CPC, nos termos do art. 1º, da LEF, porque o art. 22, da LEF, não disciplinou de forma expressa a realização de duplo leilão, o que levou o Superior Tribunal de Justiça a editar a Súmula 128, *verbis*:

> Súmula 128 – *Na execução fiscal haverá segundo leilão, se no primeiro não houver lanço superior à avaliação.*

Poderá a Fazenda Pública optar pela adjudicação dos bens penhorados, adjudicação que poderá ser feita mesmo antes da realização dos leilões ou depois se não houver licitantes ou, havendo, com preferência, em igualdade de condições com a melhor oferta, no prazo de 30 (trinta) dias (art. 24, I e II, da LEF).

Nas execuções fiscais e nos embargos a elas opostos, contra as sentenças proferidas pelo juízo de primeira instância, quando o valor da causa não exceder 50 OTN's (Obrigações do Tesouro Nacional)[12], não caberá o recurso de apelação para o Tribunal, mas o recurso denominado de embargos infringentes do julgado para o mesmo juízo (art. 34 da LEF).

É de notar que a sentença do primeiro grau de jurisdição proferida nas condições acima mencionadas implicará em decisão de única instância, daí por que, preenchidos os requisitos legais, inclusive a repercussão geral, temos a possibilidade do uso do recurso extraordinário contra decisão do primeiro grau de jurisdição. O mesmo já não se pode falar do Recurso Especial. A Constituição Federal, ao tratar dos recursos, deu tratamento diferenciado quando no Recurso Especial fez referência a causas decididas e única ou última instância pelos Tribunais, e no extraordinário exigiu tão somente que se tratasse de julgamento de causas decidas em única ou última instância (arts. 102, III (que trata do recurso extraordinário), e 105, III (que trata do recurso especial), ambos da CF).

Ponto de discussão em torno da execução fiscal seria a aplicação ou não da Lei Federal nº 11.382/2006, que alterou substancialmente o procedimento da execução por quantia certa contra devedor solvente.

No início deste capítulo dissemos que o Código de Processo Civil será aplicado subsidiariamente quando a Lei Federal nº 6.830/2008 (LEF) for omissa quanto ao tema e com ela a nova regra prevista no CPC não for incompatível, daí a Lei de Execução Fiscal ser especial e o Código de Processo Civil norma geral.

Assim, não se pode afirmar que a LEF foi totalmente modificada pelas novas regras do procedimento da execução por quantia certa tratada no CPC, por exemplo, para embargar a execução fiscal. Como ela tem regra própria, o devedor deverá garan-

---

[12] Para melhor compreender quanto seria o valor nos dias de hoje, porque o índice utilizado pela lei, OTN, não existe mais, valemo-nos da seguinte lição: "*As obrigações do Tesouro Nacional – OTN foram substituídas pelas ORTN, como indexadoras das dívidas de natureza fiscal. Esse indexador foi substituído pelo Bônus do Tesouro Nacional – BTN e pela Unidade Fiscal de Referência – Ufir, todos utilizados para a indexação dos créditos da dívida ativa estadual e municipal...Desde 01.01.2001, quando foram extintas as Ufir pela MP 1973, o valor de 50 ORTN passou a corresponder a R$ 1.257,01*". *In* CHIMENTI, Ricardo Cunha, *et al.* **Lei de execução fiscal**: comentada e anotada. 5. ed. São Paulo: Revista dos Tribunais, 2008, p. 309.

tir o juízo, o prazo para os embargos continua de 30 dias e não 15, os embargos não suspendem a execução porque neste ponto a LEF é omissa, e antes havia suspensão porque o CPC assim determinava. Como agora a regra é outra e a LEF é omissa e não há incompatibilidade com a LEF, temos que os embargos não mais suspendem a execução fiscal.

Portanto, a aplicação das novas regras vai depender do que dispõe a Lei de Execução Fiscal, ou seja, se há omissão legislativa e se a nova regra é compatível com o sistema da execução fiscal.

1. Modelo de Execução Fiscal

EXCELENTÍSSIMO SENHOR DOUTOR JUIZ DE DIREITO DA....

A Fazenda Pública do Estado de.., por seu representante legal, vem, com fundamento da Lei n. 6.830, de 22 de setembro de 1980, à presença de V. Exa., propor a presente EXECUÇÃO FISCAL, representada pela Certidão de Dívida Ativa nº....., anexa à presente e que desta faz parte integrante, em face de...., estabelecida na..., com Inscrição Estadual nº.... e CNPJ nº...., pelos motivos a seguir expostos.

A Executada deve à Fazenda Pública... o valor de R$... referente a Dívida Ativa do tributo da espécie..., de conformidade com a Certidão de Dívida Ativa nº... anexa.

Em face do exposto, com fundamento no art. 8º da Lei nº 6.830, de 22 de setembro de 1980 – Lei de Execuçãos Fiscal, requer a V. Exa. se digne em ordenar a citação do devedor ou quem de direito para, no prazo de 5 (cinco) dias, pagar o débito apontado na certidão, R$....., atualizado monetariamente, com os acréscimos legais, honorários e custas processuais ou garantir a execução na forma do disposto no art. 9º da Lei nº 6.830/1980, sob pena de penhora de bens suficientes para integral satisfação do débito, autorizado o Oficial de Justiça a cumprir as diligências na forma preceituada no § 2º, do art. 172, do CPC.

Dá-se à causa o valor de: R$..., valor do débito executado.

Termos em que,

P. Deferimento.

.....

Procurado....

Bibliografia

ABELHA, Marcelo. *Manual de execução civil*. 2. ed. Rio de Janeiro: Forense Universitária, 2007.

ALVAREZ, Anselmo Prieto; SILVA, Nelson Finotti. *Manual de processo civil e prática forense:* teoria geral, processo de conhecimento e recursos. Rio de Janeiro: Elsevier, 2008, vol. I.

ARMELIN, Donaldo *et al*. *Comentários à execução civil*. São Paulo: Saraiva, 2008.

ASSIS, Araken. *Manual da execução*. 11. ed. São Paulo: Revista dos Tribunais, 2007.

BONÍCIO, Marcelo José Magalhães & YARSHELL, Flávio Luiz. *Execução civil – novos perfis*. São Paulo: RCS, 2006.

BRUSCHI, Gilberto Gomes & SHIMURA, Sérgio. *Execução civil e cumprimento de sentença*. São Paulo: Método, 2007, vol. II.

BUENO, Cassio Scarpinella. *Curso sistematizado de direito processual civil*. São Paulo: Saraiva, 2008, vol. II.

CÂMARA, Alexandre Freitas. *Lições de direito processual civil*. 7. ed. rev., ampl. e atual. segundo o Código Civil de 2002. Rio de Janeiro: Lumen Juris, 2003.

CARVALHO, Luís Fernando de Lima. *A nova execução de títulos extrajudiciais*. Rio de Janeiro: Elsevier, 2008.

CHIMENTI, Ricardo Cunha *et al*. *Lei de execução fiscal: comentada e anotada*. 5. ed. São Paulo: Revista dos Tribunais, 2008.

DESTEFENNI, Marcos. *Curso de processo civil*. São Paulo: Saraiva, 2006, vols. I e II.

DINAMARCO, Cândido Rangel. *Instituições de direito processual civil*. São Paulo: Malheiros. 2004, vol. 4.

DINAMARCO, Márcia Conceição Alves; FERRARI, Fábio Monatanini. *Direito processual civil:* execução. Rio de Janeiro: Elsevier, 2008.

DINIZ, Maria Helena. *Dicionário jurídico*. São Paulo: Saraiva, 1998.

DOWER, Nelson Godoy Bassil. *Direito processual civil* – curso básico. São Paulo: Nelpa, 1994, vol. III.

FERREIRA, Pinto. *Curso de direito processual civil*. São Paulo: Saraiva, 1998.

FRIEDE, Reis. *Comentários ao Código de Processo Civil*. Rio de Janeiro: Forense Universitária, 1998, vol. V.

FUX, Luiz. *O novo processo de execução*. Rio de Janeiro: Forense, 2008.

FUX, Luiz *et al*. *Processo e Constituição* – Estudos em homenagem ao Professor José Carlos Barbosa Moreira. São Paulo: Revista dos Tribunais, 2006.

GONÇALVES, Marcus Vinicius Rios. *Novo curso de direito processual civil.* São Paulo: Saraiva, 2008, vol. III.

GRECO FILHO, Vicente. *Direito processual civil brasileiro.* 19. ed. rev. e atual. São Paulo: Saraiva, 2008, vol. III.

GUERRA, Marcelo Lima Guerra. *Direitos fundamentais e a proteção do credor na execução civil.* São Paulo: Revista dos Tribunais, 2003.

LIEBMAN, Enrico Tullio. *Processo de execução.* Araras: Bestbook, 2001.

LIMA, Alcides de Mendonça. *Comentários ao Código de Processo Civil.* 6. ed. rev. e atual. Rio de Janeiro: Forense, 1990, vol. VI, arts. 566 a 645.

LOPES, João Batista. *Curso de direito processual Civil.* São Paulo: Atlas, 2008, vol. III.

LUCON, Paulo Henrique *et al. Código de Processo Civil interpretado.* 3. ed. rev. e atual. São Paulo: Atlas, 2008.

MACHADO, Costa. *Código de Processo Civil interpretado.* 5. ed. rev. e atual. São Paulo: Manole, 2006.

MARINONI, Luiz Guilherme; ARENHART, Sérgio Cruz. *Curso de processo civil:* teoria geral da execução, liquidação de sentença, execução da decisão provisória, execução contra a Fazenda Pública, execução de alimentos e execução de título extrajudicial. São Paulo: Revista dos Tribunais, 2007, vol. 3.

MARTINS, Sandro Gilbert. *A defesa do executado por meio de ações autônomas.* São Paulo: Revista dos Tribunais, 2002.

MEDINA, José Miguel Garcia. *Processo Civil moderno* – Execução. São Paulo: Revista dos Tribunais, 2008, vol. III.

MONTEIRO, João. *Theoria do processo civil e commercial.* 2. ed. São Paulo: Duprat, 1905, vol II.

MONTENEGRO FILHO, Misael. *Código de Processo Civil comentado e interpretado.* São Paulo: Atlas, 2008.

______. *Curso de direito processual civil.* 2 ed. São Paulo: Atlas, 2006, vol. II.

MOREIRA, Alberto Camiña. *Defesa sem embargos do executado.* São Paulo: Saraiva, 1998.

MOREIRA, José Carlos Barbosa. *O novo processo civil brasileiro.* 23. ed. rev. e atual. Rio de Janeiro: Forense, 2005.

NERY JUNIOR, Nelson; e NERY, Rosa Maria de Andrade. *Código de Processo Civil comentado e legislação extravagante.* 10. ed. rev. ampl. e atual. São Paulo: Revista dos Tribunais, 2007.

NEVES, Celso. *Comentários ao Código de Processo Civil.* 4. ed. Rio de Janeiro: Forense, 1992, vol. VII.

OLIVEIRA, Carlos Alberto de. *A nova execução.* Rio de Janeiro: Forense, 2006.

OLIVEIRA NETO, Olavo de; e LOPES, Maria Elizabeth de Castro. *Princípios Processuais Civis na Constituição.* Rio de Janeiro: Elsevier, 2008.

PIZZOL, Patrícia Miranda. *Liquidação nas ações coletivas.* São Paulo: Lejus, 1998.

RAITANI, Francisco. *Prática de processo civil.* 10. ed. rev. e atual. São Paulo: Saraiva, 1974, vol. III.

ROQUE, Nathaly Campitelli. *Processo Civil – Recursos e execução.* São Paulo: Primeira Impressão, 2007.

SANTOS, Ernane Fidélis dos. *Manual de direito processual civil.* 10. ed. rev. e atual. São Paulo: Saraiva, 2006, vol. II.

SANTOS, Moacyr Amaral. *Primeiras linhas de direito processual civil.* 21. ed. atual. São Paulo: Saraiva, 2003, vol. III.

SHIMURA, Sérgio. *Título executivo.* São Paulo: Saraiva, 1997.

______. *Título executivo.* 2. ed. São Paulo: Método, 2005.

SILVA, De Plácido e. Atual.: Nagib Slaibi Filho e Gláucia Carvalho). *Vocabulário jurídico.* 27. ed. Rio de Janeiro: Forense, 2007.

SILVA, Edward Carlyle. *Direto Processual Civil.* 2. ed. rev., atual. e ampl. Rio de Janeiro: Impetus, 2008.

THEODORO JÚNIOR, Humberto. *Curso de direito processual civil.* 42. ed. Rio de Janeiro: Forense, 2008, vol. II.

______. *Curso de direito processual civil:* processo de execução e cumprimento da sentença, processo cautelar e tutela de urgência. 41. ed. Rio de Janeiro: Forense, 2007, vol. II.

______. *A reforma da execução do título extrajudicial:* Lei n. 11.382, de 06 de dezembro de 2006. Rio de Janeiro: Forense, 2007.

TRIGUEIROS NETO, Arthur da Motta. *Comentários às recentes reformas do Código de Processo Penal e Legislação Extravagante Correlata.* São Paulo: Metodo, 2008.

WAMBIER, Luiz Rodrigues. *Curso avançado de processo civil.* 10. ed. rev., ampl. e atual. São Paulo: Revista dos Tribunais, 2008, vol. II.

WAMBIER, Teresa Arruda Alvim. *Aspectos polêmicos da nova execução* 3. ed. São Paulo: Revista dos Tribunais, 2006.

Este livro foi impresso nas oficinas gráficas da Editora Vozes Ltda.,
Rua Frei Luís, 100 – Petrópolis, RJ,
com papel fornecido pelo editor.